Helmut Roob

Kleine Geschichte der Residenzstadt Gotha

Ereignisse und Persönlichkeiten von den Anfängen bis 2000

Verlag Rockstuhl

Impressum

Umschlaggestaltung: Harald Rockstuhl, Bad Langensalza

Titelbild: Postkarte „Gruß aus Gotha – Neumarkt" um 1910.
Verlag A. Horn, Gotha

Umschlagrückseite: Blick am 27. Juli 2011 von der Wasserkunst auf das Rathaus. Foto: Harald Rockstuhl

Bilder im Buch: Wenn nicht anders ausgewiesen aus der Sammlung von Dr. Helmut Roob und Harald Rockstuhl

1. Auflage 2011

2.Auflage 2016

ISBN 978-3-86777-331-7

Satz und Innenlayout: Harald Rockstuhl, Bad Langensalza

Druck und Bindearbeit: Digital Print Group Oliver Schimek GmbH, Nürnberg/Mittelfranken

Gedruckt auf alterungsbeständigem Papier nach ISO 9706

Die Deutsche Nationalbibliothek verzeichnet diese Publikation in der Deutschen Nationalbibliografie. Detaillierte bibliografische Daten sind im Internet über *http://dnb.d-nb.de* abrufbar.

Inhaber: Harald Rockstuhl
Mitglied des Börsenvereins des Deutschen Buchhandels e.V.
Lange Brüdergasse 12 in D-99947 Bad Langensalza/Thüringen
Telefon: 03603 / 81 22 46 Telefax: 03603 / 81 22 47
www.verlag-rockstuhl.de

Inhaltsverzeichnis

Vorwort

Die Residenzstadt Gotha ist mit ihrer über 1230jährigen Geschichte auch heute noch eine der bedeutendsten Städte des Freistaats Thüringen. Seit der Stadtgründung um die Mitte des 12. Jahrhunderts durch Landgraf Ludwig II. von Thüringen war Gotha immer Kanzlei- und später Immediatstadt, seit 1423 der kurfürstlichen und später der herzoglichen Kanzlei und unterstand später auch der Landesregierung unmittelbar, bis sie die Kreisfreiheit durch die erste Verwaltungsreform 1950 verlor. Mit der Stadtbefestigung und der Burg Grimmenstein, die seit 1530 zu einer der stärksten Festungen im Reich ausgebaut wurde, demonstrierten die Wettiner und seit 1485 die Ernestiner als ihr Nachfolger ihre Macht in Gotha. Das galt auch für die Gothaer Ernestiner seit Herzog Ernst dem Frommen. Sein Schloss Friedenstein war ein Herrschaftssitz, wo auch Kunst und Wissenschaft gepflegt wurden. Besonders im langen Zeitalter des Gothaer Barock (17. und 18. Jahrhundert), aber auch darüber hinaus bis ins 20. Jahrhundert war und ist auch noch heute die Residenzstadt mit ihren reichen Kunst- und Kulturschätzen ein weit über Gotha hinaus bekannt gewordenes Zentrum. Schon Goethe besuchte hier als 19jähriger Student auf der Rückreise von Leipzig nach Frankfurt 1768 die Gothaer Sammlungen im Schloss. Ein Gästebuch der Forschungsbibliothek weist unter den 1479 Besuchern der Jahre 1771 bis 1803 zahlreiche weitere berühmte Besucher aus dem In- und Ausland auf, darunter waren nicht wenige bedeutende Gelehrte und Künstler, im 19. Jahrhundert auch berühmte Komponisten hier zu Besuch, andere stammten von hier. Dazu kommt noch, dass auch im 19. und 20. Jahrhundert namhafte Männer aus Wirtschaft und Industrie den Namen der Stadt weit über Gotha hinaus getragen haben, das nie die Idylle einer kleinstaatlichen Fürstenresidenz gewesen ist, wie sie in der Literatur und der Operette vorkommen, sondern sie war eine bedeutende thüringische Residenzstadt, in der Kultur und Wissenschaft immer eine wichtige Rolle bis in unsere Zeit spielten.

Eine kleine Stadtgeschichte zu schreiben wie diese ist ein Wagnis und unterliegt natürlich Beschränkungen, so dass nur eine Auswahl der wichtigsten oder auch interessantesten Ereignisse möglich war. Deshalb werden Kenner hier manches vermissen, was ihnen auch wichtig gewesen wäre oder was sie selbst miterlebt haben. Dass gelegentlich auf Ereignisse und Persönlichkeiten näher eingegangen wurde, macht die

Gotha 1860. Auszug – Reisekarte vom Thüringer Wald.
Gezeichnet von C. F. Weiland, berichtigt von H. Kiepert.
Weimar, Verlag des Geographischen Institus.

Darstellung verständlicher; die häufigen Angaben von Jahreszahlen sollen die chronologische Einordnung erleichtern. Bei der Frage der Objektivität der Darstellung wurde versucht, sachlich zu bleiben nach der Devise „sine ira et studio“ (ohne Hass und Lob) des römischen Historikers P. C. Tacitus (um 55 – um 117/120 n. Chr.).

Diese Stadtgeschichte ist meist auf quellenfundierte Literatur gestützt, so dass auf Aktenstudium schon aus Zeitgründen verzichtet werden musste. Ebenso auf eine mehr oder weniger große Literaturauswahl, die den Rahmen dieses Buches gesprengt hätte. Deshalb sollen nachstehend einige Hinweise auf Literatur der Nachwendezeit folgen: H. Matthiesen für die Zeit von 1918 bis 1930 (1994), H. Best und H. Mestrup zur Geschichte der SED im Bezirk Erfurt (2003), H. Raschke, die Stadt und ihre Bürger (1992), E. Hoffmann, eine ausführliche Dokumentation über die Wende 1989/90 („Niemals Vergessen“ (2001), M. Wenzel „Wendezeiten“ (Fotodokumentation, 2009), M. Strumpf über Gothas astronomische Epoche (1998), H. Stasjulevics über Gotha als Fliegerstadt (2001), H.-J. Hinrichs ausführliche Festschrift über 120 Jahre Arnoldischule (1997), H. Erkenbrecher, E. W. Arnoldi (1995), Musikgeschichte Gothas in „Musik in Geschichte und Gegenwart“ (2. Aufl. Sachteil 3, 1995) und die kleine Festschrift von H. Münster (2001), A. Klinger, Gothaer Fürstenstaat unter Ernst dem Frommen (2002), W. Greiling, A. Klinger, Chr. Köhler (Hsg.) Ernst II. von Sachsen-Gotha-Altenburg (2005). Außerdem bieten die Forschungsbibliothek Gotha, das Thüringische Staatsarchiv Gotha und das Stadtarchiv Gotha mit ihren reichen Beständen gute Möglichkeiten, auch ältere Literatur zu suchen und zu nutzen, zumal diese kaum im Internet zu finden sein wird.

Zuletzt möchte ich noch meiner Frau dafür danken, dass sie meine Arbeit immer mit Interesse verfolgt und auch noch nach einem Unfall im Hause trotz ihrer Krankheit mir immer den nötigen Freiraum dafür gern gewährt hat.

Gotha im August 2011 *Dr. Helmut Roob*

Die Anfänge

Gotha gehört zu den ältesten Siedlungen in Thüringen. Nach den ur- und frühgeschichtlichen Funden in der Stadtflur und in ihrer nächsten Umgebung reicht die Besiedlung bis ins Mesolithikum (Mittl. Steinzeit) um 6–5000 v. Chr. zurück und ist auch in den nachfolgenden Perioden bis über die Völkerwanderung (4.–5. Jh. n. Chr.) nachweisbar. Zu den wichtigsten Fundorten gehören die Gemarkungen Töpfleben am Kleinen Seeberg und Alschleben am Galberg (seit 14. Jh. Wüstung) und die Geierslache beim Ortsteil Siebleben. Im eigentlichen Stadtgebiet gab es Funde am Arnoldiplatz, in der Breiten Gasse, auch bei der Reuter- und an der Kindleber Straße sowie im Schlichtenfeld (oberhalb des Wilden Grabens).

Das heutige Gotha geht auf eine dörfliche Siedlung am Wiegwasser und an der Wolfgangswiese am westlichen Stadtrand zurück, die 775 erstmals urkundlich nachweisbar ist. Der althochdeutsche Ortsname Gothaha wird am zutreffendsten als „gutes Wasser" gedeutet, das für eine dauerhafte Besiedlung lebenswichtig war. Die erste schriftliche Überlieferung ist in einer Urkunde Karls des Großen (742–814) enthalten, die der fränkische König am 25. Oktober 775 in Düren ausstellen ließ, als er den vierten Sachsenkrieg vorbereitete. Damit überließ er dem Reichskloster Hersfeld in Hessen die Zehntabgaben von sechs Höfen und den dazu gehörigen sechs Hufen Land in der villa Gothaha. Später wird Gotha auch im Zehntverzeichnis des Klosters vom Anfang des 9. Jahrhunderts erwähnt.

Dass der Abt von Hersfeld und spätere Bischof von Hildesheim Gotehard (961–1038) Gotha als Stadt (!) gegründet haben soll, ist eine unbewiesene Legende. Spätere Beziehungen zu den Thüringer Landgrafen und die Namensähnlichkeit haben vermutlich dazu geführt, dass der Bischof Gotehard im 13. Jahrhundert in Siegel und Stadtwappen aufgenommen wurde und bis heute darin geblieben ist.

Romanische Sculptur-Bruchstücke im Museum zu Gotha.

Romanische Skulpturen Bruchstücke im Museum zu Gotha. Aus „Bau- u. Kunstdenkmäler Thüringens, Amtsbezirk Gotha, 1891" Seite 86

Gotha im Mittelalter

Erst in den Urkunden der Landgrafen von Thüringen tritt Gotha wieder auf, als im 12. Jahrhunder unter den Zeugen auch Herren von Gotha erwähnt werden. Als Landgraf Ludwig II. der Eiserne 1168 in Gotha eine wichtige Urkunde zur Beseitigung eines Grenzstreites seines Hausklosters Reinhardsbrunn mit dem benachbarten schwarzburgischen Hauskloster Georgenthal ausstellt, dürfte schon damals Gotha eine seiner Städte gewesen sein. Sein Sohn Ludwig III. nennt dann unter seinen Städten auch Gotha in einer Urkunde zwischen 1180/1189, in der das hessische Kloster (Spieß-)Kappel vom Marktzoll befreit wird.
Das heute noch bestehende Straßennetz mit seinem rechteckigen Gitterschema im historischen Stadtkern und seinen beiden Märkten ist charakteristisch auch für andere Stadtgründungen der Thüringer Landgrafen. Die Bewohner der alten villa Gothaha sind dabei in die ihnen Schutz bietende Stadt wohl auch gezwungen eingezogen. Im 13. Jahrhundert hat sich eine städtische Verfassung herausgebildet: Seit etwa 1250 ist hier ein Stadtrichter des landgräflichen Stadtgerichts bezeugt, seit 1256 zwölf Scabini (Schöffen), die späteren Ratsherren, die aus ihrem Kreis abwechselnd zwei Bürgermeister wählten. Im 14. Jahrhundert war diese Stadtverwaltung selbständig geworden, musste aber von den jeweiligen Landesherren in ihren Rechten neu bestätigt werden.
Seit altersher lag Gotha an der via regia (Königsstraße), auch Hohe Straße genannt, die als europäische Fernhandelsstraße das Rhein-Main-Gebiet um Frankfurt mit dem kurmainzischen Erfurt, von dort weiter mit den großen Handelsstädten Magdeburg und über Leipzig mit Breslau und Krakau verband. Durch die Waldstraßen über den Rennsteig war Gotha mit Mainfranken um Würzburg verbunden; eine andere wichtige Handelsstraße führte über Ohrdruf und den Oberhofer Pass durch das Werratal nach Coburg und weiter nach Bamberg und Nürnberg, im Norden über Erfurt durch das Thüringer Becken zur Reichsstadt Nordhausen bis nach Braunschweig. Gotha gehörte zur Stadtrechtsfamilie der Landgrafen mit dem Oberhof in Eisenach und war eine ihrer Hauptmünzstätten, in der von 1170/80 bis 1290 Brakteaten (einseitig geprägte dünne Silbermünzen) geprägt wurden. 1217 wird die Gothaer Burg, wo Landgraf Hermann I. (in Dichtung und Musik durch den „Sängerkrieg“ auf der Wartburg bei Eisenach bekannt geworden) gestorben ist, als zeitweilige Residenz, seit 1316 als der „Grimmenstein“ überliefert.
Mit dem unerwarteten Tod des kinderlosen Landgrafen Heinrich Raspe, der 1246 von den geistlichen Kurfürsten zum Gegenkönig des Stauferkaisers Friedrich II. gewählt worden war, starb das Fürstengeschlecht der

Ludowinger Landgrafen von Thüringen im männlichen Stamm aus. Im hessisch-thüringischen Erbfolgekrieg (1259–1263) setzte sich der Wettiner Markgraf Heinrich der Erlauchte von Meissen (um 1216–1288) gegen Sophie von Brabant, Tochter der Hl. Elisabeth von Thüringen, durch, der mit den Ludowingern verschwägert war. Auch unter den Wettinern blieb Gotha eine wichtige Stadt, wie das Einkommensregister von 1378 zeigt. Danach betrug die Summe der jährlichen Abgaben für die Jahrsteuer (Bede), Zölle und Braurechte von 189 Bürgern rd. 590 Mark Silber und wurde nur wenig von Eisenach und Altenburg übertroffen. Von 1307 bis um 1482 war hier wieder eine Münzstätte, in der Gothaer Groschen geprägt wurden. Da es, bedingt durch die Lage der Stadt, besonders in trockenen Jahreszeiten Schwierigkeiten mit der Wasserversorgung gab, zumal die Stadt nur auf ihre Brunnen angewiesen war, liess Landgraf Balthasar, der hier gern residierte, 1366–1369 den Leinakanal als Wasserzuführung vom Thüringer Wald mit einer Länge von rd. 32 km anlegen, der heute noch die Wasserkunst am Schlossberg in der Stadt speist.

Neben dem Tuch- und Getreidehandel war der Handel mit dem Färberwaid ein wichtiger Wirtschaftsfaktor für Gotha, das zu den fünf thüringischen Waidstädten (Arnstadt, Erfurt, Gotha, Langensalza, Tennstedt) gehörte. Auf den Dörfern der Umgebung, wo z. T. heute noch Waidsteine der einstigen Waidmühlen sowie Straßen- bzw. Gassennamen daran erinnern, wurde die gelbblühende, hohe Waidpflanze (Isatis tinctoria) angebaut. Von den Bauern als Rohprodukt verarbeitet, wurde sie an die Waidhändler, auch Waidjunker genannt, in der Stadt verkauft, die daraus eine waidblaue Textilfarbe gewannen und sie im Fernhandel äußerst gewinnbringend bis in die Rheinlande und in die Lausitz verkauften. Zwei Waidhäuser mit Hausmarken der damaligen Besitzer (16. Jh.) sind heute noch steinerne Zeugen dieses besonderen Wirtschaftszweiges, der im Dreißigjährigen Krieg fast ganz aus der thüringischen Landschaft verschwand, zumal ihm in dem aus Indien importierten Indigo ein starker Konkurrent entstanden war. Später wurde Waid gärtnerisch angebaut und mehr als Heilpflanze denn als Textilfarbe verwendet.

Die Wehrhaftigkeit ist hier seit dem frühen 15. Jahrhundert bezeugt. So musste 1426 ein bewaffnetes Aufgebot unter Bürgermeister Hans Welzing nach Freiberg in Sachsen geführt werden, das am 16. Juni bei Aussig an der Elbe im Kampf gegen die Hussiten mit den anderen sächsisch-thüringischen Truppenteilen vernichtend geschlagen wurde. Zur Schießausbildung trafen sich die wehrberechtigten Gothaer Bürger auf dem Schützenhof beim Schweinsrasen am Schützenberg. Mit der Schützenordnung von 1442, die 1451 erneuert wurde, besaß Gotha eine der ältesten deutschen Schützenordnungen, und 1478 fand hier ein Schützenfest statt, bei dem mit

der Armbrust geschossen wurde. Diese Schützentradition wurde durch die Jahrhunderte bis Anfang des Zweiten Weltkrieges gepflegt und 1990 mit der Neugründung der Gothaer Altschützengesellschaft 1442 e. V. wieder aufgenommen.
In der zweiten Hälfte des 15. Jahrhunderts kam es zwischen dem Rat der Stadt und der Bürgergemeinde zu immer schärferen Spannungen, die ihre Ursache in der eigenmächtigen und eigensüchtigen Verwaltung der städtischen Angelegenheiten durch den Rat hatten. Sowohl der Rat als auch die Gemeinde wandten sich an den Landesherrn, Kurfürst Friedrich III., mit der Bitte um Schlichtung ihrer Streitigkeiten. Der Kurfürst begab sich mit seinem mitregierenden Bruder Herzog Johann nach Gotha, um sich die Beschwerde führenden Parteien anzuhören. Nach Beratungen mit den Räten der beiden Fürsten wurde der „Torgauer Schied“ mit einem Elf-Punkte-Programm sowohl dem Rat als auch den Vertretern der Bürgerschaft zugestellt. Danach wurden „Viermänner“ aus der Gemeinde zur Kontrolle des Rats bestellt, die von der Bürgerschaft gewählt und vom Kurfürst bestätigt werden sollten. Das führte aber zu Schwierigkeiten, weil „etliche (Räte) aus unverloschenem Neid und Gezänke“ an ihren alten Gewohnheiten fest zu halten versuchten. So waren die Landesherren gezwungen, am 22. November 1489 ihre Entscheidung vom 20. April 1488 erneut zu bekräftigen. Dabei stellten sie fest, „dass der neue Aufruhr und was sich (dabei) mit Worten und Werken“ getan hat, als beigelegt gelten sollte. Künftige Widersetzlichkeiten sollten aber „ohne alle Gnade und unverschont an Leib und Gut aufs ernstlichste bestraft werden“. Noch Jahrzehnte später hat der Gothaer Reformator Friedrich Myconius über die schlechte Stadtverwaltung geklagt.

Kirchliches Leben im Mittelalter

Das kirchliche Leben der Stadt prägten die Kirchen St. Margarethen am Neumarkt und St. Marien am Berge sowie die St. Jakobskapelle am unteren Hauptmarkt. Ausserdem gab es eine St. Gothardikapelle im Rathaus und eine Elisabethkapelle auf der Burg Grimmenstein, eine Michaeliskapelle beim städtischen Kirchhof, eine St. Katharinenkapelle und die ältere St. Wolfgangskapelle. Die beiden Kirchen und die Kapellen auf dem Grimmenstein standen unter dem Patronat der Landgrafen. Bei den Kirchen und Kapellen gab es zahlreiche Altäre für die Heiligenverehrung sowie Stiftungen und Vikareien. Am heutigen Klosterplatz gründeten 12 Zisterziensernonnen 1251 das Kloster zum Hl. Kreuz, das sie vier Jahre später vor das Brühler Tor bei der St. Katharinenkapelle verlegten. An Stelle des verlassenen Klosters ließen sich 1258 Augustiner-Eremiten (Bettelmönche) nieder, die das Kirchlein der Zisterzienserinnen übernahmen. Der Neubau der Klostergebäude ging nur langsam voran, erst um 1366 wurde die heutige Kirche mit dem gotischen Kreuzgang fertig gestellt. Später lebten hier 20–30 Mönche nach der Regel des Hl. Augustinus; erst 1256 hatte Papst Alexander IV. diesen Orden durch Zusammenschluss von mehreren Gemeinschaften, die schon früher nach dieser Ordensregel lebten, gegründet.

Eine besondere geistliche Einrichtung war das um 1223 gegründete Hospital im Brühl, das die Landgräfin und spätere Hl. Elisabeth von Thüringen unter ihren Schutz stellte. In dieser Stiftung einer Gothaer Bürgerin wurden 21 alte und Pflege bedürftige Gothaer/innen aufgenommen, die ab 1229 vom Lazaritenorden erworben und verwaltet wurde, bis der letze Komtur 1525 das Haus und anderen Grundbesitz der Stadt überließ.

Infolge der unruhigen Zeiten des Grafenkrieges der Wettiner mit den Schwarzburger Grafen und ihrer Verbündeten verließen die 15 Augustiner-Chorherren ihr Stift in Ohrdruf und übernahmen 1344 die Marienkirche am Berge in Gotha. Ein solches Stift bedeutete für Gotha als gelegentliche Residenzstadt bzw. Witwensitz der Wettiner auch eine Aufwertung. Der Rat der Stadt setzte es aber durch, dass die Chorherren auf jeglichen Erwerb von Grundbesitz im Umkreis von einer halben Meile verzichteten. Wegen der Vernachlässigung ihrer geistlichen Pflichten und ihres freizügigen Lebenswandels hatten sie sich einen schlechten Ruf bei der Bürgerschaft erworben, der später zum „Pfaffensturm“ (1524) führte. – Auch die Zisterzienserinnen standen später in keinem guten Ruf und waren wegen ihrer Unfähigkeit, eine geregelte Verwaltung ihres Klostervermögens zu führen verschuldet, zumal es auch an einer geordneten Aufsicht durch die Ordensoberen fehlte. Sowohl klösterliche Reformen als auch andere

Erneuerungsbewegungen und landesherrliche Verordnungen versuchten damals, den Niedergang des Mönchslebens aufzuhalten, so Herzog Wilhelm II. von Sachsen, dessen Landesordnung von 1446 konkrete Forderungen der Einhaltung „klösterlicher Zucht“ und des geistlichen Lebens enthielt.
Dagegen verhielten sich die Augustiner-Eremiten anders, die sich als Teil der Stadtbevölkerung verstanden. Sie verliehen Geld aus ihren Einkünften auf Zinsen, erwarben 1354 ein großes Waldgrundstück am Boxberg bei Gotha und später auch auf dem nahen Krahnberg. 1525 haben sie ihr Kloster mit dem sonstigen Besitz der Stadt übergeben, bevor die kurfürstliche Beschlagnahme des Klostergutes kam. Erst 1529 bestätigte Kurfürst Johann der Beständige die Übernahme durch die Stadt mit Auflagen, die Einnahmen für die Erhaltung der Schulen und Kirchen bei jährlicher Rechnungslegung zu verwenden. Dabei wurde aber die Marienkirche am Berge nicht mehr berücksichtigt, weil sie für den Abbruch wegen Erweiterung der Befestigung des Grimmenstein (1530) vorgesehen war. 1544 erfolgte eine weitere detaillierte kurfürstliche Verordnung über die Verwendung der Kloster- und Stiftsgüter.

*Monstranz von 1470 in der katholischen Kirche zu Gotha.
Aus „Bau- u. Kunstdenkmäler Thüringens, Amtsbezirk Gotha, 1891“ Seite 42*

Das Jahrhundert der Reformation

Ende April 1515 sowie ein Jahr später visitierte Martin Luther als eben gewählter Distriksvikar der sächsisch-thüringischen Kongregation des Augustiner-Eremiten-Ordens das Gothaer Augustinerkloster. Außer an der Geschwätzigkeit der Mönche fand er offenbar nichts Schlimmeres an ihnen zu rügen.
Später war er wiederholt in Gotha gewesen. So am 9. April 1521 auf der Reise zum Reichstag in Worms, wo er in der überfüllten Augustinerkirche predigte, im Oktober 1529 auf der Reise zum Religionsgespräch in Marburg und 1540 zu einer Beratung mit Landgraf Philipp von Hessen in Marburg. Einen längeren Aufenthalt hatte der Reformator vom 1.–4. März 1537, als er wegen eines Steinleidens vom Schmalkalder Konvent abreisen musste. Im Haus des Amtsschössers (Landrat) Hans Löwe am Hauptmarkt diktierte er im Beisein seines Freundes Myconius sein erstes Testament. Als die Schmerzen nachgelassen hatten, reiste er nach Wittenberg zurück.

Myconius – Gothas großer Reformator

Als der aus Lichtenfels am Main stammende ehemalige Franziskanermönch Friedrich Myconius (1490–1546) Mitte August 1524 in Gotha sein Amt als lutherischer Prediger antrat, hatte es kurz vorher zwei Mal einen Aufstand gegeben. Am Dienstag nach Pfingsten waren 40–50 bewaffnete Gothaer Bürger ins benachbarte Dorf Bufleben eingefallen, weil dort „wider der Stadt Freiheit fremdes Bier zu schenken umgelegt ward", hatten die Schenke gestürmt, zwei Fass Bier beschlagnahmt und in Gotha ausgetrunken. Danach waren die Männer zum Sturm auf die unbeliebten Stiftsherren bei St. Marien am Berg gezogen, hatten in deren Häuser randaliert und die Konkubinen der Chorherren ins Ratsgefängnis geschleppt, während der Rat tatenlos zusah. Allein der gelehrte Stiftsherr Mutian blieb als eine geistliche Autorität mit ordentlichem Lebenswandel verschont. Erst als Kurfürst Friedrich der Weise von Sachsen als Landesherr davon erfuhr, wurde eine große Geldstrafe über die Stadt verhängt, um die Chorherren zu entschädigen. Aber der Ratsherr Tunckel erreichte durch seine Vermittlung, dass die Geldstrafe auf 300 Gulden herab gesetzt wurde. Eine andere Folge des Pfaffensturms war die ordentliche Bestellung des Predigtamts in der Stadt mit Friedrich Myconius.
Wenn auch während des Bauernkrieges die Stadt äußerlich ruhig blieb, weil Herzog Johann von Sachsen Mitte Mai 1525 mit 800 Reitern und zahlreichem Fußvolk von Eisenach her eingetroffen war, um nach Langen-

salza weiter zu ziehen, und so die Bevölkerung eingeschüchtert hatte, gab es doch einige stille Aktivitäten. So unterstützte der Bürgermeister Hans Reichenbach Bauern aus der Umgebung, indem er Beschwerdebriefe für sie schrieb; in Gothaer Ratssitzungen forderte er die Abschaffung des Stadtzolls. Die Viermänner aus der Bürgergemeinde berieten sich mit zwölf anderen Männern ihres Vertrauens über die Nöte und Sorgen der kleinen Handwerker, dabei formulierte Hans Reichenbach die Vorlage ihrer Forderungen an den Rat und die Landesherren. Darin wurde in vier Artikeln die Abschaffung des Warenzolls und des Zehntpfennigs sowie die Wegnahme des Zollschilds und die Aufhebung der Steuerfreiheit der Augustiner-Chorherren am Berge verlangt. Ausserdem wurde der Abzug des Büchsenmeisters vom Schloss in die Stadt gefordert, der heranziehende aufständische Bauern beobachten sollte. Gotha blieb später wegen ihres „Wohlverhaltens" während des Bauernkrieges von Strafgeldern verschont, wie sie andere thüringische Städte zahlen mußten. Myconius hatte damals aufständische Bauern vor dem Kloster Ichtershausen bei Arnstadt mit seiner Rede von der Plünderung des Klosters abgehalten und zum Abzug bewogen.

Mit Myconius war eine außergewöhnliche Persönlichkeit in die Stadt gekommen. Unter schwierigen Verhältnissen hat er hier drei Visitationen (Inspektionen) im Gothaer Land in den Jahren 1526 bis 1529 durchgeführt, dabei das Kirchen- und Schulwesen neu geordnet und Pfarrern und Lehrern zu besseren Besoldungen verholfen. Die zeitweilige Mitwirkung des Wittenberger Reformators Philipp Melanchthon brachte eine lebenslange Freundschaft mit ihm ein. Auch mit Martin Luther verband ihn eine solche Freundschaft, wie der Briefwechsel mit beiden beweist.

In diese Zeit fielen auch seine drei Reisen an den Niederrhein als Hofprediger des Kurprinzen Johann Friedrich, der seine Braut Sibylle von Kleve heimholte. Myconius predigte damals in Kleve und Düsseldorf, wo er sich in einer öffentlichen Disputation mit dem Kölner Franziskanermönch Johannes Haller von Korbach erfolgreich durchsetzte. Später nahm er an wichtigen Tagungen und Religionsgesprächen teil, so 1529 in Marburg, 1530 am Augsburger Reichstag, 1531 an der Gründung des Schmakaldischen Bundes, 1537 an dem international besuchten, prächtigen Bundestag der protestantischen Fürsten und Reichsstädte in Schmalkalden, 1539 in Frankfurt und 1540 am Hagenauer Religionsgespräch. 1538 nahm er als theologischer Berater der kursächsischen Gesandtschaft an den Hof Königs Heinrichs VIII. von England in London teil, wo er sogar persönlich vom König zu einem Gespräch empfangen wurde. Die zähen Verhandlungen der kursächsischen Räte mit dem König und seinen Bischöfen über Glaubensfragen verliefen aber ergebnislos.

Nachdem der streng katholische Herzog Georg der Bärtige von Sachsen verstorben war, berief sein Bruder und Nachfolger Heinrich der Fromme Myconius zur Einführung der Reformation nach Leipzig und Annaberg. Hier war der Reformator einst im März 1524 nach langer Klosterhaft dem Hungertod entflohen. Seine letzten Lebensjahre waren in zunehmendem Maße von seiner Krankheit überschattet. Ein letzter Höhepunkt seines reformatorischen Wirkens war noch die Leitung eines thüringischen Pfarrkonvents als Superintendent (seit 1529) in Gotha mit 110 Teilnehmern. Seine autobiographische „Geschichte der Reformation", ein Erlebnisbericht und Schilderung des damaligen Gotha, hat er z. T. noch vom Krankenbett aus diktiert.

Als am 31. Oktober 1545 eine Brandkatastrophe die halbe Stadt eingeäschert und dabei viele Einwohner ins Elend gestürzt hatte, schrieb Myconius zahlreiche Bittbriefe an seinen Bekanntenkreis. In einem dieser Briefe schildert er die Not seiner Pfarrkinder, als viele „mit bitterlichem Weinen und Heulen angesucht, auch auf diesem meinem Krankenbett, ihnen Rat mitzuteilen und sie zu trösten". Wenige Wochen später, am 7. April 1546, erlöste der Tod den erst 55jährigen Reformator von seiner Krankheit und von den Sorgen um seine Gemeinde. Sein Epitaph (Grabplatte) steht an der Südseite des Altars in der Augustinerkirche, den zweisprachigen Text (Latein und Griechisch) hat der Gothaer und erste Rektor der Universität Jena, Johannes Stigel (1515–1562), verfasst.

Der Schmalkaldische Krieg

Die prostestantischen Fürsten und Reichsstädte hatten sich am 27. Februar 1531 im Schmalkaldischen Bund zur Erhaltung ihres Glaubensbekenntnisses zusammen geschlossen. Schon fünf Jahre vorher hatten Kurfürst Johann der Beständige von Sachsen und Landgraf Philipp von Hessen in Gotha eine Defensivallianz geschlossen, um sich gegen einen konfessionell motivierten Angriff Kaiser Karls V. oder katholischer Fürsten zu schützen. Wegen des gespannten Verhältnisses der Protestanten zum Kaiser begann Johann der Beständige noch vor seinem Tod (1532), die starke Festung Grimmenstein über Gotha auszubauen. Dazu musste die Marienkirche am Berge abgebrochen werden. Bis zur Fertigstellung der Befestigungsarbeiten im Jahr 1541 beliefen sich die Baukosten auf rund 150 000 Gulden. Als es dann doch zur militärischen Auseinandersetzung kam, fiel die Entscheidung nicht hier, sondern am 26. April 1547 bei Mühlberg an der Elbe. Die Kaiserlichen gewannen die Schlacht, und die beiden protestantischen Fürsten wurden gefangen genommen. Johann Friedrich verlor die

Kurwürde und das Kurland mit der Landesuniversität Wittenberg. Noch während seiner Gefangenschaft betrieb er die Gründung der Universität Jena, zunächst als Hohe Schule (1548), die 1558 die kaiserliche Bestätigung als Universität erhielt. Die Stadt Gotha und die Festung Grimmenstein wurden durch vier große Breschen in die Stadtmauern und einige Breschen in die Festungswälle geschleift. Nachdem der Herzog im September 1552 aus der Gefangenschaft zurückgekehrt war, ließ er Stadt und Festung wieder ausbauen, dazu hatte er die kaiserliche Erlaubnis mit der Wiedereinsetzung in sein Land erhalten. Noch vor seinem Tod am 3. März 1554 war wieder alles gesichert.

Die Grumbachschen Händel 1564/67

Der mainfränkische Ritter Wilhelm von Grumbach (1503–1567) war mit dem Würzburger Bischof Melchior von Zobel um den rechtmäßigen Besitz des Gramschatzer Waldes bzw. Teilen davon, den er als väterliches Erbe beanspruchte, in Streit geraten. Bei dem Versuch den Bischof in seine Gewalt zu bringen, um ihn zur Freigabe seines Besitzes zu zwingen, wurde der Bischof von Grumbachs Gefolgsleuten erschossen. Daraufhin floh Grumbach auf die Feste Coburg, wo ihn Herzog Johann Friedrich II., der Mittlere, zum Rat ernannte und in seine Dienste stellte. Grumbach versprach dem Herzog seine Hilfe für die Rückgewinnung der 1547 verlorenen Kurwürde, im Gegenzug sollte ihn der Herzog bei seinem Anspruch auf den Gramschatzer Wald unterstützen. Er habe den Bischofsmord nicht angestiftet, wie er in einer Erklärung an den Kaiser versicherte.
Der Herzog glaubte, dem zu Unrecht Verfolgten helfen zu müssen und lieferte ihn und dessen Komplizen auch nicht aus, als sie am 6. November 1563 wegen des Bischofmordes in die Reichsacht erklärt worden waren, zumal Grumbach einen Monat zuvor den neuen Würzburger Bischof mit einer militärischen Drohung zur Unterschrift unter einen Herausgabevertrag gezwungen hatte. Der Herzog verlegte nun seine Residenz von Weimar auf die starke Festung Grimmenstein und nahm hier auch Grumbach und einige seiner Leute auf.
Trotz eindringlicher Warnungen seines Gesandten in Wien und seiner Räte sowie gegen die Bitten seines Bruders Johann Wilhelm, der von ihm gegründeten Universität Jena sowie mehrerer Fürsten beharrte der durch den Einfluss Grumbachs verblendete Herzog in seiner Haltung, den gewalttätigen Ritter schützen zu müssen. Weil er aber vom Reich Geächtete schützte anstatt sie auszuliefern, wurde schließlich auch er am 12. Dezember 1566 geächtet. Mit der Vollstreckung der Reichsacht wurde sein

erbitterter Feind, Kurfürst August von Sachsen, vom Kaiser beauftragt. Der Kurfürst erschien mit einem Exekutionsheer vor Gotha und ließ von einem kaiserlichen und von seinem kurfürstlichen Herold die kaiserlichen Achtsmandate verkünden. Stadt und Festung wurden von dem Exekutionsheer eingeschlossen. Die Zerstörungen durch Artilleriebeschuss auf die Stadt, Lebensmittelmangel und Krankheiten sowie die Zerstörung der Vorstädte, der Mühlen und Vorwerke führten zur Unzufriedenheit der Einwohner, beim Kriegsvolk in der Stadt und bei den Söldnern in der Festung. Als dann Ende März 1567 – vor und nach Ostern – die Verhandlungen zwischen den Vertretern des Stadtrats und der Söldner mit dem Herzog über eine Auslieferung Grumbachs und seiner Komplizen an den Kurfürsten ergebnislos blieben, stürmten Soldaten aus der Stadt auf die Festung. Sie nahmen den Festungskommandanten und dann den Kanzler des Herzogs, Dr. Christian von Brück (ein Schwiegersohn von Lucas Cranach d.Ä.) fest und holten schließlich auch Grumbach und seinen Anhang aus ihren Verstecken. Sie wurden in das damalige Rathaus am unteren Hauptmarkt unter strenge Bewachung gebracht. Am 3. April konnte schließlich mit Zustimmung des Herzogs die Auslieferung der Geächteten angeboten und ein Waffenstillstand vereinbart werden. Weil aber der Kurfürst nicht anwesend war, gingen die Vorbereitungen für die Erstürmung der Stadt und Festung weiter, bis am 11. April eine Antwort aus Dresden einging und zwei Tage später die Kapitulation zu den vom Kurfürsten verlangten Bedingungen erfolgte.
Herzog Johann Friedrich wurde als kaiserlicher Gefangener durch die Stadt geführt und dann über Dresden und Wien nach Wiener Neustadt gebracht, er starb 1595 in Steyr (Österreich). Am 14. April hielt der Kurfürst mit Herzog Johann aus Weimar seinen Einzug in Gotha. Noch am selben Tag wurde Grumbach unter der Folter genommen, an den nächsten Tagen die übrigen Gefangenen. Am 18. April wurden sie hingerichtet – eine Steinplatte auf dem oberen Hauptmarkt erinnert an das grausame Ereignis. Im August wurde der Grimmenstein, damals eine der stärksten protestantischen Festungen im Reich, durch überzogene Sprengungen dem Erdboden gleich gemacht; beim Sprengen der Festungswälle der Stadt sind Hunderte von Einwohnern umgekommen. Später haben die Bürger ihre Schäden durch die Belagerung mit 65 286 Gulden angegeben, der Rat der Stadt eine Schadensumme von über 110 000 Gulden; die Belagerungskosten wurden von der Gegenseite mit 985 641 Gulden in Rechnung gestellt.
Gotha hatte noch lange an den Folgen der Belagerung und Kapitulation zu leiden, darunter auch der ertragreiche Waidhandel. Daher gestattete ein „Landgebrechensabschied“ nun auch den Dörfern im Gothaer Land den Handel mit Waid. Als der Rat der Stadt den neuen Landesherrn Herzog

Johann Wilhelm wegen der großen Not um einen Abgabenerlass bat, wurde ihm das rundweg abgeschlagen. Nichtsdestotrotz ließ er aber den Rat auf dem unteren Hauptmarkt von 1567 bis 1576 das heutige stattliche Rathaus erbauen. Die Stadt und ihr Rat wurden später wiederholt des Verrats an ihrem Landesherrn bezichtigt, so dass sie sich auf den Reichstagen 1570 und 1572 von Kaiser Maximilian II. Zeugnisse ihres Wohlverhaltens erwirken mussten. Aber auch Kurfürst August von Sachsen wurde mit Schmähliedern bedacht, weil er den Rivalen auf seine Kurwürde mit der Gothaer Kapitulation ausgeschaltet hatte. Unter den damaligen Satiren auf ihn war „Die Nachtigall" so bedeutend, dass sie G. E. Lessing 1773 in seine „Beiträge zur Geschichte und Literatur" aufgenommen hat.

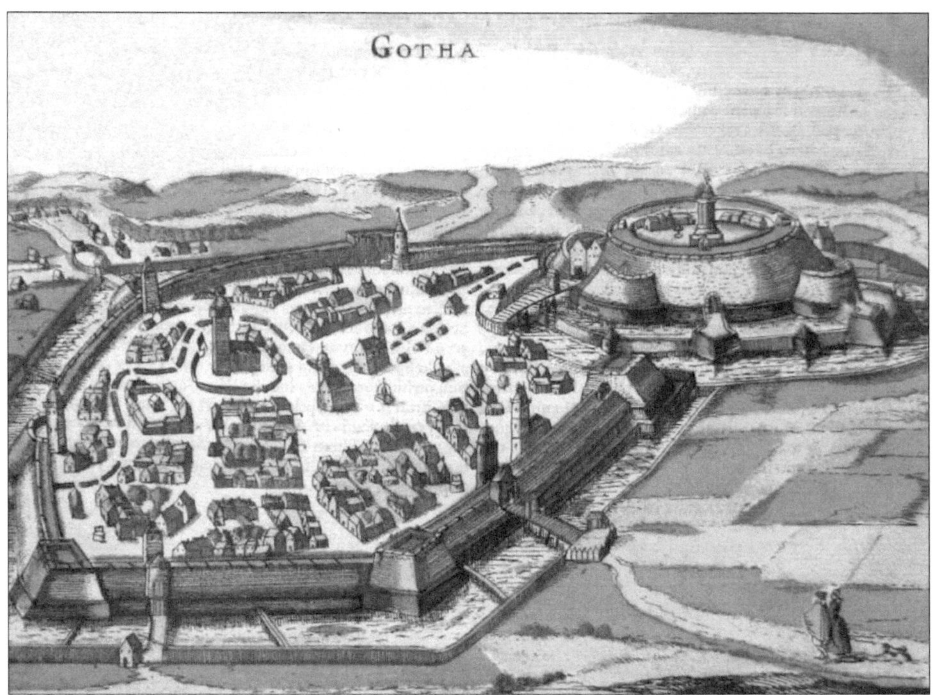

Original altkolorierter Kupferstich aus Bertius GOTHA ca. 1616 – Gesamtansicht aus der Vogelschau Gotha.

Gotha wird herzogliche Residenzstadt

Mit der Altenburger Teilung der drei ernestinischen Fürsten Wilhelm, Albrecht und Ernst von Sachsen-Weimar am 13. Februar 1640 erhielt Prinz Ernst das neue Herzogtum Sachsen-Gotha. Nach dem Tod seines Bruders Albrecht 1644 erhielt er von dessen Eisenacher Herzogtum den südthüringischen Anteil am Werratal dazu. Als Herzog Ernst I. von Sachsen-Gotha (1601–1675) zog er nach vorübergehendem Aufenthalt auf Schloss Tenneberg über Waltershausen am 14. Oktober 1640 in Gotha ein, wo er im Rathaus auf dem Hauptmarkt residierte. Im September 1646 konnte er mit seiner Familie und den Räten in das neue Schloss Friedenstein einziehen, das von 1643–1654 anstelle des einstigen Grimmensteins mit einem Kostenaufwand von 65 800 Gulden erbaut worden war. Es ist das größte Schloss in Thüringen (Flügellängen 140 x 110 m, Baumeister C. Vogel und A. Rudolph). Danach ließ der Herzog das Schloss 1655 bis 1672 mit einem umfassenden „Verwahrungsbau" mit vier Eckbastionen, Festungswällen und -gräben sowie Kasematten und ab 1663 auch die Residenzstadt befestigen.

Der Herzog verstand sich in der lutherischen Tradition seiner Vorfahren, wegen seiner vom christlichen Glauben motivierten Lebensführung und Regierung wurde er zu Lebzeiten von Spöttern „Bet-Ernst" genannt – in die Geschichte ist er aber als Herzog Ernst der Fromme eingegangen. Er war hochgebildet und hatte mit seiner Verwaltung des Weimarer Landes für seine im Krieg stehenden Brüder, des aus den beiden Bistümern Bamberg und Würzburg von Schweden konstituierten Herzogtums Franken seines Bruders Bernhard von Weimar († 1638) und der Pflege Coburgs schon vor seinem Gothaer Regierungsantritt reiche Erfahrungen gesammelt. Danach hat er als Reiteroberst mit seinem eigenen Regiment von Oktober 1631 bis zur Schlacht bei Lützen am 6. November 1632, in der der Schwedenkönig Gustav Adolf fiel, in dessen Heer, danach bis zum Frühjahr 1633 am Feldzug durch Süddeutschland aktiv am Krieg teilgenommen. Schon bald nach seinem Regierungsantritt hat Ernst der Fromme Anfang Juli 1640 eine Reise nach Wiener Neustadt unternommen, um bei Erzherzog Leopold Wilhelm (1614–1662) eine erste Sondierung über Friedensverhandlungen aufzunehmen. Aber bei der damaligen militärischen Lage – die Kaiserlichen hatten die Schweden aus Schlesien vertrieben – erschien eine Initiative verfrüht. Seit 1641 waren schon die beiden Herzöge von Gotha und Weimar mit einem gemeinsamen Gesandten bei den ersten Vorbereitungen zum Westfälischen Frieden (1648) aktiv vertreten, dessen Nachfolger seit Ende 1646 nachdrücklich für die Religionsfreiheit der protestantischen Reichsstände eintrat. So war auch der Name des Schlosses Friedenstein (im Gegensatz zum früheren Grimmenstein) wohl schon nach Baubeginn üblich geworden.

Später hat er für die Regierung seines Herzogtums gelehrte und erfahrene Räte gewonnen, mit denen er das im Dreißigjährigen Krieg (1618–1648)

geschundene Land für damalige Verhältnisse erfolgreich und in vieler Hinsicht vorbildlich aufbauen und regieren konnte. Allein in den 17 Dörfern des Amtes Gotha war die Zahl der Einwohner von 1618 bis 1638 von 8942 auf 3134 Einwohner zurückgegangen. Pest und andere Krankheiten waren die Ursachen dafür. Auch in der Residenzstadt Gotha war die Einwohnerzahl von rd. 5000 auf 3100 zurückgegangen, und 1632 und 1642 war die Stadt von Brandkatastrophen heimgesucht worden. Der Rat und Kanzler Dr. jur. Georg Frantzke hatte von 1640 bis zu seinem Tod 1659 die meisten Verordnungen des Herzogs verfasst, die zuerst 1643 und später in der erweiterten Landes-Ordnung von 1667 publiziert wurden und für die Beamten im Lande ein Verwaltungshandbuch waren. Sein Nachfolger, Veit Ludwig von Seckendorff (1626–1692), hat seine Erfahrungen im Gothaer Staatsdienst als Kammerrat (Finanzrat) und Kanzler im „Teutschen Fürstenstaat“ (1656) verallgemeinert, der als Lehrbuch noch im 18. Jh. an der Universität in Jena angewandt wurde. Damit zählt er zu den bedeutenden Staatsdenkern der frühen Neuzeit, außerdem ist er später mit seiner Geschichte des Luthertums, für die er schon Akten aus den Archiven benutzt hat, auch als Reformationshistoriker bekannt geworden.
Für den Neuaufbau des Schulwesens im Herzogtum konnte Ernst der Fromme den Pädagogen Andreas Reyher (1601–1679) gewinnen, der in seinem „Schulmethodus“ (1642, zahlreiche erw. Auflagen) eine gründliche Anleitung für den Unterricht in Deutsch, Rechnen und „von den natürlichen Dingen“ (Realien) sowie in Musik bot. Ergänzend dazu hat er auch Schulbücher verfasst, die er in späteren Auflagen weiter entwickelt hat. Außerdem wurde eine allgemeine Schulpflicht eingeführt und kontrolliert, die in den Dörfern während der Erntezeit nicht immer eingehalten wurde. Für den Druck der pädagogischen Literatur wie auch für die amtlichen Publikationen, ließ der Herzog 1641 eine Druckerei einrichten, die bis ins 20. Jh. als (Engelhardt-) Reyher-Verlag bestanden hat. Einer der Hof- und Leibärzte des Herzogs, Dr. med. Daniel Ludwig (1626–1680), war nicht nur ein ausgezeichneter Mediziner, sondern auch ein hervorragender Pharmakologe und Apotheker, dessen Publikationen noch nach seinem Tod in den verschiedensten Ausgaben, auch im Ausland, erschienen sind, so dass er unter Fachkollegen als „Reformator des Apothekenwesens“ galt. Einer der Prinzenerzieher am Hofe Ernst des Frommen war der Justizrat Hiob Ludolf (1624–1704), dem 25 (!) Sprachen geläufig gewesen sein sollen und der heute noch als Begründer der amharischen und aethiopischen Grammatik gilt.
Für die heute zum Teil weltweit bekannten Kunst- und wissenschaftlichen Sammlungen im Schloß Friedenstein hat der Herzog den Grundstock gelegt, zuerst 1647 mit der Einrichtung seiner Bibliothek; mit dem Ausbau des Schlosses folgten auch die anderen Sammlungen. Auch der Musik, besonders der Pflege der Kirchenmusik, war er aufgeschlossen. Seit 1651 unterstand eine Hofkapelle mit 12 Musikern und 6 „Vocalisten“ (Sängern) sowie

einem „Trompeterkorps“ dem Hofkapellmeister W. C. Briegel (1626–1712), dessen zahlreiche Kompositionen den Stilwandel von Heinrich Schütz zu J. S. Bach erkennen lassen; außerdem war er auch der Musiklehrer der Gothaer Prinzen und Prinzessinnen.

Nach dem Tod des Altenburger Herzogs Friedrich Wilhelm II. (1669) ohne männliche Erben erhielt Herzog Ernst der Fromme als nächster Erbe – seine Frau war eine Altenburgerin – nach dem Erbteilungsvertrag von 1640 drei Viertel des Altenburger Landes, sein Weimarer Bruder Wilhelm Ernst ein Viertel davon. Damit war das Gothaer Fürstentum – nunmehr Sachsen-Gotha-Altenburg – mit etwa 5750 km^2 das größte in Thüringen geworden.

Als Erhalter und Beschützer der lutherischen Reformation förderte der Herzog die lutherische Kirchgemeinde deutscher Kaufleute und Handwerker in Moskau und nahm deshalb auch Beziehungen zum Zaren auf. So kam es im August 1674 zum Besuch einer Gesandtschaft des Zaren Alexej Michailovics, des Vaters Peters des Großen, am Gothaer Hof. Damals hatte der Herzog bereits den ersten Schlaganfall erlitten, am 16. Oktober übergab er die Regierungsgeschäfte seinem ältesten Sohn Friedrich. Nachdem sich im Januar 1675 der Gesundheitszustand weiter verschlechtert hatte, starb der Herzog nach einem zweiten Schlaganfall am 26. März 1675 im Alter von 74 Jahren. Er war nicht nur der erste der Gothaer Ernestinerfürsten, sondern auch der bedeutendste in einer schweren Zeit.

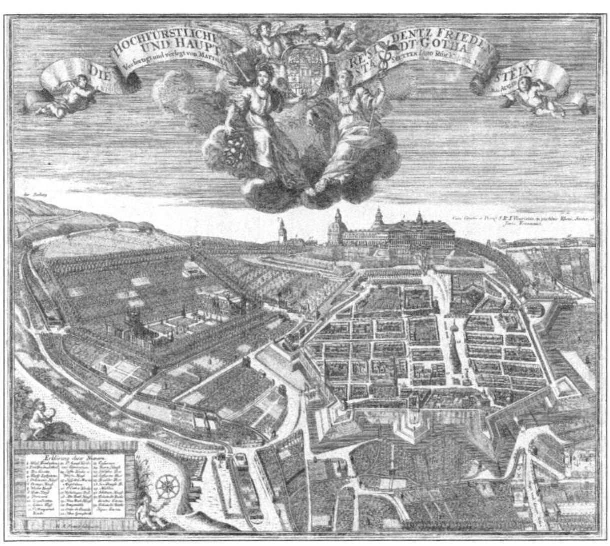

Die Hochfürstliche Residenz Friedenstein und Hauptstadt Gotha. 1730. Verfertiget und verlegt von Mattheo Seutter. Außenformat (Breite x Höhe) 58,1cm x 51,5 cm, Reprint 2001

Das lange Jahrhundert des Gothaer Barock

Nach dem Tod Ernsts des Frommen begann unter seinem Nachfolger Herzog Friedrich I. (1646–1691) das Zeitalter des Gothaer Barock. Entgegen der Festlegung in der Regierungsordnung von 1672 forderten die vier jüngeren Brüder, die 1676 ihre Wohnsitze vom Schloss Friedenstein in verschiedene Ämter verlegt hatten, eine Landesteilung. Nach langen Verhandlungen erhielten sie 1680 die Landesteile Eisenberg, Hildburghausen, Römhild und Saalfeld, die beiden älteren Brüder 1681 Meiningen und Coburg. Herzog Friedrich I. behielt Gotha und Altenburg und führte 1685 für seine Familie und Nachkommen die Primogenitur (alleinige Erbfolge der erstgeborenen Prinzen) ein, um spätere Teilungen zu verhindern. Auf seinen Bildungsreisen hatte er als junger Erbprinz Frankreich kennen gelernt und strebte nun eine barocke Lebensführung an. So kaufte er 1677 die kleine Herrschaft Erffa, ließ bis 1689 an Stelle der alten Wasserburg ein Lustschloss mit Park und Alleen bauen und das Dorf umgestalten, beides nannte er dann Friedrichswerth. In Gotha ließ er den 1678 ausgebrannten Ostturm am Residenzschloss später wieder aufbauen und das Dach mit einer neuen Kuppelkonstruktion versehen, so dass seitdem die beiden Schlosstürme ungleiche Dächer haben. Später wurde auch der Thronsaal, die Schlosskirche sowie einige Räume barock umgestaltet. Das Ballhaus im Westturm wurde zu einem Hoftheater mit neuester Bühnentechnik umgebaut, die heute noch funktionsfähig ist, freilich nach inzwischen erfolgten Erneuerungen. Am 22. April 1683 erfolgte zum Geburtstag der Herzogin die glanzvolle Einweihung mit der Barockoper „Die geraubte Proserpina“. Später wurden beliebte Singspiele und Ballette aufgeführt. In der Stadt ließ der Herzog die baufällige Augustinerkirche von 1676–1680 erneuern. Über das Leben am Hofe vermitteln seine 1998 bis 2003 publizierten Tagebücher ein aufschlussreiches Bild.

Unter dem Enkel Ernst des Frommen, Herzog Friedrich II. (1676–1732), der seinem Großvater in der Magarethenkirche ein prächtiges Epitaph (Grabmal) errichten ließ, entwickelte sich die Residenzstadt weiter. So erhielt der Garten im Osten das Schloss Friedrichsthal (1708–1711) im französischen Stil, am Schlossberg war 1703 das Haus „Zum Fürstenhut“ entstanden, im Brühl erhielt das alte Hospital eine barocke Schaufassade, und 1715 ließ der Herzog an Stelle der alten Siechhofskirche die kleine Friedrichskirche errichten. Schon um 1700 ließ ein General von Westerhagen am oberen Hauptmarkt das nach seinem Namen benannte große Stadtpalais bauen.

In seiner absolutistischen Kabinettspolitik wurde der Herzog von seinem Geheimen Ratsdirektor J. F. Bachoff von Echt und seit 1707 von Geheimrat A. L. von Schwarzenfels als Reorganisator der Finanzen nachhaltig unterstützt. Staatshaushalt und Privathaushalt wurden getrennt, und der Herzog führte die Privatschatulle ein, aus der er seine Ausgaben bestritt. Zeitweise hat er ein fast 10.000 Mann starkes Heer unterhalten, das er größtenteils vermietete und dafür Subsidien (Hilfsgelder) und Geschenke erhielt. Nachdem aber 1701 sein Geheimvertrag mit Frankreich, der gegen den Inhalt des Westfälischen Friedens von 1648 verstieß, aufgedeckt worden war, musste er seine Truppen auf 2–3000 Mann reduzieren. Sein Interesse galt aber auch der Kunst und Wissenschaft. Am Hoftheater ließ er gern Opern bzw. Singspiele aufführen, und die Hofkapelle, seit 1697 unter Leitung des Hofkapellmeisters C. F. Witt, wurde durch eine „Hautboisten-Bande“ (Bläsergruppe) verstärkt. Von 1719–1749 prägte dann der weitgereiste G. H. Stölzel als Hofkapellmeister das Musikleben, seine Kompositionen umfassten zahlreiche geistliche Kantaten, Tafelmusiken sowie einige Opern. Auch um die Vermehrung der herzoglichen Sammlungen war Friedrich II. bemüht. Dazu konnte er 1712 die äußerst wertvolle Münzsammlung des Fürsten Anton Günther II. von Schwarzburg-Arnstadt, als eine der besten Sammlungen in Deutschland, für 100.000 Taler kaufen. Zusammen mit den älteren Münzbeständen in der Kunstkammer ließ er ein neues Münzkabinett in einem besonderen Zimmer mit neuen Schränken und einer barocken Deckenmalerei einrichten, wie es heute wieder zu sehen ist. Wie der Diplomat und Reiseschriftsteller K. L. von Pöllnitz 1729 schrieb, war damals „der Herzog von Gotha unter allen Fürsten ernestinischer Linie der mächtigste (und) seine Hofhaltung unter allen sächsischen Höfen, den zu Dresden ausgenommen, die zahlreichste und prächtigste.“ Der Gothaer Hofstaat umfasste bis zu 230 Bedienstete (ohne Räte und Zentralbehörden), obwohl „die Untertanen des Herzogs unter allen in Teutschland am wenigsten beschwert sind“. Damals war Gotha mit rd. 8000 Einwohnern die zweitgrößte Stadt in Thüringen.

Eine außergewöhnliche Herzogin

Der Sohn und Nachfolger Friedrich III. (1699–1772) war ein biederer und gütiger Fürst ohne besondere Begabungen und Neigungen, sah sich aber ganz in der Pflicht eines Fürsten wie seine Vorfahren. Er heiratete am 13. September 1729 die zehn Jahre jüngere Prinzessin Luise Dorothee von Sachsen-Meiningen. Sie hatte früh ihre Eltern verloren und wurde von der Stiefmutter und Herzoginwitwe Elisabeth Sophie, einer Tochter aus der zweiten Ehe des Großen Kurfürsten von Brandenburg, sehr sorgfältig erzogen. Schon in jungen Jahren zeigte sie Interesse für zeitgenössische Philosophie. Am Gothaer Hof wurde die Herzogin mit der rationalistischen

Gedankenwelt des Halleschen Philosophen Christian Wolff (1679–1754) bekannt und hat sich besonders seiner Ethik zugewandt. Darüber diskutierte sie sogar mit ihren Hofdamen und erzog später auch ihre beiden Söhne, Erbprinz Ernst und Prinz August, im Geist von Wolffs Denken.

Luise Dorothee war aber auch von heiterer Natur und besaß viel Charme. So stiftete sie mit ihrem Gemahl 1739 den „L'Ordre des Hermites de bonne Humeur" (Orden der Eremiten des guten Humors). Die kostspieligen Feste des Ordens fanden am Geburtstag der Herzogin (12. August) gewöhnlich im Schloss Friedrichswerth (n. Gotha) statt, andere derartige Feste auch in Ichtershausen (n. Arnstadt). Die exklusive Adelsgesellschaft unterhielt sich ausschließlich in französischer Sprache über Literatur, Theater und Philosophie, wobei die Herzogin bei aller Heiterkeit auf den guten Ton Wert legte. Von den auswärtigen Gästen sind der Graf G. A. von Gotter zu nennen, der auch der diplomatische Vermittler zwischen der Herzogin und dem preußischen König in Potsdam war, und der Leipziger Literaturprofessor J. C. Gottsched, der mit seiner Gattin auf Einladung der Herzogin einige Wochen am Gothaer Hof weilte. Am Hoftheater fanden auch Liebhaberaufführungen statt, die von der Jugendfreundin der Herzogin und Oberhofmeisterin Franziska von Buchwald inszeniert wurden, wobei gelegentlich auch Luise Dorothee auftrat. Gespielt wurden meist Theaterstücke von beliebten französischen, zeitgenössischen Autoren, u. a. von Racine, Voltaire und Marivaux.

Infolge der religiösen Toleranz der Herzogin konnte Graf von Zinzendorf im Juni 1740 in Gotha eine Synode der pietistischen Brüdergemeinde abhalten und zwei Jahre später in (Neu-)Dietendorf eine neue Gemeinde gründen. Sie hatte sich auch der französischen Aufklärung zugewandt und stand seit 1751 mit dem Philosophen und Schriftsteller Voltaire (1694–1778) im Briefwechsel. Er hatte ihr eine Ausgabe seiner Werke mit dem Wunsch zugesandt, sie kennen lernen zu dürfen. Nach seinem Weggang vom preußischen Hof in Potsdam war er auf ihre Einladung im April/Mai 1753 auf Schloss Friedenstein ein gern gesehener Gast. Auf seinen Rat hat sie im Frühjahr 1759 ihre Kinder gegen die Pocken mit Erfolg impfen lassen; ihr fürstliches Beispiel hat aber noch lange Zeit gebraucht, bis es sich im Land durchgesetzt hat. Später hat sie auch auf Bitten Voltaires die zu Unrecht von der Pariser Justiz verurteilten Familien Calas (1763) und Sirven (1766) mit namhaften Geldzuwendungen unterstützt. Denn bis zu ihrem Tod stand sie mit Voltaire in brieflicher Verbindung.

Die Herzogin gehörte auch zu den Abonnenten der Pariser „Correspondance litéraire", mit der Baron F. M. von Grimm ein Dutzend europäischer Königs- und Fürstenhäuser mit den neuesten Nachrichten vom Kultur- und Hofleben der französichen Hauptstadt belieferte. Als eine gebildete Fürstin

besaß Luise Dorothee auch eine umfangreiche eigene Bibliothek mit 3567 Bänden, wobei die schöngeistige (Belletristik) und historische Literatur den überwiegenden Anteil ausmachten.
Ihr bedeutendster Verehrer war König Friedrich II. von Preußen, mit dem sie schon seit 1740 im Briefwechsel stand. Dabei ging es sowohl um politische Probleme als auch um philosophische Fragen und um Familienangelegenheiten. Der König ließ es sich nicht nehmen, sie mitten im Krieg zweimal auf Schloß Friedenstein (1757, 1762) zu besuchen, um ihr seine Verehrung persönlich zu bezeugen.
Der Siebenjährige Krieg, in den das Gothaer Herzogshaus durch seine Beistandsverpflichtungen sowohl mit dem damaligen deutschen Reich als auch mit dem englischen Königshaus verwickelt war, sowie das Zögern des Herzogs, für die Reichsarmee sein Kontingent zu stellen, hat zu schweren Belastungen des Landes geführt. Denn die Reichstruppen wie auch das verbündete französische Herr haben seit dem Herbst 1757 bis zum Winter 1761/62 mit Einquartierungen, Kontributionen und Durchmärschen eine allgemeine Not unter der Bevölkerung verursacht. Sogar der Hof blieb nicht davon verschont, der die Besuche der beiden Oberkommandierenden Reichsmarschall Joseph Prinz von Hildburghausen und Prinz (Fürst) Charles de Soubise mit ihre Stabsoffizieren aufnehmen mußte. Am Ende des Krieges war das Land ausgeplündert und hochgradig verschuldet. Nur wenige Nachkriegsjahre hat die Herzogin, die mit ihrem Verhandlungsgeschick und Charme manche Härte abwenden oder mildern konnte, überlebt. Sie war hoch gebildet und neben ihrem Gemahl diplomatisch aktiv und hat mit ihrer charismatischen Ausstrahlung bei den Zeitgenossen, die ihr begegnet sind, tiefen Eindruck gemacht.
Neben der Weimarer Herzogin Anna Amalia, deren Verheiratung mit dem Erbprinzen Ernst August II. Constantin, der unter der Vormundschaft der Gothaer Herzogsfamilie stand, sie 1755/56 vermittelt hat, war die Herzogin Luise Dorothee eine außergewöhnliche Thüringer Fürstin.

Nachkriegszeit

Nur langsam konnte sich das Gothaer Land mit seiner Residenzstadt von den Kriegsfolgen erholen, wobei der Herzog auch um persönliche Sparsamkeit bemüht war. So konnte der Ausbau der Orangerie zwischen den beiden Schlössern erst 1766–1774 unter dem Baumeister J. D. Weidner fertig gestellt werden.
Mit einer Reihe von Verordnungen sollten mancherlei Missbräuche abgestellt sowie gegen das Bettelwesen vorgegangen werden, auch wurden die

dritten Feiertage der hohen Feste abgeschafft. Als 1771 nach einer Missernte eine Hungersnot ausgebrochen war, ließ der Herzog am 13. Juli 1771 einen tumultartigen Auflauf durch den Einsatz von Militär unblutig unterdrücken und die Anstifter verhaften. Gegen die Teuerung ließ er Brot und Brotgetreide aus den herzoglichen Beständen bereit stellen und z. T. auch an Arme kostenlos Brot verteilen.

In die 60er Jahre fielen drei besondere Ereignisse: Die Gründung der Gothaer Porzellanmanufaktur (1757), das Erscheinen des „Gothaer Genealogischen Taschenbuchs“ und seiner französischen Ausgabe „Almanac de Gotha“ (1764) und die Entstehung des „Englischen Gartens“ und heutigen Parks (nach 1767). Schon Herzog Friedrich II. hatte zwischen 1723 und 1726 im Schloss Friedenstein ein Porzellan- und Spiegelkabinett eingerichtet, das Friedrich der Große bei einem seiner Besuche bestaunte. 1757 gründete der Kammerrat W. T. von Rotberg (1718–1795) eine private Porzellanmanufaktur auf seinem privaten Grundstück als erste in Thüringen. Infolge von fehlenden Facharbeitern, die während der Kriegsjahre nicht zu bekommen waren, und mangels Fachwissen produzierte der Betrieb erst zehn Jahre später Porzellan, das – seit 1772 mit neuen Mitarbeitern – von bester Qualität war. Nach Rotbergs Tod übernahm seine Witwe den Betrieb, danach bestand die Fabrik bei wechselnden Besitzern bis 1938, als die Firma der jüdischen Familie Simson nach 1932 den Betrieb eingestellt hatte. Unter Mitwirkung des Freiherrn von Rotberg begründete 1764 Oberkonsistorialrat E. C. Klüpfel (1712–1776) das „Gothaische Genealogische Taschenbuch“ und den „Almanac de Gotha“. Das Taschenbuch wurde im 19. Jh. als „Der Gotha“ zum Standardwerk über den mitteleuropäischen Adel. Die Anfänge des „Englischen Gartens“ und heutigen Schlossparks erfolgten um 1767, als nach dem Tod der Herzogin Luise Dorothee ihre beiden Söhne Erbprinz Ernst (II.) und Prinz August auf ihrer Kavalierstour (Bildungsreise) im Frühjahr 1768 sich vier Monate bei ihrer Tante, der Prinzessin Augusta von Wales, in England aufgehalten und dort im Garten von Kew bei London Anregungen für die Gestaltung des ersten „Englischen Gartens“ in Europa erhalten hatten. Von der Prinzessin von Wales erhielt der Erbprinz dazu auch die neueste englischen Gartenliteratur. 1773/74 wurde der Merkur- bzw. Dianentempel zwischen Großem und Kleinem Parkteich vom Gothaer Baumeister Carl C. Besser (1724–1800) erbaut. Auch der Bau des „Gotischen Hauses“ (heute „Teeschlösschen“) im Herzoginnen-Garten oberhalb der Orangerie fällt in jene Zeit und zählt zu den ältesten neugotischen Bauten in Deutschland.

Wissenschaft und Kunst unter Herzog Ernst II.

Unter Herzog Ernst II. von Sachsen-Gotha-Altenburg (1745–1804) wurde die Residenzstadt Gotha zu einem Mittelpunkt für Wissenschaft und Kunst. Als forschender Astronom und Mathematiker ließ er 1789/91 eine Sternwarte auf dem Kleinen Seeberg bei Gotha als festes Observatorium bauen, um dort ungestört seinen Himmelsbeobachtungen nachgehen zu können. Außerdem hatte er den österreichischen Ingenieur-Offizier F. X. von Zach aus London, auf Empfehlung des dortigen sächsischen Gesandten Graf von Brühl, zum Direktor der neuen Sternwarte berufen und diese mit den neuesten Beobachtungsinstrumenten ausstatten lassen. Von Zach war es auch, der hier den ersten internationalen astronomischen Kongressim August 1798 organisiert hat. Unter den 12 Gästen war u. a. auch der Direktor der Pariser Sternwarte, J. de Lalande, mit seiner Nichte J. A. Harley gekommen, die den Ruf einer ausgezeichneten Rechnerin (Mathematikerin) besaß.

Ein Ergebnis des Treffens waren die von Zach heraus gegebenen „Allgemeinen Geographischen Ephemeriden“ (1798–1816) sowie die „Monatliche Korrespondenz zur Beförderung der Erd- und Himmelskunde“ (ab 1800), die später sein Nachfolger B. von Lindenau fortsetzte. Als der Herzog 1804 gestorben war und 1806 der Krieg Napoleons gegen Preußen ausgebrochen war, gab von Zach hier seine Stellung auf und reiste mit der Herzoginwitwe nach Neapel, wo er der Initiator der dortigen Sternwarte wurde. Zunächst führte der Gothaer Kammerrat B. von Lindenau bis 1822 die Sternwarte weiter, weil er die durch die Kriege verursachten Umstände für seine wissenschaftliche Arbeit nicht länger als zumutbar fand. 1816 war der Schüler des Göttinger Mathematikers C. F. Gauß, J. F. Encke, auf seinen Wunsch nach Gotha gekommen, wo er bis zu seiner Berufung nach Berlin (1825) tätig war. Sein Nachfolger wurde der Astronom P. A. Hansen (1795–1874), der auch als Geodät bekannt wurde. Auf seine Initiative erreichte er den Bau einer neuen Sternwarte in der Residenzstadt an der Jägerstraße (1858), die auch mit neuen Beobachtungsinstrumenten ausgestattet wurde, und setzte die von Zach begonnene Landesvermessung fort. Der Ruf der Gothaer Sternwarte hatte auch namhafte Gelehrte angezogen, die als „Adjunkten“ (Gehilfen) oder als künftige Forschungsreisende sich ausbilden ließen. Auch Alexander von Humboldt und Goethe besuchten die Sternwarte.

Weitere Gothaer Gelehrte waren der Mathematikprofessor F. C. Fries und der Legationsrat und Physiker L. C. Lichtenberg, die gemeinsam die „Vermischten Schriften“ des Göttinger Bruders G. C. Lichtenberg herausgaben, der Historiker und Numismatiker F. A. H. von Schlichtegroll, der mit seinem „Nekrolog (Nachruf) der Deutschen“ (1791–1800) bekannt und später Generalsekretär der Bayerischen Akademie der Wissenschaften wurde; auch der Bibliothekar, Altphilologe und Schriftsteller F. Jacobs war mit seiner vielseitigen Tätigkeit, u. a. mit seinen „Beiträgen zu älteren Literatur“ (zus. mit F. Ukert) zur Bestandserschließung der Gothaer Bibliothek weithin bekannt; sein Kollege J. G. Geißler war ein bedeutender Schulreformer, der am Gymnasium Fachlehrer eingestellt und die Prügelstrafe abgeschafft hat; mit seiner neuen Schulordnung hat er aus der Lateinschule eine neue Lehrstätte gemacht. Dazu hat auch das Lehrerkollegium beigetragen, so dass auch Bürgersöhne und adlige Schüler nach Gotha kamen. Später war Geißler auch an der Bibliothek im Schloss Friedenstein erfolgreich tätig. Übrigens waren manche der gelehrten Beamten am Hof, in den wissenschaftlichen Sammlungen im Schloss und am Gymnasium auch anerkannte Mitglieder von Akademien und anderer Gelehrtengesellschaften.

Der Herzog war auch ein Förderer der Künste. So konnten sich mit seiner finanziellen Unterstützung sein späterer Hofbildhauer F. W. Doell (1750–1816) und der als „Goethe-Tischbein“ bekannt gewordene J. H. W. Tischbein (1751–1829) in Rom weiterbilden, Doell war auch Schüler des Pariser Bildhauers J. A. Houdon (1741–1828), der 1771 und 1773 am Gothaer Hof arbeitete und eine Reihe Porträtbüsten sowie zwei großformatige Porträtmedaillons der beiden Gothaer Herzöge Friedrich III. und Ernst II. geschaffen hat. Am Hoftheater wirkte schon seit 1750 der aus einer böhmischen Musikerfamilie stammende Georg Benda (1721–1795) als Hofkapellmeister u. a. mit seinen erfolgreichen Singspielen, für die der Gothaer Legationssekretär und Dichter F. W. Gotter (1747–1797) die Libretti (Textbücher) geschrieben hat. Sein Melodram „Medea“ hat sogar Mozart gefallen. Nachdem Benda auf eigenen Wunsch 1778 weg gegangen war, um seine Werke auf anderen Theatern aufzuführen, wurde A. Schweitzer, der 1775 aus Weimar gekommen war, sein Nachfolger und führte auch hier seine Oper „Alceste“ auf, wo er bis zum Tod (1787) blieb. Die herausragende Persönlichkeit am Gothaer Theater war der Schauspieler und Prinzipal (Theaterdirektor) Conrad D. Ekhof (1720–1778), der schon zu Lebzeiten als „Vater der deutschen Schauspielkunst“ galt und die Schauspielausbildung bis ins 20. Jh. (M. Reinhardt, K. A. Stanislawski) beeinflusst hat. Zeitgenossen wie der Pariser Theaterkritiker F. M. von Grimm haben ihn zu den besten Darstellern seiner Zeit in Paris und London gezählt. Sein Repertoire war vielseitig und international, wobei auch für ihn F. W. Gotter französische Stücke übersetzt bzw. bearbeitet hat.

Trotzdem ließ aber der Besuch des Theaters nach, und nach dem Tod Ekhofs löste der Herzog, der die Unterhaltung des Theaters mit fast 30.000 Gulden gefördert hatte, das Schauspiel auf. Die meisten Schauspieler/innen gingen an das Nationaltheater in Mannheim. Das heutige Theater im Schloss Friedenstein bietet mit seiner aus dem späten 17. Jh. erhaltenen Bühnentechnik alljährlich mit dem Ekhof-Festival barockes Theater und Musik.
Die Französische Revolution (1789–1795) hat auch die Gemüter in der Residenzstadt Gotha bewegt. Der Herzog neigte, wie viele Zeitgenossen, anfangs den revolutionären Ereignissen in Paris zu, bis ihn der revolutionäre Terror abschreckte. 1795 stellte er im Reichskrieg gegen Frankreich an Stelle von 1600 Mann Infanterie nur 536 Dragoner, um lieber Geld und Pferde als Menschen zu verlieren. Auch die Herzogin symphatisierte mit den jeweils führenden Köpfen der Revolution, deren Büsten sie in ihren Zimmern aufstellen und wieder abräumen ließ. Gegner der Revolution waren der langjährige Staatsminister S. F. L. von Frankenberg (Minister dreier Herzöge) und der gothaische Gesandte in Wien und beim Reichstag in Regensburg, P. von Gemmingen, letzterer vertrat die Ansicht, das „dem Ungeheuer des Aufruhrs nur durch gewaltsame Mittel“ zu begegnen sei. Konterrevolutionär eingestellt war auch der Schriftsteller, Herausgeber von Theaterzeitschriften und Privatbibliothekar des Herzogs, H. A. O. Reichard, der von 1773 bis 1804 seinen „Revolutions-Almanach“ heraus gab und dafür vom Göttinger Verleger J. C. Dietrich das stattliche Honorar von jährlich 300 Gulden erhielt; in seiner Selbstbiographie schrieb er später: „Je länger, desto entschiedener nahm ich meinen Standpunkt bei den Gegnern der Revolution“. Der Verleger R. Z. Becker, der in seiner „Nationalzeitung“ vierteljährlich über den Verlauf der Französischen Revolution berichtete, sah in einer praktizierten Aufklärung in Form einer „milden Regierung“ das beste Mittel gegen Aufruhr und Veränderung. Der Bibliothekar und Altphilologe F. Jacobs schrieb in seinen „Nachrichten aus meinem Leben“, dass wohl „die Anzahl derer, die dem früheren Absolutismus huldigten, nicht so groß war“, aber später „wendete sich mein Gemüt von der ausgearteten Revolution ab“. Der durch seine „Kathederblüten“ bekannte Historiker J. G. A. Galetti urteilte in seiner „Geschichte der Französischen Revolution“ (1808–1811): „Aber leider zeigte auch der Gang dieser Revolution das der Menschennatur so gewöhnliche Schicksal, die wohltätigsten Entwürfe durch das Spiel verderblicher Leidenschaften vereitelt zu sehen.“

Berühmte Gothaer Verlage

Bei den Verlagen war die alteingesessene Reyhersche Hofbuchdruckerei seit ihrer Gründung (1643) konkurrenzlos. Seit 1691 erschien die „Wöchtentliche Gazette“ hier als erste Zeitung, für die August Boetius ein Boten- und Zeitungsprivileg erworben hatte. Von dessen Erben kaufte dann 1701 Jacob Mevius das herzogliche Privileg ab, und ab 1751 erschien die Zeitung unter dem Titel „Wöchentliche Anfragen und Nachrichten“. In der zweiten Hälfte des 18. Jh. entwickelte sich das Gothaer Verlagswesen zu einem Verlagsbuchhandel, der mit drei großen Namen verbunden ist: Carl Wilhelm Ettinger (1741–1804), Rudolph Zacharias Becker (1752–1822) und Justus Perthes (1749–1816). Ettinger hatte 1774 das Geschäft seines Vorgängers J. C. Dietrich zunächst gepachtet, und als dieser nach Göttingen ging, von ihm 1776 gekauft und es mit einem vielseitigen Verlagsprogramm erfolgreich ausgebaut, so dass er 1782 zum herzoglichen „Commisionsrath“ ernannt wurde. Seit den 70er Jahren kooperierte er mit dem Weimarer Verleger F. J. Bertuch. 1784 bis 1790 gelang es ihm, in enger Zusammenarbeit mit dem Baseler Verleger J. J. Thurneysen, das Gesamtwerk des französischen Philosophen und Schriftstellers Voltaire (71 Bände!) als Raubdruck und Gothaer Ausgabe über sein Vertriebsnetz deutschlandweit zu verkaufen, sogar Herzog Ernst II. erwarb von ihm für seine Privatbibliothek ein Exemplar. Auch mit dem Vertrieb des Gothaischen Genealogischen Taschenbuchs (bekannt geworden unter dem Namen „Der Gotha“ als Adelskalender) sowie mit den Theaterjahrbüchern des Publizisten und Herausgebers H. A. O. Reichard und den meisten Werken des Historikers J. G. A. Galetti war er einer der erfolgreichsten Verlagsbuchhändler des 18. Jh.

R. Z. Becker war nach einem unbefriedigendem Studium der Theologie in Jena Hofmeister in Erfurt und danach Lehrer am „Philanthropium“ bei Basedow und Salzmann in Dessau, bis er sich 1784 in Gotha als freier Schriftsteller niederließ und 1795 seinen eigenen Verlag gründete. Als Herausgeber der „Nationalzeitung der Deutschen“ (mit späteren Titeländerungen), des „Noth- und Hülfsbüchlein für Bauersleute“ (von 1788–1838 etwa 40 Ausgaben!) und des „Mildheimschen Liederbuchs“ (seit 1799) war er nicht nur der erfolgreichste, sondern auch einer der profiliertesten und aktivsten Vertreter der deutschen Spätaufklärung. Von November 1811 bis zum April 1813 musste er eine 17monatige Festungshaft infolge einer französischen Denunziation ohne Prozess erleiden und kam erst auf Bitten seiner Frau bei der Durchreise Napoleons in Gotha frei. Darüber hat er 1814 in einem Buch ausführlich berichtet.

Justus Perthes aus Rudolstadt trat 1778 als Teilhaber in die von Ettinger gegründete „Handlungssocietät“ ein, der auch der Gothaer Geschäftsmann

J. F. Dürfeld angehörte und dessen Tochter er 1784 heiratete. Im Herbst 1785 trennten sich die Teilhaber, und Perthes gründete seinen eigenen Verlag, wogegen Ettinger beim Herzog wegen des Verstoßes gegen die Zunftordnung sich beschwerte. Der Herzog hörte beide an und ließ für beide Verleger die Konzession ausstellen. Perthes gab nun den schon vorher von Ettinger übernommenen Vertrieb des „Gothaischen Hofkalenders“ heraus. 1790 erschien dann das erste Buch offiziell aus seinem Verlag, ab 1791 jährlich mehrere Bücher, seit 1793 auch geographische Titel, aber erst 1809 der erste Atlas, der auf harte Kritik stieß. Der Durchbruch kam dann 1816, als der „Handatlas über alle Theile der Erde“ angekündigt und 1817–1823 mit 50 Karten erschien. Inzwischen war Perthes am 1. Mai 1816 gestorben. Der Autor der Karten war der Gothaer Legationsrat Adolf Stieler (1775–1836), der schon 1805 eine Deutschlandkarte für Perthes gestochen hatte und seitdem dessen Kartograph war. „Stielers Hand-Atlas“ war mit seinen weiter entwickelten Neuauflagen bis ins 20. Jh. ein einmaliges Standardwerk, das 1925 als „Jahrhundertausgabe“ in 10. Auflage erschien.

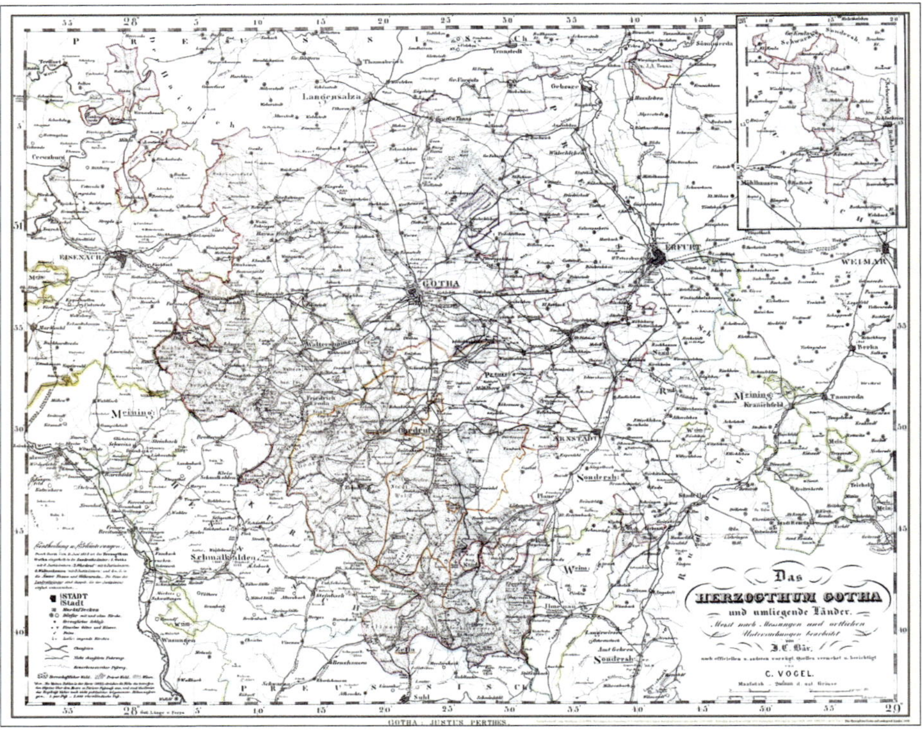

Eine der schönsten Karten des „Das Herzogthum Gotha und umliegenden Länder“ aus dem Jahr 1858 erschien bei Perthes 1833. Kartograph Joseph Christoph Bär (1789–1848). Reprint 2010 – Verlag Rockstuhl.

Die letzten Gotha-Altenburger Herzöge

Mit dem Tod Herzogs Ernst II. (1804) war die Barockepoche in der Residenzstadt Gotha zu Ende gegangen. Zwei Jahre später war auch sein Bruder Prinz August gestorben. Mit dem Weimarer Herzog Carl August und mit dem kurmainzischen Statthalter in Erfurt, C. Th. von Dalberg, hatten beide ein freundschaftliches Verhältnis, und mit Goethe, der sich noch 1827 bei einem Gespräch mit seinem Sekretär P. Eckermann erinnerte, „auch in Gotha war ich nun oft und gern“, war der Prinz persönlich befreundet. Ganz anders war die Zeit danach unter Herzog August (1772–1822). Der zweitgeborene Sohn Herzog Ernsts II. hatte eine sorgfältige Ausbildung für seine künftige Regierung erhalten, die er aber lieber seinen Ministern und Geheimen Räten überließ, um seinen musischen und anderen Liebhabereien nachgehen zu können. Denn seine Dichtungen und die Musik waren ihm dann wichtiger. Der Hofkapellmeister L. Spohr berichtete später in seiner „Selbstbiographie“, dass der Herzog nach seiner erfolglosen Kur die Regierungsgeschäfte seinem langjährigen Minister Freiherr von Frankenberg überließ und während seiner Teilnahme an einer Beratung sich selbst verspottend fragte: „Wollen die Herren Geheimen Räte nicht bald die Gnade haben zu befehlen, was ich befehlen soll?“
Louis Spohr (1784–1859) war als junger Violinvirtuose einem Ruf nach Gotha gefolgt und trat hier 1805 als Konzertmeister in die Hofkapelle ein. Im Februar 1808 heiratete er die Harfenistin Dorette Scheidler aus der Hofmusikerfamilie Scheidler, sie trat auch bei den Bürgerkonzerten im Gasthof „Zum Mohren“ auf. Für sie, die mit ihrem Mann auch auf Konzertreisen ging, hatte er seine Kompositionen für Harfe geschrieben. Ein besonderer Höhepunkt im damaligen Musikleben der Residenzstadt war das erste Gothaer Musikfest Ende September 1812 in der Margarethenkirche, das der Kantor J. G. Schade (1756–1828) zusammen mit Spohr organisiert und geleitet hatte. Unter den Solisten war u. a. Carl M. von Weber aus Dresden, der hier als Pianist auftrat und dem wir einen ausführlichen Bericht über den Verlauf im „Journal des Luxus und der Moden“ verdanken. Weber war damals einige Monate Gast des Herzogs, er und Spohr berieten ihn bei dessen Kompositionen und bei anderen musikalischen Fragen. Nach einer längeren Konzertreise verließ das Ehepaar Spohr Gotha und ging 1813 nach Wien. Spohrs Nachfolger wurde A. Romberg (1767–1821), auch ein weitgereister Violinvirtuose, der zuletzt in Hamburg Dirigent und Musiklehrer war. Nach einer vergeblichen Bewerbung (1813) trat er am 12. Januar 1815 hier sein Amt als Hofkapellmeister an. Im November 1819 gründete er mit 27 Mitgliedern seinen „Singverein“ als gemischten Chor und begründete damit die bis in unsere Zeit reichende Gothaer

Chortradition; 1875 ging schließlich der „Singverein" in der 1837 gegründeten „Liedertafel" auf. Rombergs Vertonung von Schillers „Lied von der Glocke" hat sich lange Zeit bei großen Chorkonzerten gehalten.
Das Interesse des Herzogs galt auch der Vermehrung der reichen Kunst- und wissenschaftlichen Sammlungen im Schloss Friedenstein. So ließ er die chinesischen Sammlungsgegenstände zum chinesischen Kabinett zusammen führen und förderte auch, wie sein Vater, die Forschungsreise von U. J. Seetzen (1767–1811) in den Orient, wo Seetzen in Ägypten Mumien und Plastiken sowie auch auf anderen Märkten orientalische Handschriften für Herzog August kaufte. Dieser ließ auch viele Einkäufe von Luxuswaren für seinen persönlichen Bedarf aus Paris kommen, am Ende hinterließ er 529.000 Taler Privatschulden! Nach kurzer Krankheit starb der Herzog am 17. Mai 1822 und wurde auf seinen Wunsch, wie sein Vater und seine Brüder, auf der Insel im Parkteich mit einer feierlichen Zeremonie beigesetzt. Seine zweite Frau Caroline Amalia (1771–1848) hatte als Witwensitz das sogenannte Winterpalais neben der Orangerie und wurde mit ihrer Fürsorge eine Mutter der Armen und Notleidenden. In ihrem Testament hat sie eine Reihe wohltätiger Institute mit Zuwendungen bedacht. Nach ihrem Tod wurde sie neben ihrem Gatten auf der Parkinsel beigesetzt.
Herzog Augusts Nachfolger wurde sein Bruder, Herzog Friedrich IV. (1774–1825). Er hatte als Offizier bei einem Gothaer Infanterieregiment in holländischem Sold 1793 bis 1794 gegen die Franzosen gekämpft und war dabei schwer verwundet worden. Später litt er unter den Folgen davon und suchte auf verschiedenen Reisen, mit Kuren seine Leiden zu lindern. Im Herbst 1814 ging er zum dritten Mal nach Rom, wo er einige Jahre später zum katholischen Glauben übertrat, ohne dass sich seine Persönlichkeit änderte. Dagegen verschlimmerte sich sein Sprachleiden derart, dass ihn sein Bruder Herzog August bat, nach Gotha zurück zu kommen. Nach einer erfolglosen Kur im Winter 1820/21 in Lyon trat er schließlich nach dem Tod seines Bruders die Regierung an, die Regierungsgeschäfte übten seine drei Minister aus. Noch vor seinem Tod hat er in seinem zweiten Testament vom 13. Dezember 1824 die herzoglichen Kunst- und wissenschaftlichen Sammlungen im Schloss Friedenstein zu einer Fideikommiss-Stiftung und damit für unteilbar und unverkäuflich erklären lassen, damit sie der Residenzstadt erhalten bleiben. Am 11. Februar 1825 starb Friedrich IV. ohne Erben als letzter Herzog der Gothaer Ernestiner. Damit entstand ein Interregnum, während dessen sich die verwandten Herzöge als Nachfahren Ernst des Frommen Monate lang um die Nachfolge stritten. In dieser Übergangszeit verwandelte das damals bestehende Geheime Ministerium mit den drei Geheimen Räten von der Becke, von Lindenau und von

Trützschler das Land, nicht ohne Erfolg. Der Minister Bernhard von Lindenau, früher Kammerrat in Gotha, war in der Residenzstadt so beliebt, dass er im Volk „Herzog Bernhard“ genannt wurde; vor seinem Weggang (1826) aus Gotha wurde er erster Ehrenbürger der Stadt.

Das Rheinbund-Regiment und die Stadtverschönerung

Napoleon hatte im Oktober seinen Krieg gegen Preußen nach Thüringen getragen, wo er in der Schlacht bei Jena am 14. Oktober 1806 den entscheidenden Sieg errungen hatte. Danach kamen viele preußische Verwundete und Kriegsgefangene nach Gotha, wo sie in den Kirchen untergebracht wurden. Dann folgten bis in den Dezember immer wieder Einquartierungen und Durchzüge französischer Truppen. Da Herzog August nicht am Krieg beteiligt war, brauchte er nach seinem Beitritt zum Rheinbund, den Napolen von den deutschen Fürsten erzwungen hatte, keine Kontributionen zu zahlen. Aber auch er mußte Soldaten für das 4. Regiment „Herzöge zu Sachsen“ der „Fürstendivision“ stellen; das Gothaer Bataillon war mit 1100 Mann das stärkste Kontingent, davon kamen freilich nicht alle aus dem Herzogtum Sachsen-Gotha-Altenburg, sondern es waren zahlreiche Fremde angeworben worden. Von denen flohen nicht wenige im Frühjahr 1807 auf dem Marsch zur Belagerung der preußischen Festung Kolberg in Pommern. Im nächsten Jahr, das von Napoleons Fürstenkongress in Erfurt geprägt war, gab es keine Kampfeinsätze. Dagegen musste das Regiment im Frühjahr 1809 nach Süddeutschland ziehen und wurde im Sommer bei der Niederwerfung des Tiroler Aufstandes eingesetzt, wobei es zu verlustreichen Kämpfen in der „Sachsenklemme“ (n. Brixen) kam. Für die beiden nächsten Jahre wurde das Regiment wieder annähernd auf seine Sollstärke (2800 Mann) gebracht und nach langen Fußmärschen in Katalonien (Spanien) eingesetzt, dabei waren schon vorher angeworbene Soldaten desertiert. Die schwierigen Gefechte im Bergland, z. T. mit einheimischen Guerilla-Kämpfern (Freischärlern) führten bald zum Rückzug. Durch das ungewohnte Klima, Erkrankungen und schlechtes Essen waren über 2000 Mann nicht mehr einsatzfähig; schließlich konnten die ersten etwa 50 Gothaer nach und nach zurück kommen. Die große Katastrophe kam im Winter 1812, als nach der Niederlage Napoleons in Moskau und bei Borodino sein geschlagenes Heer zurück flutete. Das Regiment wurde als Nachhut eingesetzt und war während des bitterkalten Winters ständig Angriffen von kleinen russischen Einheiten ausgesetzt. Schließlich erreichte der Rest des Regiments Danzig, das von russischen Truppen eingeschlossen wurde. Erst im Mai 1813 kamen nur noch 55 Gothaer zurück. – Napoleon war einige Male in Gotha gewesen. Am 23. Juli 1807 ist er auf dem Schloss feierlich empfangen worden, als er auf der Rückreise vom Tilsiter Friedensschluss mit Preußen nach Paris fuhr. Zweimal war er auf der Durchreise zum Erfurter Fürstenkongreß im Herbst 1808. Mitte Dezember 1812 zog er mit Teilen seines Heeres durch das Gothaer Land. Am 15. April 1813 fuhr er wieder durch Gotha, wurde aber unerwartet am Chausseehaus an der Erfurter Landstraße aufgehalten. Hier konnte ihm die Frau des Verlegers R. Z. Becker eine Bittschrift um Freilassung ihres in Magdeburg in Festunghaft einsitzenden Mannes übergeben; nach kurzer Anhörung verfügte der Kaiser dessen Freilassung. Danach erhielt Gotha mehrmals Einquartierung von französischen Soldaten. Schließlich traf Napoleon nach der verlorenen Schlacht bei Leipzig am 25. Oktober 1813 hier ein, um im Gasthof „Zum Mohren“ zu übernachten. Auf die dringende Bitte Herzog Augusts durfte auf kaiserlichen Befehl kein Soldat die Residenzstadt betreten. Nach der Abfahrt des Kaisers zogen die restlichen Truppenteile ungehindert durch Stadt und Land nach Westen weiter. Ihnen folgten russische Truppen unter General Wittgenstein nach. – Erst am 24. November 1813 trat Herzog August dem „Deutschen Bund“ gegen Napoleon bei. Das neu aufgestellte Gothaer Bataillon vereinigte sich Anfang Februar 1814 mit den Truppen der Verbündeten, die am 30. März in Paris einzogen. Nach der Rückkehr Napoleons aus der Verbannung auf die Insel Elba am 1. März 1815 kamen die Gothaer erneut zum Einsatz. Bis Juni d. Js. hatte die Residenzstadt unter Einquartierungen und Truppendurchzügen von Preußen und Russen zu leiden. Schließlich brachte der Zweite Pariser Friede vom 13. November 1815 auch hier die lang ersehnte Ruhe. –

Schon Herzog Ernst II. hatte nach seinem Regierungsantritt (1772) begonnen, die militärisch wertlos gewordene Befestigung des Schlosses Friedenstein mit ihren vier großen Eckbastionen abbrechen und sie durch Grünanlagen entsprechend den Parkanlagen ersetzen zu lassen.

1787 wurde der große Dachreiter auf dem Hauptflügel bis auf die Plattform abgebaut und die beiden kleinen Seitenflügel angebaut. Drei Jahre später wurden die Auffahrtrampen an der Nord- und Südseite angelegt. 1776 hatte sich Prinz August, der Bruder des Herzogs, sein Sommerpalais an der Straße zum Seeberg erbauen und dahinter einen parkartigen Garten anlegen lassen. Nach zwei Teuerungsjahren infolge von Missernten war in Gotha die Not groß. Zur Linderung schlug der Minister H. W. von Thümmel (1744–1824) im Herbst 1806 dem Herzog ein 7-Punkte-Programm zur Arbeitsbeschaffung vor. Danach wurde in den nächsten Jahren das äußere Bild der Residenzstadt grundlegend modernisiert: Die alten Bollwerke und

Stadtwälle wurden abgetragen und die versumpften Stadtgräben aufgefüllt. Das dabei gewonnene Gelände sollte gärtnerisch (Gemüse- und Obstbau) genutzt werden. Die vier Tore mit ihren engen Einfahrten und die Pforte wurden abgerissen, so dass an die 20 Straßenausgänge möglich wurden. Vor jedem Hauptausgang (an Stelle der früheren Tore) sollte ein Wasserbecken für Löschwasser angelegt werden. Rings um die Stadt sollte eine Allee für Wagen und Fußgänger angelegt werden und die Promenaden um das Residenzschloss mit den neuen Anlagen um die Stadt verbunden werden. Und das alles wurde zum größten Teil während der Kriegsjahre umgesetzt, wobei arme Handwerker und Hilfsbedürftige Arbeit fanden. Finanziert wurde das Projekt, indem Napoleon dem Herzog Kriegskontributionen in Millionenhöhe erlassen hatte, zumal auch die wiederholte Auffüllung des Rheinbund-Regiments erfolgte. Da sich viele Bürger an der Niederlegung der Wälle beteiligt hatten, wurde die an der Westseite der (Alt-) Stadt entstandene Straße „Bürgeraue" benannt. Aus dem mittelalterlichen, befestigten Gotha war bis 1823 eine offene, moderne Residenzstadt mit damals rd. 12.000 Einwohnern geworden.

Blick auf Gotha im Jahr 1841.
Aus „Thüringen und der Harz", Verlag Friedrich August Eupel

Gotha im Vormärz

Die Hildburghäuser Teilung

Nach dem Tod des Gothaer Herzogs Friedrich IV. setzte unter den drei Erben ein Monate dauernder Streit ein, bis sie sich im November 1826 auf eine Teilung geeinigt hatten. Danach erhielt der bisherige Herzog Ernst III. von Sachsen-Coburg-Saalfeld das Herzogtum Sachsen-Gotha (ohne Altenburg) und behielt das um das Fürstentum Saalfeld verkleinerte Herzogtum Coburg; Herzog Friedrich von Sachsen-Hildburghausen erhielt das Fürstentum Altenburg als neues Herzogtum mit elf Dorfschaften dazu; Herzog Bernhard Erich Freund von Sachsen-Meiningen erhielt zu seinem Meininger Land das Fürstentum Saalfeld, die Ämter Themar an der Werra, Camburg an der Saale und Kranichfeld und weitere Ortschaften aus den Randgebieten. Damit war die Landkarte von Thüringen, was die ernestinischen Lande betraf, sehr verändert worden. Während bisher die Residenzstädte Gotha und Altenburg 120 km (Luftlinie) auseinander lagen, waren es nun zwischen Gotha und Coburg immer noch rd. 75 km! Beide Landesteile waren von sehr unterschiedlicher Größe, nämlich das Herzogtum Gotha 1415 km^2 mit 185.682 Einwohnern und das Herzogtum Coburg nur 562 km^2 mit 80.012 Einwohnern (1833/34).

Herzog Ernst I. als Reformator

Herzog Ernst I. von Sachsen-Coburg und Gotha (1784–1844) war der Gewinner der Hildburghäuser Teilung von 1826. Er fand aber im Gothaer Land andere Verhältnisse vor. Mit seinen Verwaltungsreformen leitete er hier die Wende vom Absolutismus des 18. Jh. zum Liberalismus ein. Zwar sollte schon Ende November 1826 die territoriale Trennung der beiden Landesteile durch ein gemeinsames Staatsministerium als oberste zentrale Behörde überwunden werden, hatte aber für beide Landesteile besondere Abteilungen. Mit einer Verordnung für die Gothaer Unterbehörden verfügte der Herzog Ende Februar 1828 ausdrücklich ein Verbot der Anwendung der Folter „als den ... humanen Ansichten nicht mehr entsprechend". Mit einer weiteren Verordnung wurde im gleichen Jahr die Trennung der Verwaltung und Justiz für beide Landesteile verfügt. Für die Residenzstadt Gotha trat am 16. Januar 1832 eine neue Verfassung in Kraft. Ihr waren Beschwerden von Handwerkern und von Bürgern über Coburger Beamten voraus gegangen, dazu kamen Einflüsse von der Französischen Julirevolution 1830 in Paris. Im Februar des folgenden Jahres berief der Herzog eine

gemischte Kommission von Beamten und Bürgern zur Beratung eines Reformentwurfs für die städtische Verfassung ein. Nach elfmonatiger Beratung wurde schließlich die neue Stadtverfassung verabschiedet. Grundlegend neu war die Wahl zweier Bürgermeister und der Stadtverordneten, die abhängig vom Alter (25 Jahre) und Ortsansässigkeit (ab 5 Jahre) war; die Stadtverordneten hatten neben Rechten auch Pflichten und übten ihre Tätigkeit unentgeltlich aus. Auch wurde eine Geschäftsordnung und die jährliche Rechnungslegung eingeführt. 1834 folgte für die Landgemeinden die Einführung einer ähnlichen Kommunalverfassung.
Auch sorgte der Herzog für einen verbesserten Straßenausbau im Herzogtum Gotha, zunächst zum Schloss Reinhardsbrunn (bei Friedrichroda), das seit 1828 im Bau war, dann über Oberhof nach Suhl (1830/32), später nach den Amtssitzen Ichtershausen (1840), Gräfentonna und Friedrichswerth (1844).

Die wirtschaftliche Lage und Ernst Wilhelm Arnoldi

Die Wirtschaft der Residenzstadt Gotha war in der ersten Hälfte des 19. Jh. vom Handel und Gewerbe geprägt, und manche Betriebe bezeichneten sich schon als Fabriken, obwohl die Anwendung von Maschinen eher die Ausnahme war. So gab es drei Schuhfabriken, eine davon mit zeitweise 150–200 Arbeitern bzw. Näherinnen, drei Klavierfabriken, eine Spielkartenfabrik, eine Seifenfabrik, zwei Wurstfabriken, eine Makkaronifabrik und eine Nudelfabrik. Schon 1816 bot der Kupferkesselschmied C. A. Jusatz den Bau von Dampfmaschinen an, aber nachweisbar ist er nicht. 1822 gründeten einige Gewerbetreibende einen Gewerbeverein und organisierten hier die 1. Thüringer Gewerbe-Ausstellung (1824). 1830 gründete ein weiterer Verein mit Unterstützung des Staatsministeriums und des Stadtrats die Herzogl. Sparkasse. 1835 entstand auch ein Landwirtschaftlicher Hauptverein für das Gothaer Land, dem die lokalen Vereine auf den Dörfern beitraten. Mehr und mehr formierten sich so die verschiedenen Interessengruppen in Vereinen zur Verfolgung von mehr oder weniger gemeinnützigen Zwecken.

Die herausragende Persönlichkeit im damaligen Wirtschaftsleben war der Kaufmann und Unternehmer Ernst Wilhelm Arnoldi (1778–1841). Der Sohn eines Gothaer Gewürz- und Farbenhändlers kam nach ungenügendem Privatunterricht mit 16 Jahren nach Hamburg zuerst zu einem Eisenwarenhändler, bald darauf in ein Handelshaus zu einem Großkaufmann und Reeder unter besten Verhältnissen in die Lehre. Der Umgang mit dem Chef des Hauses und dessen Mitarbeitern hat ihn für sein weiteres Leben

nachhaltig geprägt. 1799 kehrte er nach Gotha zurück und wurde 1803 Teilhaber der elterlichen Firma. Ein Jahr später richtete er in einer Mühle im nahen Remstädt eine Farbenfabrik ein und gründete 1808 in Elgersburg (nw. Ilmenau) eine Steingutfabrik. Im Hungerjahr 1817 organisierte er zur Linderung der Not Getreidetransporte aus Mecklenburg. Auf seine Initiative im Verein der kaufmännischen Innungshalle wurde 1818 eine Handelsschule für kaufmännische Lehrlinge als erste in Deutschland eröffnet.
Seit dieser Zeit setzte sich Arnoldi publizistisch für die Abschaffung der Zollschranken im Deutschen Bund ein und gründete mit dem württembergischen Nationalökonom (Volkswirtschaftler) Friedrich List (1789–1846) den Deutschen Handels- und Gewerbeverein und reichte im Juli 1819 beim Deutschen Bundestag in Frankfurt am Main eine Petition (Eingabe) mit 5050 Unterschriften zur Diskussion ein. Außerdem publizierte er im vielgelesenen „Allgemeinen Anzeiger der Deutschen" eine Reihe von Aufsätzen zu aktuellen Wirtschaftsfragen sowie eine Schrift für die „Freunde des Handelsvereins" (1820).
Anfang Juli 1820 konnte Arnoldi nach längeren Vorbereitungen die erste deutsche Feuerversicherungsbank gründen, die am 1. Januar 1821 ihren erfolgreichen Geschäftsbetrieb begann. 1828 folgte die Gründung der ersten deutschen Lebensversicherungsbank, die sich seit der Geschäftseröffnung am 1. Januar 1829 ebenfalls erfolgreich entwickelte. Arnoldi gilt deshalb als „Vater des deutschen Versicherungswesens". Später entstanden hier die Versicherungs- und die Sterblichkeitsstatistik. Beide Banken haben die Kriegs- und Krisenzeiten überstanden, verlegten aber nach 1945 ihren Sitz nach Köln bzw. Göttingen und sind als GOTHAER Versicherung immer noch gut bekannt. – Auch in der Gewerbeförderung war Arnoldi bei der Gründung des Gothaer Gewerbevereins und der ersten Thüringer Gewerbeausstellung 1824 in Gotha aktiv. Für die Gründung einer mathematisch-naturwissenschaftlichen Lehranstalt stiftete er 1500 Taler als Anschubkapital, so dass 1836 das Gothaer Realgymnasium eröffnet werden konnte. Damals hatte er sich auch der Produktion von Rübenzucker zugewandt und im Oktober 1836 die erste Zuckerfabrik in Thüringen eröffnet. Schließlich setzte er sich mit seinem Ansehen für den Bau eines repräsentativen Theaters ein, das nach einem Entwurf des Berliner Baumeister Karl Friedrich Schinkel (1781–1841) vom Gothaer Architekten Gustav Eberhardt (1805–1880) errichtet und am 2. Januar 1840 eröffnet wurde.
Nachdem Friedrich List 1832 aus Nordamerika zurückgekehrt war, trat er wieder mit Arnoldi in Verbindung, um sich über die politischen und wirtschaftlichen Verhältnisse in Thüringen zu informieren. Denn entgegen dem preußischen Eisenbahnprojekt durch Nordthüringen setzte er sich für den Bau durch Thüringens Mitte ein. Arnoldi vermittelte ihm den Druck seiner

sechs Aufsätze dazu im „Allgemeinen Anzeiger der Deutschen“ und den Zugang zu Verhandlungen mit Herzog Ernst I. über den künftigen Eisenbahnbau. Schließlich kam 1840 ein erster Staatsvertrag mit Sachsen-Weimar, Sachsen-Coburg und Gotha und Sachsen-Meiningen zustande. Aber der Herzog, Arnoldi und List erlebten den Bahnbau nicht. Bei Arnoldi hatten die Lebenkräfte nachgelassen, so dass er am 21. Mai 1841 starb. Er war einer der vielseitigsten Persönlichkeiten des Thüringer Wirtschaftslebens. List hatte nach seinen Enttäuschungen und Misserfolgen Ende November 1846 seinem Leben ein Ende gesetzt. Der Herzog war überraschend schnell am 29. Januar 1844 auf Schloss Friedenstein gestorben. Schließlich konnte am 10. Mai 1847 die Teilstrecke Erfurt-Neudietendorf-Gotha und am 24. Juni 1847 der nächste Abschnitt Gotha-Fröttstädt-Eisenach für den Bahnbetrieb festlich eröffnet werden. Eine wesentliche Voraussetzung dazu war der Abschluss des Deutschen Zollvereins, dem die thüringischen Staaten am 11. Mai 1833 beigetreten waren und der am 1. Januar 1834 in Kraft trat; denn vor allem mit dem Wegfall der innerdeutschen Zollschranken wurde die zoll- und handelspolitische Einigung der meisten Staaten des Deutschen Bundes und der freie Verkehr zwischen ihnen erreicht.

Bildung, Musik und Literatur im Vormärz

Das Gothaer Schulwesen im Vormärz bot ein vielfältiges Bild. Neben dem klassischen Gymnasium illustre wurde auf Initiative der beiden Gothaer Bürger E. W. Arnoldi und J. Gottschling 1835 ein Realgymnasium mit den Unterrichtsschwerpunkten Naturwissenschaften und neue Sprachen gegründet und konnte schon 1838 in sein neues Gebäude an der Bergallee einziehen. Die 1802 gegründete Sonntagsschule für Lehrlinge wurde 1834 um das Fach Baugewerbe erweitert. Außerdem bestand ein Lehrerseminar, eine Stadtschule für Knaben, die Carolinenschule für Mädchen, zwei Garnisonsschulen und zwei private Schulen für Knaben bzw. für Mädchen. Für die Kinder von armen Leuten hatte im Jahr 1800 der Oberkonsistorialrat J. F. C. Löffler (1752–1816) eine Freischule im „Arbeits- und Werkhaus“ hinter der Margarethenkirche gegründet, die unter strengen Arbeits-, Lern- und engen Raumverhältnissen betrieben wurde. Trotzdem hat sich diese Einrichtung Jahrzehnte lang gehalten. Löffler war auch schriftstellerisch tätig, schrieb Lesebücher für den Unterricht, theologische Schriften und Sammlungen seiner Predigten. Bevor er nach Gotha berufen wurde, war er von 1782 bis 1788 Professor für Theologie an der Universität Frankfurt a. O., wo die Brüder Humboldt studierten, mit denen er auch weiterhin in freundschaftlicher Verbindung blieb. 1832 hat seine Tochter

Julie Hey eine Kleinkinder-Bewahranstalt gegründet. Schließlich konnte Christiane Erdmann in Gotha am 4. September 1845 den ersten Kindergarten eröffnen, den Anfang Februar 1847 Friedrich Fröbel besuchte. Er kam am 3. Juni 1852 wieder nach Gotha, wo er auf der 2. Allgemeinen Deutschen Lehrerversammlung mit Kindern aus dem hiesigen Kindergarten Vorführungen zeigte und dabei den Gründer von Kindergärtnerinnen-Seminaren, August Köhler (1821–1879), von seiner Arbeit überzeugte. Als Vorläufer des heutigen Arnoldigymnasiums wurde 1843 eine höhere Knabenschule eröffnet. –

Vom Schicksal arg gebeutelt war der Gothaer Dichter und Schriftsteller Ludwig Storch (1803–1881). Nach dem Besuch des Gothaer Gymnasiums und dem Studium der Theologie und Philologie in Göttingen und Leipzig heiratete er 1825 die Tochter seines früheren Wirts und Mutter seines zweijährigen Sohns. Nach der Promotion in Leipzig (1830) gründete er einen Verlag, gab den „Neuen Thüringer Boten“ heraus und publizierte u. a. auch das „Wanderbuch durch den Thüringer Wald“ (1841) mit drei Auflagen. Für das achtbändige Sammelwerk „Thüringen und der Harz“ hat er einen Überblick zur Geschichte Thüringens und 23 Beiträge geliefert. Der 1842 in seinem „Verlags-Comptoir“ erschienene „Thüringer Bote“ erlitt wegen seiner Sozialkritik das gleiche Schicksal wie sein o. a. Vorgänger und musste zwei Jahre später sein Erscheinen einstellen. Im gleichen Jahr hat er auch den Sammelband „Der Friedenstein“ als Gedenkbuch zum 200. Jahrestag der Grundsteinlegung des Gothaer Schlosses publiziert und dem Gothaer Herzogshaus gewidmet, das aber nicht darauf reagiert hat. Damals hat sich auch der als Meininger Dichter und Sammler von Thüringer Sagen, Ludwig Bechstein (1801–1860), mit dem Storch seit 1830 gut befreundet war, für die Erhaltung von dessen Verlag eingesetzt.

In der 1848er Bewegung hat Storch in Gotha eine wichtige Rolle gespielt (s. d.). Danach war er wieder schriftstellerisch tätig. 1855 bis 1862 hat sein Ruhlaer Landsmann A. Ziegler Storchs „Ausgewählte Romane und Novellen“ in 31 Bänden neu herausgegeben. Mit dem Roman „Das Haus der Fuggers“ wurde er einer der Pioniere des deutschen historischen Romans. Er starb taub und erblindet als Pensionär der Schillerstiftung für verarmte Schriftsteller (seit 1866) am 5. Februar 1881 in Kreuzwertheim am Main.

1822 war der Verleger F. C. Perthes (1772–1843) nach dem Tod seiner Frau aus Hamburg nach Gotha gekommen, wo zwei seiner Töchter verheiratet waren. Hier gründete er seinen Verlag neu und wurde neben seinem theologischem Verlagsprogramm zum „Wegbereiter der modernen Geschichtsschreibung“ (D. Moldenhauer). Er gehörte 1825 zu den Begründern des Börsenverein der deutschen Buchhändler in Leipzig und setzte dort 1833 die Errichtung einer Lehranstalt für Buchhändlerlehrlinge durch.

Er war einer der bedeutendsten deutschen Buchhändler, neben anderen Auszeichnungen wurde ihm die Ehrenbürgerwürde der Stadt Leipzig und auch die von Friedrichroda verliehen, wo er seit 1835 ständiger Kurgast war. – 1826 gründete der Sohn eines Schuhmachers, Joseph Meyer (1796–1856), sein später weltberühmt gewordenes Bibliographisches Institut. Nach einer kaufmännischen Lehre leitete er eine Textilwarenhandlung und ging 1820 nach London, wo er als Handlungsgehilfe eines Exportgeschäfts für das orientalische Kabinett Herzog Augusts seltene Objekte aus Ostindien einkaufte. Wieder in Gotha gab er 1824 ein Korrespondenzblatt für Kaufleute heraus, war während der nächsten beiden Jahre Englischlehrer und übersetzte Werke von Shakespeare und des englischen Romanciers W. Scott. Da er mit seinen ungewöhnlichen Methoden für Werbung und Vertrieb seiner Bücher auf offene Kritik seiner Kollegen stieß, verlegte er 1828 sein Bibliographisches Institut nach dem südthüringischen Hildburghausen, wo sich sein Verlag so gut entwickelte, dass er später mit seinem 52-bändigen „Großen Konversations-Lexikon“ und „Meyers Universum“ weltberühmt wurde.
Das „Komödienhaus“ im Schloss Friedenstein ließ Herzog Ernst I. ab 1827 renovieren, so dass hier seit Ende 1828 eine neue Theaterperiode begann. Seitdem dauerte in Gotha die Theatersaison von Januar bis April und in Coburg von September bis Dezember. Für modernes Theater erwies sich aber die Gothaer Spielstätte als zu klein, was auch für das Ballhaus in Coburg zutraf. Mit getragen vom Gothaer Bürgertum wurde nach zweijähriger Bauzeit das neue Gothaer Hoftheater am heutigen Arnoldiplatz am 2. Januar 1840 mit einer glanzvollen Aufführung der französischen Oper „Robert der Teufel“ von G. Meyerbeer eröffnet. Das Theaterorchester war von 35 auf 47 Musiker erweitert worden und stand damals unter der Leitung des Kapellmeisters L. Drouet (1792–1873) aus Paris. – Am 18. April 1837 wurde der Gothaer Gesangverein „Liedertafel“ gegründet, der bei der Grundsteinlegung für den Theaterneubau seinen ersten Auftritt hatte. Er war bis zum zweiten Weltkrieg der größte und leistungsstärkste Chor im Gothaer Musikleben. Chorleiter war bis 1882 der Komponist und Musikleherer Adolf Wandersleb (1810–1884). In der Residenzstadt Gotha wurde auch der Thüringer Sängerbund am 14. Januar 1843 gegründet, der noch im gleichen Jahr sein erstes Sängerfest feierte. Das dritte Sängerfest fand am 1. September 1845 mit über 1000 Sängern und 180 Musikern vor dem Schloss Friedenstein statt, zu dem als Gäste Königin Victoria von England und das Herzogspaar erschienen waren. Der Sängerbund nahm nach dem Eisenacher Sängerfest im August 1847 infolge von Meinungsverschiedenheiten über die weitere Arbeit ein unrühmliches Ende.

Eine ungewöhnliche Musikerpersönlichkeit war der hochbegabte J. L. (Louis) Böhner (1787–1860) aus Töttelstädt (b. Erfurt). Nachdem er bei seinem Vater, der dort Lehrer, Kantor und Organist war, Unterricht in Orgel, Klavier und Violine erhalten hatte, ging er zur weiteren Ausbildung nach Erfurt und war dann seit 1805 Musiklehrer in Gotha. Seitdem er um 1810 einige Jahre Theaterkapellmeister in Nürnberg war, hat er nie wieder eine feste Stellung gehabt und ein unstetes Wanderleben geführt, das ihm keinen guten Ruf brachte, wie man in älteren Musiklexika lesen kann. Aber von seinen vielen Kompositionen haben nicht wenige Achtung und Anerkennung bei Robert Schumann gefunden. Als er 1843 als Gast bei Franz Liszt in Weimar als Pianist sein großes Können gezeigt hatte, bot ihm Liszt freundschaftlich seine Hilfe an, die er aber abgelehnt hat. Böhner hat 1842 in der Zeitschrift „Thüringa“ seine „Lebensgeschichte“ selber beschrieben. Anfang April 1848 wurde seine einzige Oper „Dreiherrenstein“ am Meininger Theater aufgeführt; seine vierhändige Klavierfassung der Ouvertüre hat er Franz Liszt gewidmet. Sein Inselsberg-Walzer ist noch dem Namen nach bekannt. Am 28./29. März 1860 ist „der in den weitesten Kreisen hochgefeierte Komponist L. Böhner nach einem wechselvollen Leben in hohem, aber leider freudlosem Alter“ einsam verstorben. Die Thüringen-Sinfonie Gotha-Suhl unter Leitung von Hermann Breuer hat vor einem Jahrzehnt zwei CD mit Orchesterwerken von Böhner in der Reihe „Musik am Gothaer Hof“ eingespielt.

Das Gothaer Hoftheater um 1905. Postkarte von A. Grimm, Gotha

Die Residenzstadt in der Bewegung von 1848

Im Jahr 1844 war Herzog Ernst I. verstorben und sein Sohn trat als Herzog Ernst II. (1818–1893) die Nachfolge an. Seitdem gab es hier vier Herzöge mit gleichem Namen und zwei Mal mit gleicher Zählung: Jeweils zwei in der alten Gothaer und in der jüngeren Coburg-Gothaer Linie, was nicht selten zu Verwechslungen führt. Im Frühjahr 1847 hatte der Gothaer Stadtrat mit einer Petition an den Herzog die Forderung nach einer Reform der Landesverfassung für das Herzogtum Gotha erhoben (Coburg hatte bereits 1818 eine Verfassung erhalten). Aber erst im Februar 1848 reagierte der Herzog darauf, nach dem der Staatsminister Freiherr von Stein auf die Dringlichkeit einer Verfassungsreform hingewiesen hatte. Inzwischen hatten Gothaer Bürger ein Reformprogramm aufgestellt, und am 3. und 5. März fanden hier die ersten Volksversammlungen statt, wo nach den Diskussionen über eine Verfassungsreform beschlossen wurde, die Forderung der Bürger dem Herzog, der von der Reise zurück gekommen war, zu überreichen, was dann am folgenden Tag geschah. Der Herzog nahm die Forderungen zur Kenntnis und sicherte als erstes Pressefreiheit zu. Mitte März folgten Versammlungen des inzwischen von Handwerkern gegründeten Bürgervereins, dem der Schriftsteller L. Storch als 2. Vorsitzender angehörte. Er vertrat hier als ein „hinreißender Volksredner" seine Kritik an den gesellschaftlichen Verhältnissen, wie er es schon in seinen „Neuen Thüringer Boten" getan hatte.
Neben dem Bürgerverein hatte sich auch eine weitere freiwillige Bürgerwehr als Form der allgemeinen Volksbewaffnung konstituiert, die damals bei Demokraten im Gespräch war. Aber die Begeisterung dafür ließ wegen der damit verbundenen militärischen Übungen bald nach. Am 6. August hatte der Herzog zu einer großen Huldigungsparade aufgerufen, an der neben fünf Kompagnien Infanterie, einer Schwadron Bürger-Ulanen und einigen Mannschaften der Bürger-Artillerie auch die Bürgerwehren des Herzogtums Gotha – insgesamt 8000 Mann! – teilnahmen. Da es bei dem anschließenden Volksfest für die Soldaten Bratwurst mit zwei Glas Freibier gab, blieb die ganze Veranstaltung bei der Bevölkerung als „bewaffnetes Bratwurstfest" in heiterer Erinnerung. Der Herzog erließ drei Wochen später mit einer Verordnung einheitliche Vorschriften für die Organisation der Bürgerwehren.

Auf der Grundlage einer Wahlordnung vom 19. März wurde durch Wahlmänner ein Landtag für das Herzogtum Gotha gewählt, der ein neues Wahlgesetz zu beraten hatte. Danach trat am 2. Oktober im Landschaftshaus am Schlossberg ein neuer Landtag mit 20 Abgeordneten zusammen,

um den Regierungsentwurf der neuen Verfassung zu beraten, der die „Märzforderungen“ des Gothaer Bürgertums weitgehend berücksichtigt hatte. Aber das „Staatsgrundgesetz“ vom 26. März 1849 stieß wegen der Steuerfrage und des Einspruchs der Agnaten (männl. Verwandte) der Coburger Linie in der Domänenfrage (Aufteilung in herzoglichen und staatlichen Besitz) auf Widerstände, so dass es revidiert werden musste. Aber auch die Landesverfassung, nunmehr für beide Herzogtümer am 3. Mai 1852 verabschiedet, war liberal und enthielt die Rechte auf Pressefreiheit (keine Zensur!), Versammlungs-, Meinungsfreiheit sowie Freiheit der Religionsgemeinschaften; außerdem wurde das Schulwesen der Staatsaufsicht unterstellt. Der für das ganze Land vom Herzog ernannte Staatsminister war aber dem Landtag nicht verantwortlich. Darüber hinaus hatte jedes Herzogtum seinen „Speziallandtag“ für die Verhandlung von besonderen Fragen, so dass es hierzulande bis 1918 drei Landtage gab.
Übrigens, für das Frankfurter Parlament des Deutschen Bundes war am 26. April 1848 der Gothaer Verleger und Buchhändler F. G. Becker (1792–1865), ein Sohn von R. Z. Becker, gewählt worden, der eine gemäßigte liberale Einstellung vertrat, dort aber damit nicht hervor getreten ist. Am 2. April 1849 erschien die erste Ausgabe des neuen „Gothaischen Tageblatt“ in der Stollbergschen Druckerei, die Karl G. Stollberg, der bei der Reyherschen Hof-Druckerei gelernt hatte, 1847 gegründet hat. Dabei musste er sich noch durch einen „Wald von Schwierigkeiten und Bitternissen ... hindurcharbeiten“ (D. Vogel), bis er dafür die Konzession mit etlichen Auflagen erhielt, bis die Verfassung von 1849 die Pressefreiheit garantierte. Das Tageblatt wurde bald eine vielgelesene Zeitung des liberalen Bürgertums, nachdem 1851 in Ohrdruf und Waltershausen die ersten Annahmestellen für Anzeigen eingerichtet waren.
Nach dem Scheitern der Frankfurter Nationalversammlung ging die Erbkaiserliche Partei der Paulskirche im Juni 1849 nach Gotha („Gothaer Nachparlament“). Darunter waren u. a. der Germanist Jacob Grimm, der Historiker F. Dahlmann und der „Turnvater“ Fr. L. Jahn, der vor den Gothaer Gymnasiasten eine patriotische Rede hielt. Die 147 Abgeordneten tagten vom 24.–26. Juni im Hoftheater. Gleichzeitig tagten auch die Thüringer demokratischen Vereine im nahen Hotel „Stadt Coburg“, ohne hier eine besondere Rolle zu spielen. Dagegen wurden nach der Gothaer Parlamentstagung deutsche Politiker, die für eine Einigung Deutschlands unter Preußens Führung mit bundesstaatlicher Verfassung und einem Parlament eintraten, „Gothaer“ genannt.

Die beiden nächsten Jahrzehnte

In dieser Zeit wandelte sich die Residenzstadt Gotha erst allmählich zur Industriestadt, und die Handwerksbetriebe prägten immer noch ihr wirtschaftliches Profil. Zwar zeigte eine Aufstellung aus dem Jahr 1867, dass sich damals rund 50 Betriebe aus verschiedenen Bereichen schon als „Fabriken“ bezeichneten, aber kaum Maschinen einsetzten, sondern eine größere Zahl von Arbeitern beschäftigten wie der eigentliche Handwerksbetrieb mit seinem Meister und einigen Gesellen. Erst die Gewerbeordnung von 1863 mit ihren 84 Paragrafen bot mehr Gewerbefreiheit, freilich mit Anmeldepflicht, aber auch ohne Zunftzwang sowie freien Handel mit den Erzeugnissen. Eine wichtige Voraussetzung für die wirtschaftliche Entwicklung war auch die Gründung von Banken für die Kapitalbereitstellung, so die Herzogliche Landeskreditbank (1853), die Privatbank Gotha (1857) und die Gewerbe- und Landeswirtschaftsbank (1857) als genossenschaftliche Bank. In den 60er Jahren folgten weitere Bankinstitute, wie das Bankhaus H. A. Hopf (1863) und die Filialen der Meininger Bank H. M. Strupp (1866) und des Bankhauses Gebr. Goldschmidt (1868). Auch bahnbrechende technische Neuerungen gab es damals. So wurde im Februar 1851 erstmalig eine elektrische Beleuchtung auf dem Hauptmarkt gezeigt, die elektrische Energieversorgung der Residenzstadt aber erst 1894 eingeführt. Dagegen wurde hier 1854 eine Aktiengesellschaft für die Gasbeleuchtung gegründet, die ein Jahr später eingeführt wurde. 1854 war der Kartograph August Petermann (1822–1878) in den Verlag „Justus Perthes“ eingetreten und hatte seit 1855 die Zeitschrift „Mitteilungen aus Justus Perthes' Geographischer Anstalt“ herausgegeben, die in Fachkreisen bald Weltruf erlangte, weil er damit die internationale Afrika-Forschung gefördert und die erste deutsche Nordpol-Expedition (1868) organisiert hat. Im Jahr 1854 wurde auch der Jurist Carl Heinrich Hünersdorf (1817–1897) von den Stadtverordneten zum 1. Bürgermeister gewählt. Ihm ist u. a. die heute noch gültige Nummerierung nach Straßen (1858) zu verdanken, weil die alte durchgehende Zählung unübersichtlich war. Im gleichen Jahr erfolgte auch die Ablösung der alten Braugerechtigkeiten.

Ein heraus ragendes Ereignis war hier das erste deutsche Schützenfest und die Gründung des Deutschen Schützenbundes am 11. Juli 1861 mit einer Festansprache Herzog Ernsts II., der das Fest besonders gefördert hatte und Ehrenpräsident des Schützenbundes wurde. Dessen Vorsitzender wurde der Gothaer Jurist und Vorsitzender der hiesigen Altschützen, Albert Sterzing (1822–1889), er war eine markante Persönlichkeit, dessen Stimme bei seiner Ansprache vom Schlossberg noch im Brühl „deutlich vernommen wurde“ (G. Schneider). Vorher hatte der Zentralausschuss der Deutschen Turnerschaft, der auf dem Platz vor dem Schießhaus vormittags einen Aufmarsch und am Nachmittag ein Schauturnen im Schelihagarten (Turnplatz) veranstaltete, in Gotha getagt.

Neue Schulen und ein neues Schulgesetz

Auch im Schulwesen der Residenzstadt gab es wichtige Ereignisse. 1852 wurde zunächst von einem privaten Verein eine Schule für „höhere Töchter“ gegründet, die zwei Jahre später von der Stadtverwaltung übernommen wurde und 1865 als „Lyzeum“ in einen Neubau an der Bürgeraue einzog (heutige Myconiusschule). 1859 erfolgte die Vereinigung des Gymnasiums illustre mit dem Realgymnasium, dabei wurden die bisherigen Direktoren Valentin Rost und Stefan Loof feierlich verabschiedet und Joachim Marquardt (1812–1882) als neuer Direktor und Oberschulrat eingeführt. Schon seit 1848 hatte er am „Handbuch der römischen Altertümer“ mitgearbeitet, das der Berliner Historiker Th. Mommsen herausgab, und für dessen 2. Auflage noch 1879 zwei Bände geliefert und damit die gymnasiale Gelehrtentradition fortgesetzt wurde. Neu war 1862 die Errichtung einer landwirtschaftlichen Fortbildungsanstalt in Gotha. Mit dem Volksschulgesetz von 1863 wurde das gesamte Schulwesen im Herzogtum unter die Oberaufsicht des Staatsministeriums gestellt und neu geregelt. Erstmalig konnten auch Lehrerinnen für den Unterricht in den drei unteren Schuljahren angestellt werden. Ein Jahr später wurde von August Köhler (1821–1897) das erste Kindergärtnerinnen-Seminar gegründet, nachdem er schon 1859 den Fröbel-Verein zur Förderung von Kindergärten gegründet hatte. 1870/71 veröffentlichte er seine dreibändige „Praxis des Kindergartens“ und richtete 1873 auf der Polytechnischen Ausstellung in Moskau eine Abteilung für Kleinkinderziehung ein.

Am 10. November 1859 wurde, wie überall, auch in Gotha, der 100. Geburtstag Friedrich Schillers wie ein Nationalfeiertag begangen: Mit einem Festzug am Vormittag mit der Enthüllung eines Standbildes auf dem Hauptmarkt und einem Fackelzug am Abend zum Kleinen Seeberg. In allen Schulen fanden Feiern statt, für das Gymnasium hatte der Herzog den Spiegelsaal im Schloss Friedenstein zur Verfügung gestellt, die offizielle Feier der Stadt fand mit einem Festmahl im Gasthof „Zum Mohren“ statt. Bei den Feiern wurden auch Chorlieder des Gothaer Hofkapellmeisters A. Romberg vorgetragen, der am 10. November 1821 gestorben war. Das Schiller-Denkmal vom Hauptmarkt ist nicht mehr auffindbar. Der Hofmedailleur F. Helfricht (1800–1892) hat zum Jahrestag eine kleine Porträtmedaille in Gold- und Silberausführungen geprägt.

Kunst, Musik und Literatur in dieser Zeit

Herzog Ernst II. von Sachsen-Coburg und Gotha war ein Liebhaber und Förderer von Musik, Literatur und Kunst. Als in Gotha von einem Freundeskreis der „Kunstverein zu Gotha“ gegründet wurde, fand er von Anfang an das Interesse des Herzogs, der als wohlwollender Förderer von der ersten Ausstellung an die Aktivitäten des Vereins nicht allein mit seinen Besuchen verfolgte. Schon im ersten Jahrzehnt seines Bestehens hatte es zehn Kunstausstellungen gegeben, die Mitgliederzahl war auf 890 angewachsen und der Kunstverein eine dauerhafte Kulturinstitution geworden.
Größer war aber die Liebe des Herzogs zum Theater, vor allem zur Oper. Denn er war auch Komponist und hatte seit 1846 fünf Opern komponiert, von denen „Santa Chiara“ (1854) und „Diana von Solange“ (1858) am erfolgreichsten waren. „Santa Chiara“ wurde am 2. April 1854 unter der Leitung von Franz Liszt am Hoftheater in Gotha uraufgeführt, der mit dem Gothaer Ensemble sehr zufrieden war und das Gothaer Publikum die Aufführung und ihren berühmten Dirigenten begeistert feierten. Übrigens hatte der bekannte Dichter Gustav Freytag, der seit Jahren in Siebleben wohnte, das Libretto der Schauspielerin C. Birch-Pfeiffer als erfahrener Dramatiker, wohl mit Zustimmung des Herzogs, heimlich bearbeitet. Diese Oper ging allein in zehn deutschen Großstädten erfolgreich über die Bühne und wurde in Paris, wo sich der Herzog persönlich dafür eingesetzt hatte, 60 Mal aufgeführt. Da Liszt den „Tannhäuser“ des aus Dresden flüchtigen Kapellmeisters Richard Wagner 1849 in Weimar aufgeführt hatte, wurde auch der Herzog auf den Flüchtling aufmerksam und ließ über Liszt anfragen, ob Wagner nicht Interesse hätte, als Hofkapellmeister die Opern des Herzogs zu instrumentieren und ihn musikalisch zu beraten. Wagner, damals gerade in Zürich, lehnte ab, was Ernst II. nicht davon abhielt, den Ankauf der Tannhäuser-Partitur zu genehmigen und Weihnachten 1854 diese Oper in Coburg aufführen zu lassen. Damals haben auch die beiden berühmten Pariser Opernkomponisten Hector Berlioz, der hier im Hoftheater eigene Werke sowie die Ouvertüre zu „Santa Chiara“ dirigierte, und Giacomo Meyerbeer die Residenzstadt besucht.
Außer seinen Opern hat Ernst II. auch andere Orchesterwerke (Fackeltanz, Festmarsch, Jagdfanfare) und Chöre für besondere Anlässe und Lieder für Singstimme und Klavierbegleitung komponiert. Auch die heitere Musik hat er geschätzt. Als der Wiener Walzerkönig Johann Strauß ihm 1863 seine bis damals erschienenen Kompositionen geschenkt hatte, dankte ihm der Herzog dafür mit der Verleihung der Verdienstmedaille für Kunst und Wissenschaft, mit der er schon 1861 den Operettenkomponist Franz von Suppé auszeichnete. Denn er liebte es, diesen Orden oder auch den Titel

„Hofschauspieler/in“ an Künstler zu vergeben, deren Spiel ihm besonders gefallen hatte.
Die aufwändigen Opernaufführungen im Stil der französischen „Großen Oper“ waren sehr kostspielig, besonders mit auswärtigen Gastsolisten, so daß sich der Herzog 1881 gezwungen sah, die Oper seines Theaters zu schließen. In den Jahren danach versuchte der Herzog, mit einzelnen Gastspielen, Erstaufführungen von Schauspielen und befristeten Abonnements diese Lücke zu schließen. Aber noch 1893 wollte er in Gotha Musteraufführungen veranstalten und ließ dazu ein Preisausschreiben für einaktige Opern bekannt machen. 120 Werke, einige sogar aus Amerika, waren bei der Prüfungskommission eingegangen, deren Ehrenvorsitzender Ernst II. war. Die Uraufführungen der beiden mit je 5000 Mark preisgekrönten Einakter „Evanthia“ und „Die Rose von Pontevedra“ wurden Ende Juli zu einem Opernfestspiel, bei dem auch zwei andere Opern aufgeführt wurden. Schon drei Wochen danach starb am 22. August 1893 Herzog Ernst II. plötzlich nach einem Besuch im Gothaer Museum auf Schloss Reinhardsbrunn, wo er sich gern zur Jagd aufgehalten hat.

Mit dem Dichter und Journalisten Gustav Freytag (1816–1895) war der Herzog, der ihm Asyl vor preußischer Verfolgung gewährt hatte, freundschaftlich verbunden, wie der Briefwechsel zwischen beiden (1904 veröffentlicht) zeigt. 1851 hatte sich Freytag in Siebleben niedergelassen, um hier in Ruhe arbeiten zu können und wo seine Villa an der Weimarer Straße heute noch steht. In Siebleben konnte er für die liberale Zeitschrift „Die Grenzboten“ als Mitherausgeber weiterarbeiten und sein politisches Lustspiel „Die Journalisten“ 1854 vollenden, das am Gothaer Hoftheater uraufgeführt wurde. Ein Jahr später folgte sein erfolgreicher Kaufmannsroman „Soll und Haben“, danach seine kulturgeschichtlichen „Bilder aus der deutschen Vergangenheit“ und die Romanserie „Die Ahnen“ (1873–1881). Er war einer der meistgelesenen deutschen Schriftsteller seiner Zeit. 1854 war er vom Herzog zum Hofrat ernannt worden. Von 1867 bis 1870 war er Abgeordneter des Norddeutschen Reichstages. Seit 1879 verbrachte er die Winterzeit aus gesundheitlichen Gründen im milderen Wiesbaden und veröffentlichte 1887 seine Memoiren unter dem Titel „Meine Erinnerungen aus meinem Leben“. Er starb am 10. April 1895 in Wiesbaden und wurde nach Siebleben überführt. Gegenüber seiner Villa liegt auf dem Kirchhof sein Grab.

1866 und 1870/71

Der liberale Herzog Ernst II. von Sachsen-Coburg und Gotha hatte sich in der deutschen Politik zu einem Frontwechsel auf die preußische Seite durchgerungen und im Sommer 1862 eine Militärkonvention mit Preußen bis 1872 abgeschlossen. Damit war er verpflichtet, im Sommer 1866 am Krieg gegen das Königreich Hannover teilzunehmen. Am 16. Juni erfolgte in beiden Herzogtümern Mobilmachung, und am 26. Juni marschierten das Coburg-Gothaische Infanterie-Regiment mit 900 Soldaten zusammen mit preußischen Truppenteilen den Hannoveranern entgegen. Vom Vormittag des 27. Juni bis zum 28. Juni dauerten die Kämpfe bei Langensalza, und am 29. Juni kapitulierte der König von Hannover mit seinem Heer, das an den folgenden Tagen nach Gotha zog, wo es mit der Eisenbahn zurück nach Hannover transportiert wurde. Im Schießhaus (heutige Stadthalle) war ein Hilfslazarett eingerichtet worden, das 263, meist leicht Verletzte aufnahm, die z. T. auf Leiterwagen hierher transportiert worden waren. Dabei verrichteten hier die Gothaer Turner Sanitätshilfsdienste. Das Coburg-Gothaische Regiment hatte elf Tote und 63 teilweise schwer Verletzte zu verzeichnen.

Am 3. Juli wurde das Regiment mit einer Ersatzabteilung per Bahn nach Marksuhl bei Eisenach transportiert, um am Krieg gegen Bayern teilzunehmen, und mußte nun über Aschaffenburg nach Frankfurt am Main mar-

Das Schlachtfeld von Langensalza 1866. Nach einer Originalskizze von Döpler, auf Holz gezeichnet von D. Fikentscher, Druck: unbez. Zeitschrift, August 1866, S. 799. Sanitätssoldaten, Helfer des Roten Kreuzes aus Gotha, Turner aus Langensalza und Mühlhausen und weitere freiwillige zivile Helfer bargen verwundete preußische und hannoversche Soldaten am 27. Juni 1866 vom Schlachtfeld und brachten sie in die Lazarette. Privatbesitz

schieren. Nach dem Waffenstillstand am 26. Juli ging es nach einigen Tagen per Bahn bis Fröttstädt zurück. Der Herzog empfing es dann am „Thüringer Haus“ bei Trügleben, von wo es unter Glockengeläut in die Residenzstadt einzog und festlich empfangen wurde. Nach der Entlassung der Ersatzabteilung und der Reservisten hatte das Gothaer Bataillon wieder seine Friedensstärke. Im September übereignete der preußische Staat 8800 Hektar Wald der hessischen Herrschaft Schmalkalden (b. Suhl) dem Herzog als Kriegsentschädigung; die Erträge daraus erhielt zu 50% der Herzog, je 25% die Herzogtümer Coburg und Gotha. Am 18. August war Ernst II. dem von Bismarck gegründeten Norddeutschen Bund beigetreten. 1867 wurde das Militär neu strukturiert: Das Coburg-Gothaische Regiment und das Meininger Regiment wurden zum 6. Thüringischen Infanterie-Regiment Nr. 95 vereinigt und ein Bezirkskommando beim 1. Bataillon in Gotha eingerichtet. Im nächsten Jahr besichtigten erst der preußische General Moltke auf einer Generalstabsreise und später auch König Wilhelm I. von Preußen das neue Regiment.

Auch am deutsch-französischen Krieg 1870/71 war das Gothaer „95er“ Regiment beteiligt. Nach der Kriegserklärung Frankreichs an Preußen erfolgte ab dem 19. Juli 1870 auch hier die allgemeine Mobilmachung der preußischen Verbündeten. Dadurch wurde die Stadt mit dem ganzen Regiment belegt, das am 26. Juli abmarschierte und am 4. August bei Weißenburg (Elsaß) die Grenze überschritt. Schon bei der ersten Schlacht bei Weißenburg (Elsaß) wurde der Regimentskommandeur Oberst von Beckedorff so schwer verwundet, dass er nach dem Krieg an den Folgen verstarb. Obwohl nach der Schlacht von Sedan am 1. September Kaiser Napoleon III. mit einer dort eingeschlossenen Armee kapitulierte und in Gefangenschaft gehen musste, dauerte der Krieg noch bis ins nächste Jahr. Nach weiteren z. T. verlustreichen Kämpfen zog das Regiment am 11. Februar 1871 in Versailles ein, nachdem am 18. Januar dort das Deutsche Reich proklamiert worden war. Mit der Kapitulation von Paris am 28. Januar, dem damit verbundenen Waffenstillstand und dem Frieden von Frankfurt am 10. März war der Krieg zu Ende.
Die Verluste des Gothaer Regiments an Toten und Verwundeten waren infolge der oft schweren Kämpfe über den Winter 1870/71 hoch: 23 Offiziere, 2 Ärzte und 295 Unteroffiziere und Mannschaften. Seitdem wurde am 18. Oktober nicht mehr der Völkerschlacht mit dem Sieg über Napoleon I. gedacht, sondern am 2. September der „Sedantag“, wie überall in Deutschland, auch in der Residenzstadt Gotha in den Kirchen und Schulen sowie mit Umzügen der Kriegervereine gefeiert; 1874 wurde beim Postamt ein schlichter Obelisk als Kriegerdenkmal für die Gefallenen mit vier erbeuteten französischen Kanonen eingeweiht.

Gotha vor 1900

In den letzten Jahrzehnten vor dieser Jahrhundertwende hat sich Gotha zu einer modernen Residenzstadt entwickelt. Voraussetzungen dafür waren die Versammlungs- und Pressefreiheit, wie sie in der Verfassung des Herzogtums von 1852 garantiert wurden, die günstige Verkehrslage und ein erfolgreicher 1. Bürgermeister. Schon seit der Mitte des Jahrhunderts war Gotha durch die Eisenbahn mit Frankfurt am Main und Leipzig-Berlin verbunden. 1870 kam die Bahnstrecke Gotha-Langensalza-Mühlhausen (40 km) dazu, 1876 die Verbindung mit Ohrdruf (17 km), die 1892 nach Gräfenroda (18 km) erweitert wurde und dort Anschluß nach Meiningen hatte. Weitere Lokalbahnen führten von Fröttstädt nach Friedrichroda (1876), über Gräfentonna nach Herbsleben (1889) und ab Bufleben nach Großenbehringen (1890). Dazu kam ab 1. April 1893 die Einführung einer einheitlichen Uhrzeit (MEZ) im Deutschen Reich. Schon früher war das Dezimalsystem für Maße und Gewichte (Meter, Kilogramm, 1872) und die einheitliche Markrechnung eingeführt sowie die Reichsbank (1875) gegründet worden.

Erfolgreiche Unternehmer

Die Industrialisierung entwickelte sich so stark, dass sie auch die städtische Entwicklung auf anderen Sektoren beeinflusste. Der Maschinenbau hatte schon 1861 mit der Gründung der Fa. Bonsack, Hansen & Co. begonnen, die später mit ihrem neuen Teilhaber August Briegleb durch ihre Wasserturbinen noch nach dem Ersten Weltkrieg bekannt war. Weitere Betriebe dieser Branche waren die Landmaschinenfabrik Scharfenberg & Hartwig und Keller (später Brand) & Grasemann; dazu kam auch die 1888 aus einer kleinen Hufbeschlagschmiede hervorgegangene Wagenfabrik des späteren Hofwagenlieferanten Otto Cyrus. Aus einer kleinen Schlosserei ist damals auch die Fa. August Blödner hervorgegangen, die später durch ihre Stahlmöbel bekannt wurde, die Fa. Blödner & Vierschrodt wuchs mit ihrer Hanfschlauchweberei und Industriegummiwaren zu einem großen Betrieb, der den Krieg überdauerte.

Eine ganz neue Produktion begann der Schlossermeister Fritz Bothmann (1858–1928) mit den beiden Schlossermeistern Nack und Narte, letzterer als Teilhaber, der aber bald ausschied, mit dem Karussellbau. Zwar gab es Karusselle schon damals auf Jahrmärkten und Schützenfesten, aber sie waren meist englischer Herkunft. Im Juli 1883 wurde schon nach zehnwöchiger Bauzeit das erste Karussell aus der erst im Mai gegründeten Firma der Gothaer Öffentlichkeit vorgestellt, bevor es versandt wurde. Es war ein Schiffskarussell für bis zu 20 Personen und wurde von einer

Dampfmaschine angetrieben. Schon im September 1884 mußte Bothmann auf ein größeres Grundstück an der Langensalzaer Straße umziehen, wo er auch andere Karusselltypen bauen konnte, die er nach Frankreich und Belgien, später auch nach Russland und sogar nach Afrika und Amerika lieferte. Dabei war er ständig um Investoren bemüht, bis er 1892 den Kaufmann L. Glück als einen starken und zuverlässigen Partner fand. Das bisherige Firmeneigentum der Ehefrau Marie Bothmann (1862–1892) wurde nun Eigentum der neuen Fa. Bothmann & Glück. Die immer aufwändigeren Konstruktionen, darunter ein großes Dampfkarussell für die Pariser Weltausstellung 1892, sicherte sich die Firma durch ihre Patentanmeldungen im In- und Ausland. So wurde Fritz Bothmann zum „Vater des deutschen Karussellbaus“. Die Fa. Bothmann & Glück baute auch Wagen für den Transport der Karusselle sowie Wohnwagen für die Schausteller. Nachdem in Gotha am 2. Mai 1894 der Betrieb des ersten Elektrizitätswerkes eröffnet wurde, war auch die Voraussetzung für den elektrischen Straßenbahnbetrieb gegeben, der schon nach ersten Probefahrten im März 1894 am 3. Mai fahrplanmäßig eröffnet wurde. Zwar kamen die ersten Triebwagen noch von einer Kölner Firma, aber seit August des gleichen Jahres lief hier schon der erste Wagen aus dem Betrieb von Bothmann & Glück. Aus dessen Auslandsvertretungen in London und Paris kamen auch bald die ersten Bestellungen und ab 1896 gehörte der Bau von Straßenbahnen und Waggons zum festen Produktionsprogramm. Mitte Mai 1897 verlassen die ersten Eisenbahnwagen die Fabrik. Damals entstand auch das große Werk am Ostbahnhof mit 17 Angestellten und 166 Arbeitern, und die Firma wurde in eine Aktiengesellschaft umgewandelt.

Ein weiterer Betrieb der Metallbranche war Kallmeyer & Harjes, der seit 1887 Emaille-Haushaltswaren, später niveauvolle Tafelgeräte im Jugendstil herstellte und weltweit exportierte; 1900 wurde eine Unterstützungskasse und 1907 eine Pensionskasse gegründet. Auch die Metallwarenfabrik der Gebr. Ruppel stellte seit 1894 Haushaltswaren her.

In der Gothaer Lebensmittelindustrie waren es einige Wurstwarenfabrikanten, die für ihre Erzeugnisse als „Gothaer Wurst“ einen guten Ruf hatten. Die von Heinrich Auerbach (1809–1884) im Jahr 1835 gegründete Fleisch- und Wurstwaren-Fabrik bauten seine drei Söhne 1871 in einem neuen Gebäude weiter aus, die bis 1914 bestand. Die bis 1941 bestehende Wurst- und Fleischwarenfabrik der Familie Rudolph (1860 gegr.) war besonders für ihre Dauerwurstwaren (Cervelatswurst, Salami, Schinken) weit über Gotha hinaus bekannt. Deshalb fand hier am 22. September 1875 der 1. Allgemeine Deutsche Fleischerkongress und die Gründung des Deutschen Fleischerverbandes statt, und nach langen Vorverhandlungen im Zusammenhang mit der Kanalisation in der Stadt wurde der städtische Schlachthof Mitte Oktober 1891 eröffnet.

Neue Schulen und andere Einrichtungen

Mit dem allgemeinen wirtschaftlichen Aufschwung der Residenzstadt Gotha war auch die Einwohnerzahl von 20.571 im Jahr 1871 auf 31.670 im Jahr 1895 gestiegen, damit verbunden war auch die räumliche Ausdehnung über die „Sundhäuser Vorstadt" hinaus zwischen Reinhardsbrunner- und Brunnenstraße, im Norden bis zur Seebachstraße und im Osten („Erfurter Vorstadt") von der Mohren- und Langensalzaer Straße bis zur Bufleber Straße mit Betrieben und Arbeiterwohnungen. Diesem Wachstum trug auch die Stadtverwaltung mit Schulneubauten Rechnung: 1876 Arnoldischule (später Lutherschule), 1881 Gotthardschule, 1888 Herzog-Ernst-(Lehrer-)Seminar (heute Herzog-Ernst-Gesamtschule) und Höhere Handelsschule der Kaufmännischen Innungshalle, 1892 Löfflerschule, 1900 Reyherschule. Später kamen noch die Neubauten für die (Ober-)Realschule (1909–1911, heute Arnoldi-Gymnasium) und für die Baugewerbe- und Landwirtschaftliche Winterschule (1910–1911), beide an der Eisenacher Straße, dazu.

Schon früher waren zwei wichtige städtische Einrichtungen entstanden, so das Krankenhaus an der Erfurter Landstraße, das 2002 durch die Helios-Klinik am Rand der Stadt (Ortsteil Sundhausen) abgelöst wurde, und das Krematorium auf dem neuen Friedhof V (heute Hauptfriedhof) an der Langensalzaer Straße (beides 1878), dem die älteren Friedhöfe II bis IV an der Eisenacher Straße vorausgingen. Dem Bau des Krematoriums war 1874 die private Gründung eines Feuerbestattungsvereins vorausgegangen, der sowohl vom Herzog als vom „Gothaischen Tageblatt" gefördert wurde, so daß das Gothaer Krematorium nicht nur das erste in Deutschland war, sondern auch weit über die Residenzstadt hinaus bekannt wurde; die berühmteste Persönlichkeit, die hier bestattet wurde, ist die österreichische Friedensnobelpreisträgerin Bertha von Suttner (1914). Weitere öffentliche Gebäude waren der Bau des Postgebäudes am Arnoldiplatz und des Land- und Amtsgerichtes (1894/96). Durch die J. W. Lang-Stiftung war es möglich, neben einer Haushalts- und Kochschule für Mädchen „aus ärmeren Bevölkerungsschichten" auch die Stadtbibliothek im gleichen Haus an der unteren Gotthardstraße einzurichten. Auch das Schäferstift für alte Männer und das Therese-Geyer-Stift für alte Damen gingen auf private Stiftungen zurück, die bemittelte Gothaer Bürger für wohltätige Zwecke in ihren Nachlässen verfügten, u. a. auch die Aufforstung des Galberges seit 1879. Der Stadtverschönerung diente der Abbruch der alten Bergmühle (seit dem 14. Jh. in der Stadt) und die Neugestaltung des Schlossberges mit der Wasserkunst (1895), die von einem Pumpenwerk im Keller des nahen Cranach-Hauses betrieben wird, nach Plänen des Gothaer Ingenieurs und Leiter des städtischen Wasserwerkes H. Mairich (1863–1902), der auch die Kanalisation der Innenstadt und die Pflasterung des Hauptmarktes geleitet hat.

Vielfältiges Kulturleben

Das kulturelle Leben war damals in der Residenzstadt sehr vielfältig. Das Hoftheater hatte 1889 erstmalig R. Wagners „Meistersinger“ ungekürzt aufgeführt, und Mitte Juni 1895 konnte es durch die Vermittlung Herzog Alfreds, seit 1893 Nachfolger von Erst II., ein erfolgreiches Gastspiel mit einem abwechslungsreichen Programm (Oper, Operette, Schauspiel) in London geben. Zwei Musikschulen waren hier gegründet worden: 1881 unter Alfred Patzig und 1884 unter dem Hofpianisten Prof. Hermann Tietz; letzterer konnte im Dezember 1893 mit dem 1868 gegründeten Musikverein dessen 25jähriges Bestehen mit einer Aufführung des Oratoriums „Elias“ von Mendelsohn-Bartholdy feiern. Auch Patzigs Orchesterverein prägte mit seinen Aufführungen wie die Liedertafel unter ihrem langjährigem Musikdirektor Adolf Wandersleb (1810–1884) mit seinen Chorkonzerten und eigenen Kompositionen das Musikleben der Residenzstadt mit, dazu kamen auch die sommerlichen Gartenkonzerte der Gothaer Regimentskapelle.
Ein ungewöhnliches musikgeschichtliches Ereignis war die Scheidung der zweiten Ehe des als Walzerkönig bekannten Wiener Komponisten Johann Strauß (1825–1899), nach Ablegung des Bürgereids am 28. Januar 1887 in Gotha mit Audienz bei Herzog Ernst II. auf Schloss Friedenstein, am 11. Juli 1887 mit abermaligem Empfang beim Herzog. Ein zweites, nun musikalisches Ereignis war das große Konzert mit dem Hofkapellmusikdirektor Eduard Strauß und sein neues Strauß-Orchester auf Deutschland-Tournee am 7. Juli 1893 am Schießhausgarten, daß die zahlreichen Besucher begeisterte.

Zu den großen kulturellen Einrichtungen der Residenzstadt gehörte auch das neue Museum am Schlosspark, dessen Bau sich seit 1864 aus Kostengründen anderthalb Jahrzehnte hingezogen hatte, bis es am 17. April 1879 endlich eröffnet werden konnte. Es ist eines der bedeutendsten Museumsbauten seiner Zeit und hatte – auch das war neu – die herzoglichen Kunst- und auch die naturwissenschaftlichen Sammlungen im Schloss aufgenommen und entsprach den Vorstellungen des Herzogs, der dafür den Wiener Architekten Franz von Neumann d. Ä. als seinen Hofbaumeister gewonnen hatte.

Der durch seine historische und theologische Literatur im 19. Jh. bekannt gewordene Verlag Fr. A. Perthes, der auch Kinderbücher verlegte, hat mit dem Erscheinen der Kinderbuchfolge „Heidi“ der Züricher Kinderbuchautorin Johanna Spyri (1827–1901) seit 1880 einen Welterfolg erzielt, weil „Heidi“ bald darauf ins Englische und Französische übersetzt worden war. Auch der utopische Roman „Auf zwei Planeten“ des Gothaer Gymnasial-

professors und Schriftstellers Kurd Laßwitz (1848–1910), der 1897 erschien, wurde sofort in mehrere Sprachen übersetzt, erschien dann bis 1930 in 50 Auflagen, aber erst 1971 in englischer Sprache; er gehörte zu Wernher von Brauns Jugendlektüre. Außerdem hat Laßwitz zahlreiche weitere utopische Erzählungen als „Moderne Märchen“ und philosophiegeschichtliche Arbeiten veröffentlicht, darunter auch eine zweibändige „Geschichte der Atomistik vom Mittelalter bis Newton“ (1890), die noch 1984 als Reprint erschien.
Auch der Sport hatte hier seine Anhänger. Schon 1860 war der „Turnverein 1860 e. V.“ gegründet worden, dem 1863 der Bau der heute ältesten Gothaer Turnhalle im Schelihagarten (unterhalb der Schlosstankstelle) folgte. Im gleichen Jahr wurde beim Leinakanal am südwestlichen Stadtrand das „Albertsbad“ (später „Paul-Sauerbrey-Bad“, nach 1945 Westbad) als erstes Freibad eröffnet, in dem 1887 auch das erste Schwimmfest in Gotha stattfand. Die seit 1878 alljährlichen Vollblut-Rennen des vom Herzog geförderten Rennvereins auf dem Boxberg waren ein beliebtes sportliches und gesellschaftliches Ereignis der Residenzstadt geworden. Der hier 1880 zusammen mit dem Eisenacher Thüringerwald-Klub gegründete Thüringerwald-Verein war mit seinen rund 100 Mitgliedern und den angeschlossenen Zweigvereinen bald eine weit über Thüringen hinaus bekannte Wandersportvereinigung.

Die Gothaer Sozialdemokratie

Mit dem Wachstum der Industrie und der Bevölkerung in der Residenzstadt Gotha begann die Arbeiterschaft seit den 60er Jahren sich zu organisieren, um bessere Arbeitsbedingungen und Löhne zu erreichen. 1864 waren schon 35% der Beschäftigten im Herzogtum Gotha in der Industrie beschäftigt, 1895 waren es bereits 47,5%. Am 5. November 1865 tagte hier der Ständige Ausschuss des Vereinstages deutscher Arbeitervereine mit Vertretern aus Leipzig, Magdeburg, Nürnberg und anderen Großstädten und hielt am Nachmittag eine Arbeiterversammlung im Kaltwasserschen Saal (später „Tivoli“) ab. Nachdem sich der Schuhmacher Wilhelm Bock (1846–1931) 1868 nach mehrjähriger Wanderschaft in Gotha niedergelassen hatte, begann er hier seine politisch-organisatorische Tätigkeit. Im Oktober 1867 war er in Hamburg dem Allgemeinen Deutschen Arbeiterverein (ADAV) beigetreten, der 1863 in Leipzig gegründet und dessen Präsident der sozialdemokratische Politiker Ferdinand Lassalle (1825–1864) geworden war. Im August 1869 schloß sich Bock der in Eisenach gegründeten Sozialdemokratischen Arbeiterpartei unter Führung von A. Bebel

und W. Liebknecht an und war seit 1872 die führende Persönlichkeit im Gothaer Land, bald auch in Mittel- und Westthüringen. Er wirkte maßgeblich bei den Parteitagen der 70er Jahre mit.
Dabei war der Gothaer Vereinigungsparteitag 1875 das wichtigste Ereignis. Schon Mitte Februar fand hier eine Vorkonferenz statt, wo der Entwurf des Parteiprogramms diskutiert wurde. Am 22. Mai eröffnete Bock im Kaltwasserschen Saal den Parteikongress, an dem 73 „Lassalleaner" und 56 „Eisenacher" als Delegierte ihrer Partei teilnahmen. Nach der Diskussion des Programms und der organisatorischen Fragen wurde am 27. Mai die Vereinigung von ADAV und SDAP zur Sozialistischen Arbeiterpartei (SAP) unter der Leitung von A. Bebel und W. Hasenclever sowie die Annahme des „Gothaer Programms" beschlossen. An den beiden folgenden Tagen fand noch ein Gewerkschaftskongress statt, auf dem sich die Einzelgewerkschaften zusammenschlossen, die das „Gothaer Programm" anerkannten.
Die beiden nächsten SAP-Parteitage 1876 und 1877 fanden ebenfalls in Gotha statt, wobei auf dem ersteren Fragen der organisatorischen Festigung und auf dem anderen die Pressearbeit des neuen Parteiorgans „Vorwärts" behandelt wurden. Der für 1878 vorgesehene Parteitag fiel unter das Verbot der SAP durch das „Sozialistengesetz", das Bismarck nach zwei Attentatsversuchen auf Kaiser Wilhelm I. durchgesetzt hatte, obwohl die Attentäter keine Sozialisten waren. Seitdem waren auch die Gothaer

Eine der zahlreichen Veranstaltungen in Gotha vor dem 1. Weltkrieg. Sammlung Harald Rockstuhl

Sozialdemokraten ständigen Verfolgungen ausgesetzt. Trotzdem wuchs aber während dieser Zeit die Zahl ihre Wählerschaft ständig weiter.
Schon seit 1877 kandidierte Bock im Wahlkreis Gotha für den Reichstag, dem er seit 1884 mit Unterbrechungen bis 1906 und von 1912 bis 1918 angehörte. Außerdem war er auch seit 1892 Mitglied und 1901–1904 Vizepräsident des Landtags des Herzogtums Gotha. In den Stadtrat von Gotha konnte aber die Partei nicht einziehen, hier waren die liberalen Schichten erfolgreich, während die Wählerstimmen Bocks meist aus den südlichen Wahlkreisen mit der armen Waldbevölkerung und den dortigen Landstädten kamen. 1896 fand noch einmal ein Parteitag, diesmal mit Karl Liebknecht und Clara Zetkin in Gotha-Siebleben (Gaststätte „Vier Jahreszeiten“) statt.

Das letzte Jahrzehnt

Im letzten Jahrzehnt waren bedeutende Gothaer Persönlichkeiten verstorben, welche die Geschichte der Residenzstadt z. T. wesentlich mit geprägt haben. Am 22. August 1893 starb in seinem Jagdschloss Reinhardsbrunn bei Friedrichroda Herzog Ernst II. von Sachsen-Coburg und Gotha nach fast einem halben Jahrhundert vielseitiger Regierung. Noch kurz zuvor hatte er das Museum in Gotha besucht, das auf seine Initiative gebaut worden war. Da er ohne Erben war, wurde sein Nachfolger sein Neffe Herzog Alfred, ein Sohn der englischen Königin Victoria und ihres Prinzgemahls Albert von Sachsen-Coburg und Gotha, des jüngeren Bruders von Herzog Ernst II. Er starb schon wenige Jahre später am 30. Juli 1900 auf Schloss Rosenau bei Coburg. Seine Gemahlin Maria Alexandrowna (1853–1920) war eine Tochter des russischen Zaren Alexanders II. Sie hat sich als Herzogin viel für Hilfsbedürftige engagiert und u. a. für einen Neubau der Herzogin-Marie-Stiftung 10 000 Mark zur Verfügung gestellt, der 1898 in der Pestalozzistraße eröffnet und später erweitert wurde. Ihr Gemahl hat zahlreiche völkerkundlich wertvolle Exponate und Souvenirs, die er von seinen weltweiten Reisen als Marineoffzier mitgebracht hatte, für die Sammlungen des Gothaer Museums gestiftet.
Am 30. April 1895 war der bekannte Journalist und Romancier Gustav Freytag im Alter von 78 Jahren gestorben, der einmal seinem Verleger S. Hirzel in Leipzig geschrieben hat: „Ich wollte gern Schriftsteller sein, wenn nur das Schreiben nicht wäre.“ Schließlich war der um die Residenzstadt Gotha hochverdiente Bürgermeister Heinrich Hünersdorf nach einer 36jährigen Amtszeit (bis 1890) am 21. Februar 1897 im 80. Lebensjahr gestorben. Er war 1882 als erster zum Oberbürgermeister und 1890 zum Ehrenbürger ernannt worden. Sein Nachfolger Otto Liebetrau (1855–1928) führte Hünersdorfs Lebenswerk erfolgreich weiter.

Gotha wird Fliegerstadt

Vor dem Ersten Weltkrieg entwickelte sich Gotha weiter zu einer modernen Residenzstadt und wird Fliegerstadt. Als erste Ereignisse der Luftfahrt fanden hier die Ballonaufstiege des Pariser Luftschiffers E. Godard (1827–1890) am 13. August 1881 am Museum und am 14. März 1909 an der Gas-Anstalt unter dem Kommando des Oberleutnants von Frankenberg vom Berliner Luftschiffer-Bataillon mit drei weiteren Teilnehmern statt.
Noch im gleichen Jahr landete am Abend des 14. November das lenkbare Luftschiff „Parzival III“ des Majors Dr.-Ing. August Parzival (1861–1943), Dozent, später Professor, an der TH Berlin-Charlottenburg, mit fünf Mann an Bord nach neunstündigem Flug auf dem Gelände, das der Verein „Luftschiffhafen e. V.“ erworben hatte. Denn schon 1900 hatte Graf Ferdinand Zeppelin (1838–1917) das erste Luftschiff gebaut. 1908 hatte Herzog Carl Eduard von Sachsen-Coburg und Gotha mit der Luftschiffbaugesellschaft in Friedrichshafen am Bodensee und dem preußischen Kriegsministerium in Berlin Verhandlungen über den Bau einer Luftschiffhalle in Gotha aufgenommen und seitdem die Entwicklung seiner Residenzstadt für den Luftverkehr nachhaltig gefördert. Deshalb konnte dann am 9. Juli 1910 eine 150 Meter lange Luftschiffhalle eingeweiht werden, trotz der ungünstigen Witterung starteten hier drei Luftballons zu ihrer Fahrt ins Fichtelgebirge. Erst am 28. Juli landete dann das Militärluftschiff M III unter Major Gross, das später noch zwei Mal hier eintraf. Ein besonderes Ereignis war dann die erste „Gothaer Flugwoche“ vom 25. Februar bis 8. März 1911, mit der Gotha als künftiger Luftverkehrsstandort bekannt gemacht werden sollte. Wegen des ungünstigen Wetters starteten aber erst ab 3. März die Piloten mit ihren Flugzeugen, darunter auch zwei Franzosen – G. Poulain und E. Jeannin – zu kurzen Rundflügen. Eine weitere Flugwoche begann im September 1912, als das Luftschiff LZ „Schwaben“ hier ankam, das von Dr. Hugo Eckener (1868–1954) geführt wurde. Dr. Eckener war damals Direktor der Deutschen Luftschifffahrtsgesellschaft AG in Friedrichshafen und wurde einer der Pioniere der deutschen Luftschifffahrt. Am 7. September führte er zwei Rundflüge mit elf Gothaer Fluggästen über Langensalza-Worbis-Eisenach-Gotha durch, zwei Tage später einen weiteren Rundflug für die herzoglichen Familien von Gotha und Weimar und flog am nächsten Tag über Leipzig nach Berlin. Im November kam er noch einmal mit seinem LZ „Schwaben“ nach Gotha zurück.
Im Jahr 1912 kam es zur Gründung einer Fliegerschule, die der Grundausbildung von Offizieren als Piloten diente. Am 3. April fanden die ersten Rundflüge unter Leitung von Ingenieur Ernst Schlegel und mit dem Ingenieur Arthur Faller statt. Im August fand ein dreitägiges „Aeroplan-Tur-

nier“ statt. Nach einem Zeitungsbericht war es „in erster Linie ein Kriegsspiel“ und „hat einen ungeheuren Fremdenstrom z. T. per Auto (!)“ mit Tausenden von Schaulustigen auf dem Seeberg angezogen. Dabei gab es einen Wettbewerb der Ein- und Doppeldecker mit Bombenabwurf aus 250 Meter Höhe auf Attrappenziele am Boxberg und einen Abwurf sogar aus 800 Meter Höhe. Außerdem gab es Flüge mit zwei Freiballons, zu deren Besatzung Offiziere und sogar zwei mutige Frauen gehörten. Auch das Luftschiff „Victoria Luise“ war am zweiten Tag zur Luftaufklärung zwischen Ohrdruf und dem Boxberg aufgestiegen, dabei versuchten sechs Flugzeuge vergeblich, das Luftschiff abzudrängen.
Am 21. August verließ die „Victoria Luise“ Gotha zu einer Fahrt nach Chemnitz, kehrte aber wegen des schlechten Wetters dort am gleichen Tag zurück und fuhr eine Woche später zu seinem Heimatstandort nach Frankfurt am Main. Am 5. September musste ein Luftschiff vom Typ „Schütte-Lanz“ wegen schlechten Wetters hier notlanden. Mitte Oktober erschien das Luftschiff „Hansa“ in Gotha, das bis zum 19. Oktober als letztes Reiseluftschiff hier war. Es bot außer einer Fahrt nach Leipzig danach noch kleinere Rundflüge zum Preis von 200 Mark an, deshalb waren die Teilnehmer Fabrikbesitzer, Kommerzienräte und hohe Beamte, aber auch der

Das Zeppelin-Luftschiff „Schwaben“ bei der Einfahrt in die Gothaer Luftschiffhalle. Dieser Zeppelin machte insgesamt 218 Fahrten und beförderte dabei 4.354 Personen. Dabei wurde eine Strecke von 27.321 km zurückgelegt. Die erste Fahrt erfolgte am 26.06.1911. Am 28. Juni 1912 verbrannte das Luftschiff auf dem Landeplatz in Düsseldorf. Daten: Länge: 140 m mit einem maximalen Durchmesser von 14 m – Volumen: 17800 m^3. Seine max. Geschwindigkeit: 75,6 km/h – Motorisierung: 3 mal 145 PS Maybach. Er war mehrmals in Gotha im Luftschiffhafen stationiert.

damalige Erfolgsschriftsteller August Trinius aus Waltershausen war unter ihnen. Seit dem Herbst 1912 trat nun ein Wandel von der zivilen zur Militärluftfahrt ein.
Im September wurde hier das Militärluftschiff Z 3 und ein Fesselballon für Artilleriebeobachtung mit dem erforderlichen Wartungspersonal stationiert. Das Luftschiff nahm vom 11. bis 13. September an einem Kaisermanöver teil, machte am 20. September zwei Rundflüge über das Stadtgebiet und danach regelmäßige Flüge zum Truppenübungsplatz Ohrdruf, über dem der Abwurf von 40-Kilo-Bomben aus 1500 Meter Höhe geübt wurde. Inzwischen hatte das Luftschifferkommando eine Stärke von 120 Mann erreicht und wurde am 26. März an die französische Grenze bei Metz verlegt. Zum 1. Oktober 1913 musste die Luftschiffhalle mit Start- und Landeplatz und den Baracken für die Truppen von der Gothaer Luftschiffhafengesellschaft an die kaiserliche Militärverwaltung verpachtet werden; die Luftschiffhalle wurde um 25 m verlängert und in der Höhe und Breite auf je 26 m erweitert. Das Luftschifferbataillon 4 kehrte dann aus Metz und Köln zurück, und Gotha wurde zum Militärflugplatz für Luftschiffe, die aber nur noch selten hier ankerten. Flugzeuge aus Gotha hatten ihnen den Rang abgelaufen.

Der Gothaer Flugzeugbau

Am 1. Juli 1898 war aus Fritz Bothmann & Glück AG als Neugründung die Gothaer Waggonfabrik vorm. Fritz Bothmann & Glück Actien-Gesellschaft hervorgegangen; 1900 waren L. Glück und 1900 F. Bothmann ausgeschieden, nachdem A. Kandt als neuer Direktor berufen worden war. Er hatte 1912 die neue Abteilung gegründet, in der mit dem Bau der Gothaer Flugzeuge begonnen wurde. Dafür wurde das Baugelände an der Kindleber Straße erweitert, Flugzeughallen und ein Flugplatz angelegt. Zuerst wurde mit dem Nachbau einer modifizierten Berliner Rumpler-Taube begonnen, deren Nachfolger als „Gotha Taube" bekannt wurde. Der erste Prototyp startete am 24. April 1913 erfolgreich auf dem Exerzierplatz am nahen Krahnberg. Sensationell war der Nachtflug von Ernst Schlegel am 21./22. Oktober 1913 über 800 km nach Königsberg (Ostpr.). 1914 wurde er bei einem Wettbewerb mit seiner Gotha-Taube Sieger. Dadurch konnte die Fabrik den ersten Großauftrag für Militärflugzeuge erhalten.
Die Bewährung kam dann im Ersten Weltkrieg, als in den ersten Monaten die Gotha-Taube bei Luftkämpfen erfolgreich war. Am 2. September 1914 flog der Luftbeobachter Roos von einem Feldflugplatz in Nordfrankreich über den Kanal nach Dover (Südengland) und warf dort die ersten deut-

schen Bomben ab. Bau und Weiterentwicklung von Flugzeugen nahmen seitdem in Gotha einen großen Aufschwung. Neue Typen wie Doppeldecker mit Stahlrohrrahmen und Großflugzeuge mit vier bis fünf Mann Besatzung, Wasserflugzeuge für die Seeaufklärung und der am meisten gebaute Langstreckenbomber G V, der 1917 über London im Einsatz war, sowie das erste Torpedoflugzeug für die Kriegsmarine wurde 1916 hier und weitere davon in Warnemünde serienmäßig gebaut. Insgesamt wurden 583 Flugzeuge in 19 verschiedenen Flugzeugtypen in der Gothaer Waggonfabrik gebaut und sind als „Die GOTHAS“ international bekannt geworden, zumal sie z. T. auch nach Österreich-Ungarn und in die Türkei geliefert wurden.
Schon 1904 und 1908 hatte es Streiks gegeben, jedoch die allgemein schlechte Versorgungslage und die Forderung nach baldigem Frieden 1918 führte zu einem mehrtägigen Streik von 2500 Arbeitern in acht Fabriken (31. Januar bis 3. Februar), der aber wenig an der Situation geändert hat. Denn schon seit April/Mai 1916 waren Lebensmittel rationiert, dazu kamen später weitere Einschränkungen, u. a. im Kohlenhandel und im Gasverbrauch. Aber der Geschäftsbericht der GWF von 1918 (für 1917) hat Betriebsausgaben für „Wohlfahrtszwecke (Kleinkinderschule, Kinderhort) in Gotha von 200 000 Mark ausgewiesen, da unter den heutigen schwierigen Zeitverhältnissen … die Pflege der Jugend dringender Unterstützung bedarf.“ Erst am 11. November 1918 beendete der Waffenstillstand von Compiègne den Krieg. Mit dem Friedensvertrag von Versailles (28. Juni 1919), der am 10. Januar 1920 in Kraft trat und über 1330 Paragrafen enthielt, kam mit der totalen Abrüstung Deutschlands das Ende der Produktion von Kriegsflugzeugen (Art. 198) auch in Gotha und damit deren Auslieferung sowie der Luftschiffe und des zugehörigen Ausrüstungsmaterials (Art. 202) an die Alliierten. Die Luftschiffhallen am Seeberg mussten vollständig abgebrochen werden. Weil die Reichsbahn Tausende von Lokomotiven und Waggons als Reparationsleistungen an Frankreich abliefern musste, hat sie einen Teil von Instandsetzungsarbeiten ihres Wagenparks vertraglich an die Gothaer Waggonfabrik abgegeben, wobei arbeitslos gewordene Flugzeugbauer wieder arbeiten konnten.

Neue Bauten in der Stadt

Auch nach der Jahrhundertwende entwickelte sich Gotha weiter. So stiegen die Einwohnerzahlen seit 1895 von 31.678 auf 42.889 im Jahre 1919 an, und fast in jedem Jahr entstanden neue repräsentative Gebäude sowie zahlreiche Wohnungsneubauten in allen Stadtvierteln. Ende 1908 wurde

der Gothaer Bau- und Sparverein gegründet, der in der Erfurter Vorstadt (Stein-, Vereinsstraße) zahlreiche Arbeiterwohnungen gebaut hat, ein halbes Jahr später die Gothaer Baugenossenschaft für Beamte und Arbeiter der Eisenbahn-Verwaltung. Dazu kamen noch viele Mietwohnungen, deren Eigentümer Handwerksmeister und andere Unternehmer waren; davon wurden manche Hausfassaden mit Elementen des Jugendstils verziert.
Zu den öffentlichen Bauten gehörte das Stadtbad im Jugendstil (1905–1908), der Neubau der Sparkasse für das Herzogtum Gotha (1906) und die Ausstellungshalle des Kunstvereins (1907) am Schloss Friedenstein. Ein ungewöhnliches Ereignis war die Einweihung der Synagoge der damaligen Isrealitischen Kultusgemeinde am 11. Mai 1904 in Anwesenheit des gothaischen Staatsministers, der Pfarrer der evangelischen und der katholischen Kirchgemeinde und des Oberbürgermeisters Liebetrau. Seit 1847 besaßen hier die Juden Gewerbefreiheit und waren durch die Verfassung von 1852 auch bürgerlich-rechtlich gleichgestellt; 1875 konnten sie ihren eigenen Friedhof an der Eisenacher Straße/Klinge eröffnen, der noch erhalten ist. Ungewöhnlich war auch die Sternwarte am Galberg, die sich der Mathematikprofessor am Gymnasium und Astronom Carl Rohrbach (1861–1932) für seine privaten Beobachtungen 1904/05 hat bauen lassen; auf seine Initiative und unter seiner Leitung erhielt die (Ober-) Realschule an der Eisenacher Straße ein modernes Gebäude mit einer Sternwarte (1909–1911), außerdem hat er von 1897 bis 1906 die vakante staatliche Sternwarte nebenberuflich verwaltet und einen Himmelsglobus erarbeitet. Sein Sohn Adolf Rohrbach (1889–1939) war als Flugzeugkonstrukteur neben Dornier und Junkers bahnbrechend im Ganzmetallbau (1922 Gründung seiner Rohrbach-Metall-Flugzeugbau GmbH).
Nicht in Gotha, aber für die Wasserversorgung der wachsenden Residenzstadt wichtig war der Bau des Stauweihers (Talsperre) bei Tambach-Dietharz, den der Leiter des Wasserwerks, Ing. Hugo Mairich (1863–1902), projektierte, aber nicht mehr erlebte: Am 21. Juli 1902 starb er bei einem tragischen Verkehrsunfall. Nach langen Verhandlungen und Widerständen begannen die ersten Bauarbeiten 1903, am 7. Juli 1906 konnte die Talsperre als erste in Thüringen in Betrieb genommen werden (Fassungsvermögen/Nutzraum: 775.000 cbm).
Die hiesige Straßenbahnlinie (seit 1894) Bahnhof-Waltershäuser/Anfang Cosmarstraße musste schon zwei Jahre später bis zur Dorotheenstraße verlängert werden; am 15. Mai 1902 wurde nach Verlängerung der Strecke über Dorotheenstraße-Reinhardsbrunner-Parkstraße-Bahnhof der durchgehende Ringverkehr eingeführt. Mitte Oktober 1911 wurde die Anschlußlinie Arnoldiplatz-Friedhof V (heute Hauptfriedhof) eröffnet. 1912 begann

der Bau der Wagenhalle für die Gothaer Straßenbahn am Stadtrand Walterhäuser Straße für die Wartung des Wagenparks, die am 27. Dezember 1913 in Betrieb genommen wurde.
Schließlich müssen auch zwei Einzeldenkmale genannt werden. Am 4. September 1904 wurde das repräsentative Denkmal für Herzog Ernst den Frommen (1601–1675), Herzog von Sachsen-Gotha-Altenburg und Stammvater der ernestinischen Fürsten in Thüringen, feierlich enthüllt, nachdem schon am 25. Dezember 1901 in Anwesenheit Kaiser Wilhelms II. mit einem Festakt im Thronsaal des Schlosses Friedenstein an den 300. Geburtstag des ersten Gothaer Herzogs erinnert wurde. Die Errichtung des Denkmals wurde durch zahlreiche Spenden (rd. 37.000 Mark) finanziert. Der Bau des anderen Denkmals ist dem verdienstvollen Gothaer Senator Joh. E. Freund (1834–1903) zu verdanken. Er hatte mit seinem Nachlaßvermögen, neben sozialen Einrichtungen und für den Bau des Stadtbades, auch 6000 Mark für den Bau des nach ihm benannten „Freundturmes" verfügt, der am 13. Juni 1914 an der Eisenacher Straße (Trügleber Höhe) eingeweiht wurde und ein weithin sichtbares Wahrzeichen Gothas ist.

Gothaer Kulturleben

Auch in dieser Periode war die Spielzeit des Coburg-Gothaer Theaters während des Winterhalbjahres in Gotha (September bis Mai). Das ganze Ensemble reiste mit der Hofkapelle von Coburg nach Gotha und danach zurück, was entsprechende Reisekosten verursachte. Das Ensemble bestand aus 16 Schauspielern, 15 Opernsolisten, 34 Musikern und 37 Choristen. Das Repertoire (Aufführungsverzeichnis) enthielt damals je Spielzeit über 100 Aufführungen von der Klassik bis zur Gegenwart, für besondere Anlässe, wie Premieren, wurden Gäste von großstädtischen Bühnen, auch aus Berlin, gewonnen. Höhepunkte waren u. a. verschiedene Wagner-Opern zum 30. Todestag des Komponisten (1913). Seit 1897 gab es hier auch acht Volksvorstellungen pro Saison zum Preis von 40 Pfennigen auf allen Plätzen (Oper, Operette, Schauspiel), damit war das Coburg-Gothaer Hoftheater eines der ersten, das den Empfehlungen der Besucherorganisation „Freie Volksbühne" folgte. Aus dem Theaterleben hat später der Intendant P. von Ebart, (1889–1893, 1905–1909) in seinen Erinnerungen (Coburg 1927, Berlin 1928) berichtet.
Im Musikleben der Residenzstadt spielt die „Liedertafel", die seit 1881/82 unter der Leitung von Musikdirektor Ernst Rabich (1856–1933) stand, eine dominierende Rolle. Rabich war nicht nur Musik- und Gesangslehrer am Lehrerseminar und Gründer und Leiter des von ihm 1884 gegründeten Kirchengesangsvereins, sondern auch Komponist zahlreicher Chorwerke und

Lieder, Musikschriftsteller und Herausgeber der „Blätter für Haus- Kirchenmusik“ (1897–1914). Für seine großen Konzertabende konnte er den Komponisten Max Reger aus Meiningen und den Thomaskantor Karl Straube aus Leipzig gewinnen. Auch über die Residenzstadt hinaus ist er mit seinen Sängerfesten bekannt geworden, so mit den Thüringer Sängerfesten 1906 und 1910, und war auch erfolgreich auf Sängerwettbewerben in Wiesbaden und Kassel, wie seine Festschriften für die Liedertafel (1887, 1912) und den Musikverein (1883, 1918) zeigen. Auch in der Kriegs- und Nachkriegszeit ist Rabich mit der „Liedertafel“ erfolgreich geblieben.

Mit der Eröffnung des ersten ständigen Kinos am 8. Oktober 1908 im Restaurant „Concordia“ (Cosmarstraße/Ecke Reinhardsbrunner Straße, später „Weiße Wand“) kam ein neues kulturelles Medium in die Residenzstadt, in dem in einer Vorstellung 10–12 Kurzfilme gezeigt wurden. Nachdem das Restaurant „Steinmühle“ 1910 für Kinofilme erworben worden war, zeigte hier seit 1912 das Kinematographentheater von Paul Munk mit dem neuesten Projektor „Matador 1911“ auf Silberleinwand Kinofilme, wobei jeweils am Sonnabend und Mittwoch Programmwechsel war. Auch am Mohrenberg (Cinephon-Theater) und am Hauptmarkt (Scherfs Bioscop-Theater) wurden seit 1910 Kinofilme gezeigt. Schließlich fanden sogar im 1911 erbauten Schlosshotel (vorher „Bayerisches Bierhaus“) ab 1912 Kinovorführungen statt.

Immer noch war die Residenzstadt Gotha mit ihrer Gastronomie auch als Kongressstadt beliebt, wie die folgenden Tagungen zeigen. Ende Mai 1901 fand hier die Jahresversammlung der Vereinigung deutscher Bibliothekare in der herzoglichen Bibliothek auf Schloss Friedenstein statt, am 23. Februar 1902 die Generalversammlung der Deutschen Friedensgesellschaft, die hier mit einer 1896 gegründeten Ortsgruppe vertreten war. Als danach ihr Vorsitzender, der Geomagnetiker und Lehrer am Gymnasium Ernestinum, Prof. Adolf Schmidt, nach Potsdam berufen wurde, ernannten ihn die Mitglieder zu ihrem Ehrenvorsitzenden. Vom 20.–23. Mai 1909 tagte hier der IV. Deutsche Esperantisten-Kongress. Die Gothaer Esperanto-Ortsgruppe hatte dazu eine Festschrift mit Beiträgen ihres Vorsitzenden Prof. Dr. Rohrbach, Prof. Dr. A. Schmidt, dessen Bruder Esperanto-Schriftsteller war, und einem Gedicht von Prof. K. Laßwitz herausgegeben. Damals hatte auch das Staatsministerium durch Erlass die Genehmigung zur Einführung des wahlfreien Esperanto-Unterrichts an den Handelsschulklassen der Realschulen, außerdem auch für die Zulassung von Mädchen zum Gymnasium gegeben. 1910 fand hier auch der 24. Verbandstag der Deutschen Schwimmvereine statt und im Oktober 1912 die 10. Generalversammlung des Bundes der Deutschen Frauenvereine, auf dem die Vorsitzende Dr. Gertrud Bäumer (1873–1954), neben Helene Lange eine der führenden Frauenrechtlerinnen, das Hauptreferat „Warum müssen Frauen Politik betreiben?“ hielt. Auch in Gotha gab es einen aktiven Frauenhilfsverein, der 1871 durch den Zusammenschluss von zwei Frauenvereinen entstanden war.

Am 22. Juni 1909 war der langjährige Chefredakteur des „Gothaischen Tageblatts“ August Specht nach längerer Krankheit gestorben, der diese Zeitung zu einem modernen liberalen Presseorgan gemacht hatte und ein beliebter Theater- und populärwissenschaftlicher Schriftsteller war. Am 19. Oktober 1910 war mit Kurd Laßwitz ein weiterer Gothaer Schriftsteller gestorben, der sowohl zahlreiche utopische Romane und Erzählungen, darunter den erfolgreichen Roman „Auf zwei Planeten“ (1897), als auch zahlreiche philosophiegeschichtliche Bücher und Aufsätze verfasst hat. Im April 1884 war er zum Professor und im August des gleichen Jahres zum Mitglied der Kaiserlichen Akademie der Naturforscher „Leopoldina“ ernannt worden. Damals hat er auch die literarisch-wissenschaftliche Mittwochs-Gesellschaft gegründet, in der er bis zu seinem Tod über 50 Vorträge und literarische Lesungen gehalten hat.

Gotha – Schlosshotel – erbaut 1911.
Postkarte vom Kunstverlag A. Grimm, Gotha.

Das Bürgertum der Residenzstadt Gotha vor 1918

An der Spitze der Stadtverwaltung stand der Oberbürgermeister Otto Liebetrau, dem sechs Senatoren (Stadträte) beigeordnet waren, deren Zahl 1904 wegen der wachsenden Aufgaben um zwei weitere Senatoren erweitert wurden. Sie standen verschiedenen städtischen Kommissionen vor, soweit nicht der Oberbürgermeister den Vorsitz bekleidete. Dem Stadtparlament gehörten seit 1858 nur noch 24 Stadtverordnete an, von denen alljährlich ein Viertel ausschieden und – soweit nicht wiedergewählt – durch Ersatzmänner abgelöst wurden. Die Sitzungen waren öffentlich. Die soziale Zusammensetzung beider Gremien war gut bürgerlich, d. h. ihnen gehörten Fabrikbesitzer, Kommerzien- und Medizinialräte, Kaufleute und Beamte an. Der Stadtverordnetenversammlung gehörten zeitweilig auch ein Landwirt und 1914/15 als Arbeiter ein Eisenhobler an, der aber kein Sozialdemokrat war. Denn im Gegensatz zum Gothaer Landtag war es den Sozialdemokraten vor 1918 nie gelungen, einen ihrer Kandidaten in dieses Gremium zu bringen.

An bürgerlichen politischen Parteien waren damals die „Freisinnigen" oder Linksliberalen und die Nationalliberalen vertreten, eine dritte Gruppe bildeten die Konservativen. Die Freisinnige Volkspartei war 1893 durch Zusammenschluss entstanden, die sich 1910 der Fortschrittlichen Volkspartei als Vereinigung linksliberaler und bürgerlich-demokratischer Kräfte anschloss. In Gotha gehörten der Oberbürgermeister Liebetrau und der Senator Moßler den Linksliberalen an und beeinflussten mit anderen Honoratioren der Stadt die politische Haltung der Bürger. Seit 1908 unterhielt die Partei bis 1918 ein Sekretariat, das bei Wahlen aktiv wurde; aber es fehlte an einem festen Mitgliederstamm. Die „Freisinnigen" waren in Banken und Versicherungen, in der Leichtindustrie und im gewerblichen Mittelstand sowie unter Beamten und Lehrern vertreten.

Die Nationalliberalen traten bis vor der Jahrhundertwende mit den Konservativen gemeinsam in der „Nationalen Landesvereinigung" auf, als sich die Letzteren von ihnen trennten. Sie stürtzten sich auf die größeren und mittleren Unternehmer in der Stadt sowie auf Beamte und Gymnasiallehrer und hatten wichtige Positionen inne. Weder das Verhältnis zu Preußen noch die Konfession spielten hier eine Rolle. Jeder Bürger entschied sich nach eigenem Ermessen für die eine oder andere Partei oder wechselte auch seine Zugehörigkeit.

Die Konservativen bildeten die dritte Partei des Gothaer Bürgertums und hatten seit der Jahrhundertwende gegenüber den Liberalen insgesamt an Bedeutung gewonnen. Sie hatten ihren „Landesverein Bismarck" gegründet und sich mit dem auf dem Land starken „Bund der Landwirte“ verbündet. Im Vorstand dieser 1893 gegründeten Großagrarierpartei war von 1898 bis 1920 C. Freiherr von Wangenheim. Auch diese Partei hatte Mitglieder, aber keinen festen Stamm, und Anhänger aus dem Umfeld des Hofstaates. Alle drei politischen Parteien waren sich aber in der scharfen Abgrenzung gegenüber der Sozialdemokratie einig. Andererseits waren sie bei der Umsetzung ihrer Interessen in konkrete Politik auf guten Willen der Landesregierung bzw. des Stadtrats angewiesen.

Verbände, Vereine und Strömungen

In der Kommunalpolitik wurden die Wählerinteressen nicht von den bürgerlichen Parteien, sondern von den großen Verbänden vertreten, wobei die unteren Schichten durch die Stadtverfassung von 1832 ohnehin vom Wahlrecht ausgeschlossen waren. Nur knapp 5% der Bürger besaßen damals das Wahlrecht. Die mächtigsten Verbände waren der Gewerbeverein von 1823 und der Haus- und Grundbesitzerverein von 1895. Letzterer hatte 1914 rd. 750 Mitglieder und nahm u. a. auch Einfluss auf den Wohnungsbau in der Residenzstadt, wobei die Oberschicht ihre Villen im Westen hatte, während die Arbeiterwohnungen im Osten, wo auch die Industrie lag, und in geringerem Umfang auch im Süden der Stadt lagen. Der Gewerbeverein war mit 8–900 Mitgliedern die Dachorganisation für die Handwerksbetriebe, Händler und Gastwirte und bot seinen Mitgliedern neben geselligen Veranstaltungen auch informative Veranstaltungen, u. a. Ausstellungen und Arbeitsvermittlungen. Dabei hatten auch Handwerksmeister als Unternehmer die Möglichkeit, in die Honoratiorenschicht aufzusteigen. „Die gesamte bürgerliche Oberschicht der Stadt kam in ihrer reinsten Prägung in der Loge „Ernst zum Compaß“ zusammen … und glich unterschiedliche Positionen und Interessen ab“ (H. Matthiesen).
Zu den bisherigen Vereinen waren seit 1900 auch einige Sportvereine dazu gekommen. So der „Turnverein Jahn“, der „Arnoldi Turn- und Sportverein 1901“, mit Fußball-Club, eine Tennis-Vereinigung (1905), der Schwimmverein (1906), der Sportverein „Wacker“ (1907) und ein Wintersportverein im Deutschen Skiverband (1910). Damals wurde auch die Sportanlage „Volkspark“ an der Leinefelder Straße begonnen und später erweitert. Außerdem gab es auch Arbeitersportvereine. Ende September 1912 wurde auf Initiative des Herzogs Carl Eduard der exklusive „Hzgl. Automobil-Club Gotha“ gegründet, dem 12 Automobilbesitzer aus Gotha, sechs aus Waltershausen und 12 weitere auswärtige Autobesitzer beitraten; am Jahresende waren es 54 Mitglieder.

Das Gothaer Bürgertum und seine Vereine waren mehr oder weniger von der Ideenwelt des Nationalismus erfasst, die auf die Ausgrenzung von inneren Feinden (Sozialdemokratie) und von vermeintlich äußeren Feinden des Kaiserreichs zielte – es war patriotisch. Das wird besonders deutlich an den Sedanstagen am 2. September, an denen an die Kapitulation Kaiser Napoleon III. von Frankreich und seiner Armee (1870) mit festlichen Umzügen, Dankgottesdiensten und Schulfeiern erinnert wurde. Daran beteiligten sich neben der angesehenen Gothaer Altschützen-Gesellschaft, die 650 Mitglieder hatte, auch die Militärvereine wie der Landwehrverband von 1867, der Verein der ehem. 95er, der Garde- und Kavalleristen-Verein und der Marineverein sowie Turnvereine und verherrlichten damit das Wilhelminische Kaiserreich. Bei besonders angesehenen Vereinen gehörten die Vorstände der städtischen Oberschicht an, die es als ihre Ehrenpflicht ansahen, Ämter wie den Vorsitz als Ehrenämter anzunehmen und sich dabei auch finanziell zu engagieren.

Schon vor dem Krieg war in Gotha der Nationalismus teilweise völkisch gefärbt und enthielt auch antisemitische Strömungen. Das hat sich nicht in den Wahlergebnissen nieder geschlagen, weil diese Strömungen in Stadt und Land mit der konservativen Partei und einzelnen ihrer Honoratioren

Um 1914 am Eingang des Schloss Friedenstein.

verbunden waren. So gab es hier seit 1899 eine Ortsgruppe des „Alldeutschen Verbands“, der u. a. die „Förderung deutscher Interessenpolitik in Europa und Übersee … und der deutschen Kolonialbewegung“ forderte, als entschiedener Gegner der Sozialdemokratie und als Hauptvertreter des Antisemitismus auftrat. Seit 1908 gab es hier auch eine Gemeinde des antisemitischen „Deutschbundes“, dessen 100 Mitglieder (1912) aus dem Bildungsbürgertum kamen, u. a. auch aus der kartographischen Anstalt Justus Perthes und deren Mitarbeiter Prof. Dr. Paul Langhans die Gothaer „Gemeinde“ leitete. Aber wichtige Honoratioren aus dem Stadtbürgertum fehlten hier, dagegen besuchte Herzog Carl Eduard mehrmals Veranstaltungen dieser „Gemeinde“ (H. Matthiesen). Diese nationalsozialistischen Strömungen treten in der Nachkriegszeit wieder auf.

Carl Eduard von Sachsen-Coburg und Gotha (links) im Manöver in Husaren-Uniform (Sachsen).

Gotha im Ersten Weltkrieg

Von Anfang an hat der Krieg das Leben in der Residenzstadt Gotha verändert. Mit der Bekanntgabe der Mobilmachung am 1. August 1914 entstand eine heute kaum noch zu begreifende Kriegsbegeisterung als „Hurra-Patriotismus“, die breite Kreise der Bevölkerung erfasste. Dagegen hatten schon am 30. Juli im Garten des Volkshauses „Zum Mohren“ einige hundert sozialdemokratische Arbeiter gegen die drohende Kriegsgefahr demonstriert. In den ersten Kriegstagen wurden 1200 Soldaten mit 450 Pferden einquartiert und der Eisenbahnverkehr bis zum 24. August nur noch für Truppentransporte benutzt. Am 6. August zog das I. (Gothaer) Bataillon des Infanterie-Regiments Nr. 95 zum Bahnhof, um bei Namur (Belgien) eingesetzt zu werden. Am nächsten Tag meldeten sich 2400 Kriegsfreiwillige auf dem Kasernenhof in der Bürgeraue, darunter auch zahlreiche Abiturienten aus den Gymnasien im Gothaer Land, die einige Tage vorher das Notabitur abgelegt hatten. Andere Schüler halfen bei der Einbringung der Ernte mit. Schon am 14. August trafen die ersten Verwundeten ein, die in der Kaserne II, in der Landwirtschaftlichen Winterschule und in Gaststätten (Schießhaus, Zum Schützen, Parkpavillon) als Hilfs- bzw. Reservelazarette untergebracht wurden. Anfang September wurde im Dachgeschoss des Schlosses Friedenstein ein weiteres Lazarett eingerichtet. Auch die ersten Kriegsgefangenen waren damals eingetroffen. Siege an der Front wurden mit Beflaggung, Dankgottesdiensten und Glockengeläut gefeiert.

Ein städtischer Hilfsausschuss für Notleidende, eine freiwillige Krankenpflege und ein Frauenhilfsverein waren gegründet worden, und die Ortsgruppe des Roten Kreuzes sammelte Geldspenden für Liebesgaben für Verwundete. Dazu kamen die Eröffnung einer Nähstube und im Wilhelm-Lang-Stiftungshaus eine Volksküche. Nachdem schon am 16. August im Rathaus erste Verhandlungen über eine Regulierung von Lebensmittelpreisen stattgefunden hatten, wurde Mitte Oktober ein städtischer Ausschuss zur Beschaffung von Lebensmitteln gegründet und am 31. Oktober der Preis für Kartoffeln behördlich festgesetzt (3,50 Mark für einen Zentner/ 50 kg). Noch vor Weihnachten waren alle Hoffnungen auf ein baldiges Kriegsende verflogen, weil die großen Offensiven an beiden Fronten in Frankreich und Russland nicht die geplanten strategischen Erfolge erbracht hatten und die Kampfhandlungen weitgehend im Stellungskrieg erstarrt waren.

Das Kriegsjahr 1915 brachte für die Einwohner Gothas erhebliche Einschränkungen. Im Februar wurden nach einer Ermittlung der Getreide- und Mehlvorräte in Geschäften und Haushalten Brotmarken eingeführt und die

wöchentliche Brotration auf 2 kg pro Person festgesetzt. Im März wurde eine Bestandsaufnahme der Kartoffelvorräte durchgeführt, im Mai der Brotpreis auf 20 Pfennige je Pfund (= 500 g) herauf gesetzt und am Monatsende erstmalig ein Verbot des Kuchenbackens verkündet. Im November wurden zwei fleischlose Wochentage (jeweils Dienstag und Freitag) eingeführt. Anfang Juli mussten auch Gegenstände aus Kupfer, Messing und reinem Nickelmetall, danach auch Blei, Zinn und andere Buntmetalle abgeliefert werden. Danach erfolgte eine Erhebung und Beschlagnahme von Kautschuk sowie Halb- und Fertigprodukten daraus. Im Dezember wurde das Münzgeld durch die Ausgabe von Eisengeld ersetzt. Ein besonderes Ereignis war die „Nagelung" des Modells einer „Eisernen Gotha-Taube" mit Eisennägeln am 26. September 1915 oberhalb des Orangeriegartens als Symbol für die eiserne Kriegszeit. Bei der Einweihung schlug die Herzogin Victoria Adelheid von Sachsen-Coburg und Gotha (1885–1970) den ersten Nagel ein. Im Sommer wurden wieder einige Kriegserfolge an der Ostfront mit Flaggenschmuck, Glockengeläut und Schulausfall gefeiert.
Auch das Jahr 1916 war von weiteren Einschränkungen geprägt. Nach der Gründung des Städtischen Lebensmittelamts am 10. März wurden im April Butter, Fett und Zucker sowie Seifen rationiert. Am 4. Mai wurden Fleischmarken, im September Bezugsscheine für Kartoffeln und am 21. Oktober Eierkarten eingeführt. Am 1. August wurden Bezugsscheine für Textilien ausgegeben und im Rathaus eine Bekleidungsstelle eingerichtet. Auch Sammelaktionen von Altpapier, Konservendosen, Alttextilien u. a. wurden durchgeführt. Außerdem wurde zu Spenden für die Hinterbliebenen von Gefallenen, deutsche Kriegsgefangene und Zivilinternierte im Ausland aufgerufen. Am 1. Mai wurde erstmalig die „Sommerzeit" eingeführt. Seit dem 10. Oktober wurden Bahnarbeiterinnen im Bahnunterhaltungs- und Bahnwärterdienst sowie als Weichenstellerinnen eingestellt, weil es an männlichen Arbeitskräften fehlte. Am 15. Dezember wurde die Polizeistunde auf 22 Uhr festgesetzt und am 21. Dezember der Straßenbahnverkehr zwischen Bahnhof und Lehrerseminar (Reinhardsbrunner Straße) eingestellt. Der Winter 1916/17 blieb bei vielen Gothaern als „Steckrübenwinter" noch lange in bitterer Erinnerung.
Im Kriegsjahr 1917 verschlechterte sich die wirtschaftliche Lage in der Stadt weiter. Wegen Kohlenmangels wurde nicht nur am 25. Januar das Stadtbad bis Mitte Mai geschlossen, sondern auch die Schulen im Februar und zeitweilig auch eine Reihe von Lazaretten sowie das Hoftheater; auch die Straßenbeleuchtung wurde eingeschränkt und ab 25. September brannten nur noch 35 von 813 Gaslaternen an Straßen und Plätzen. Am 16. April wurde wieder die Sommerzeit bis 17. September eingeführt. Völlig neu

war die Einstellung von Straßenbahnführerinnen, weil es an männlichem Personal fehlte. Ab 15. Oktober wurde der Straßenbahnbetrieb zwischen Löwenstraße und Dorotheenstraße eingestellt, nachdem am 1. Oktober auch der Verkehr von Personenzügen eingeschränkt worden war. Am 10. November wurde das Reservelazarett im Schießhaus geräumt, um Heizung und Licht einzusparen. Andere Sparmaßnahmen waren ein neues Kuchenbackverbot Ende April und die Einschränkung des Gasverbrauchs ab 11. August. Damals mussten auch die Kirchenglocken und Orgelpfeifen als Buntmetall abgeliefert werden. Dagegen wurden militärische Erfolge mit öffentlicher Beflaggung und mit Schulausfall gefeiert. Der 70. Geburtstag des Generalfeldmarschalls Paul von Hindenburg, der mit dem General Erich Ludendorff die oberste Heeresleitung führte, war am 2. Oktober Anlass, ihn zum Ehrenbürger Gothas zu ernennen und die Bahnhofstraße nach ihm zu benennen. Der Gothaer Oberbürgermeister Liebetrau reiste später ins große Hauptquartier im belgischen Badeort Spa, um die Urkunde über das Ehrenbürgerrecht Hindenburgs in 83 thüringischen Städten zu überreichen. Zu den patriotischen Aktionen gehörten auch die Zeichnung auf Kriegsanleihen sowie der Ankauf von Gold (Münzen u. a.) durch die hiesige Reichsbanknebenstelle.

Das letzte Kriegsjahr 1918 wurde noch härter. Nicht nur dass die Paketpostbestellung wegen fehlender Pferde im März ausfiel, es erfolgte eine Beschlagnahme von Gegenständen aller Art aus Buntmetall, und im Juli wurden die Nickelmünzen eingezogen. Im August wurde eine fleischlose Woche proklamiert und ab 5. Oktober die Gaslieferung vorübergehend gesperrt. Vom 25. Oktober bis 11. November wurden die Schulen während einer Grippeepidemie geschlossen. Ab 1. November wurde städtisches Notgeld ausgegeben. In den meisten Fabirken und Werkstätten war die Arbeit auf Rüstungsproduktion umgestellt worden, der Arbeitstag dauerte von Montag bis Samstag zwölf Stunden. Die allgemeine Versorgungslage mit Lebensmitteln war immer schlechter geworden, weil die Ernten wegen fehlender männlicher Arbeitskräfte niedriger als in den früheren Friedensjahren ausgefallen waren. Je mehr Männer zum Kriegsdienst eingezogen worden waren, um so mehr Frauen wurden in Fabriken und Behörden eingestellt, während in Handwerksbetrieben und Geschäften oft Frauen allein den Betrieb weiterführen mussten. Auch in den Lazaretten und im Bahnhofsdienst waren es Frauen, die als Krankenschwestern und Helferinnen einen langen Arbeitstag hatten. Dazu kam aber auch, dass viele Männer gefallen waren oder schwerverletzt zurück kamen. Das alles erzeugte nicht nur eine Kriegsmüdigkeit, sonder der Ruf nach einem baldigen Kriegsende wurde immer lauter, vor allem in der Arbeiterschaft.

Das 95er Regiment an der Front

Nach schweren Kämpfen im August 1914 wurde das Gotha-Coburger Regiment Nr. 95 im September in Ostpreußen in verlustreichen Kämpfen an den Masurischen Seen und im Oktober in Südpolen an der Weichsel und im November in Stellungskämpfen vor Lodz eingesetzt, das am 6. Dezember eingenommen wurde. Nach Stellungskämpfen bei Rawa (ö. Lodz) bis Juni 1915 folgte der Einsatz in der erfolgreichen Sommeroffensive ab 13. Juli in Nordpolen, danach bei Kämpfen um Pultusk am Narew und im August um Warschau und bei Bialystok und im September bei Grodnow am Njemen.
Danach wurde das Regiment an die Westfront in Nordfrankreich verlegt, wo es bis zum Mai 1916 im Stellungskrieg bei Noyon blieb. Danach erlitt es vom 13. Mai bis 6. Oktober auf der Höhe 304 vor Verdun bei der Abwehr starker französischer Angriffe schon in der ersten Woche schwere Verluste (über 1000 Mann), bis zur Ablösung am 6. Oktober insgesamt fast doppelt so viel. Danach wurde es an der Somme bei Péronne eingesetzt, wo es am 11. November durch einen englischen Großangriff nach schwerem Trommelfeuer der Artillerie vernichtet wurde. Danach wurde es neu aufgestellt und kam Mitte Januar 1917 in Stellungskämpfen westlich von Bapaume (nö. Amiens) zum Einsatz. Nach Gefechten an verschiedenen anderen Orten gab es von Mitte März bis 4. Mai Kämpfe vor der deutschen Siegfriedlinie, westlich von Cambrai. Am 16. Mai nahm das Regiment an der Frühjahrsschlacht bei Arras und seit dem 31. Juli gegen den englischen Großangriff bei Ypern (Jeper/W.-Flandern) teil und verlor in der Augustwoche 996 Mann. Nach dreiwöchiger Ruhe im Lager bei Antwerpen gab es wieder Stellungskämpfe bis Mitte Dezember. Nach der Rückkehr am 11. Januar 1918 an die Front und zur Ausbildung der Truppe wurde das Regiment am 10. April in der „Großen Schlacht in Frankreich“ um Lille eingesetzt, wobei es bis zum 4. Mai wieder 626 Mann verlor. Nach der letzten Parade von Herzog Carl Eduard an dessen Geburtstag (19. Juli) fuhr das Regiment am 8. und 9. August auf LKW zur Abwehrschlacht zwischen Somme und Oise (Nordfrankreich), das nach einem Frontdurchbruch der Engländer am 18. September und bei einem weiteren englischen Großangriff am 8. Oktober fast völlig aufgerieben wurde. Der neugebildete Rest von zwei Bataillonen zog sich am 14. Oktober nach Belgien an die Schelde und Anfang November auf die „Hermann II-Stellung“ zurück. Kurz darauf beendete der Waffenstillstand der Alliierten im Wald von Compiègen (Oise) am 11. November die militärischen Kampfhandlungen. Ab 13. November zogen die Reste des 95er Regiments über Brüssel und Lüttich zurück und trafen am 16. Dezember in Gotha ein. Es hatte in 52 Kriegsmonaten über 3600 Soldaten verloren, darunter 1224 Männer aus der Residenzstadt Gotha und 96 Männer aus Siebleben. –

Die Gothaer Sozialdemokratie im Krieg

Nach der Aufhebung von Bismarcks Sozialistengesetz (1890), das die Gothaer Sozialdemokratie trotz Verbot und Verfolgung unter der Führung ihres Vorsitzenden und Reichstagsabgeordneten Wilhelm Bock gut überstanden hatte, wurde sie wieder aktiv. Noch im gleichen Jahr gründete er das „Gothaer Volksblatt", 1896 fand in Siebleben ein Parteitag der Sozialdemokraten statt, und 1907 erwarb er für Partei und Gewerkschaft des Gasthaus „Zum Mohren" (später „Volkshaus zum Mohren") als Zentrum und Sammelpunkt. Die in Partei und Gewerkschaft organisierte Arbeiterschaft hatte sich schon in den Vorkriegsjahren gegen die drohende Kriegsgefahr gewandt. Nachdem am 28. Juli 1914 das Kaiserreich Österreich-Ungarn dem kleinen Serbien den Krieg erklärt hatte, protestierten am 30. Juli mehrere hundert Arbeiter im Garten des Volkshauses zum Mohren gegen die Beteiligung des verbündeten Deutschland am Krieg. Weil das Gothaer Volksblatt eine klare Haltung gegen den Krieg vertrat, wurde es Ende des Jahres unter Militärzensur gestellt, am 2. Januar 1915 zeitweilig und ab 7. Februar für die Dauer des Krieges vom Armee-Generalkommando in Kassel ganz verboten. Auf Initiative von Wilhelm Bock erschien ab März der „Generalanzeiger für das Herzogtum Gotha", der später wegen seiner Stellungnahme gegen Krieg und Militarismus unter Vollzensur gestellt und wiederholt verboten wurde.
Im gleichen Jahr hatte sich die Gothaer Sozialdemokratie der vom linken Flügel der Partei gebildeten „Sozialdemokratischen Arbeitsgemeinschaft" angeschlossen. Aus ihr ging die USDP (Unabhängige Sozialdemokratische Partei Deutschlands) hervor, deren Gründung vom 6. bis 8. April hier in Gotha von Wilhelm Bock organisatorisch vorbereitet worden war. Da alle Sozialdemokraten im Herzogtum Gotha der neuen Partei beigetreten waren, kam es hier bis 1919/20 nicht zu einer Spaltung der Partei. Unter dem Einfluss der russischen Februar-Revolution von 1917, die zur Absetzung des Zaren und zur Ausrufung der Republik geführt hatte, hatte sich die innenpolitische Lage verschärft. Am 21. April streikten in der Gothaer Maschinen-Fabrik Briegleb, Hansen & Comp. 110 von 440 Arbeitern und forderten eine allgemeine Lohnerhöhung. Ende April wurde ein Flugblatt mit dem Aufruf zum Streik und zur „Kampfdemonstration" gegen den Krieg teils durch Anschlagen, teils durch Abwurf in der Stadt verteilt. Darin wurde scharfe Kritik am Krieg und an der Hungersnot geübt. Außerdem war auch die Agitation der Parteigenossen unter der Bevölkerung Gegenstand von Berichten der Behörden. Mit einer Verfügung des Kasseler Armee-Generalkommandos vom 18. August wird unter Hinweis auf frühere Verfügungen das Erscheinen des Gothaer Generalanzeigers „bis

auf weiteres verboten". Unter dem Einfluss der Russischen Oktoberrevolution 1917 setzte eine intensive Flugblattagitation ein, mit der zum revolutionären Kampf in Deutschland aufgefordert wurde, wie ein Flugblatt mit der Aufforderung zur Friedensdemonstration am 25. November (verlegt auf den 3. Dezember) zeigt.

Das große Ereignis war dann der Januarstreik 1918, der von der Spartakus-Zentrale in Berlin organisiert, am 28. Januar ausbrach und in Gotha am Morgen des 31. Januar zunächst die drei größten Rüstungsbetriebe – Gothaer Waggonfabrik, August Blödner und Briegleb, Hansen & Co. – erfasste. Dazu waren am 25. und 26. Januar Flugblätter verbreitet worden. Streiks in weiteren Betrieben folgten, wobei in den acht bestreikten Werken insgesamt 4391 Arbeiter, darunter 1375 Jugendliche, die Arbeit niederlegten und am 4. Februar wieder aufnahmen. Ein ausführlicher Bericht darüber hat das Polizeiamt Gotha am 5. Februar nach Kassel gesandt.

Später setzte die Arbeit der USPD-Vertrauensleute im geheimen auch bei den beiden Militäreinheiten (Flieger-Ersatz-Bataillon Nr. 3, Ersatzbataillon des Thür. Infanterieregiments Nr. 95) ein. Die Leitung der Partei lag damals bei Wilhelm Bock und Emil Grabow. Dazu kam der Redakteur Cuno Blechschmidt, der in seinen Versammlungen gegen Ende Oktober, als die militärische Niederlage nicht mehr lange zu leugnen war, offen zur sozialistischen Revolution aufrief. In einer Versammlung der Gothaer USPD-Ortsgruppe am 2. Oktober wurde eine große Arbeiterdemonstration für den sofortigen Abbruch des Krieges auf den 10. November beschlossen. Die Revolution warf schon ihre Schatten auf die Residenzstadt.

Novemberrevolution 1918

Nachdem am 6. November im „Generalanzeiger" die ersten Nachrichten vom Matrosenaufstand der Kieler Kriegsmarine veröffentlicht worden waren, wuchs die revolutionäre Stimmung in der Residenzstadt. Am 8. November forderte die USPD-Fraktion im gemeinschaftlichen Landtag der Herzogtümer Coburg und Gotha das Staatsministerium auf, den Landtag unverzüglich einzuberufen, und stellte dabei ihre Forderungen nach Abdankung des Herzogs, Bildung einer sozialistischen Republik, Einführung der direkten Wahl und des Frauenstimmrechts. Daraufhin übergaben auch die bürgerlichen Landtagsabgeordneten ihre Forderungen nach Verfassungsänderungen, zu denen das Staatsministerium Stellung nehmen sollte; der Staatsminister sollte künftig vom Vertrauen des Landtags abhängig sein, die Rechte des Herzogs eingeschränkt und direkte Wahlen eingeführt werden, außerdem enthielt die Eingabe noch zehn Mindestforderungen von Verwaltungsreformen. In einem persönlichen Schreiben an den Staatsminister Hans. B. Bassewitz (1867–1949) forderte Wilhelm Bock als Landtagsabgeordneter „dringend eine gründliche Reform unserer Staatsverfassung“.

Inzwischen wählten am Vormittag des 8. November die Soldaten der Flieger-Einsatzabteilung Nr. 3 und der Infanterie-Ersatzabteilung Nr. 95 mit absoluter Mehrheit ihre Soldatenräte und brachten ihre Waffen ins „Volkshaus zum Mohren“. Die Parteifunktionäre und Arbeitervertrauensleute konstituierten sich als Gothaer Arbeiterrat, und noch am gleichen Abend vereinigten sich die Räte zum „Arbeiter- und Soldatenrat“ (ASR) und wählten den Redakteur des Gothaer Volksblatts, Otto Geithner, zum Vorsitzenden. In dieser Sitzung wurde auch beschlossen, die früher für den 10. November beschlossene Großkundgebung auf den 9. November vorzuverlegen und dazu mit einem Flugblatt „An das werktätige Volk in Stadt und Land“ aufzurufen. Um 11 Uhr fand die Kundgebung im strömenden Regen auf dem Hauptmarkt statt, wobei die Gothaer Garnison in geschlossener Formation mit roten Fahnen erschienen war. Wilhelm Bock erklärte in seiner Rede u. a., dass dem Militarismus der Todesstoß versetzt und nicht nur die Monarchie des Kaiserhauses Hohenzollern, sondern auch jede andere Monarchie in Deutschland beseitigt werden müsse, mahnte aber zur Einhaltung von Ruhe und Ordnung. Die Versammelten zogen danach zum Sitz des Staatsministers im Schloss Friedrichthal, und eine Delegation, der außer Bock, Geithner und Blechschmidt auch zwei Soldatenräte angehörten, begab sich zum Staatsminister. Hier erklärte sie den Herzog für abgesetzt, forderte aber, dass das Ministerium die Verwaltung weiterführen und Wahlen für einen Landtag vorbereiten soll. Dem sagte der Staatsminister zu, danach erstattete die Delegation den Versammelten vor dem Schloss Bericht und schloss die Versammlung. Damit hatte der Arbeiter- und Soldatenrat in Gotha von der obersten Staatsgewalt Besitz ergriffen, jedoch ohne die Staatsverwaltung zu übernehmen, diese Doppelherrschaft von ASR und Ministerium unter einem streng konservativen Staatsminister blieb bis zum Mai 1919 bestehen.

Weil sich der ASR als zahlenmäßig zu groß erwies, wählte er am 12. November aus seiner Mitte einen Vollzugsausschuss, der zwei Tage später um zwei weitere Mitglieder erweitert wurde. Auch diese Lösung war unbefriedigend, so dass am 30. November an seine Stelle mit Bock, Grabow und Schauder (letzterer aus Ohrdruf) drei „Volksbeauftragte des Staates Gotha“ traten. In der letzten Sitzung des gemeinschaftlichen Landtages am 14. November erklärte die USPD-Fraktion die Tätigkeit des Landtags für beendet. Am gleichen Tag führte der ASR Gotha mit seiner ersten amtlichen Bekanntmachung den Achtstundenarbeitstag ein und hob u. a. später auch die alte Gesindeordnung auf.

Am 18. November wurde die Stadtverordnetenversammlung für aufgelöst erklärt. Der Stadtrat unter Oberbürgermeister Liebetrau bestand aber weiter, seine Proteste gegen die Auflösung blieben ungeachtet. Gegen den Beschluß der Berliner Reichsrätekonferenz vom 19. Dezember 1918, wonach sich die örtlichen und einzelstaatlichen Räte jeder Einmischung in den gesetzlich geregelten Gang der Gemeindevertretungen, die nicht aufgelöst werden sollten, enthalten sollten, protestierte jedoch der Gothaer ASR telegrafisch am 3. Januar 1919. Weitere Beschwerden blieben aber ohne Wirkung. Inzwischen beriet der Gothaer Arbeiterrat im Januar einen Entwurf für ein neues Gemeindegesetz, dass am 4. Februar beschlossen und am 12. Februar von der Delegiertenkonferenz des ASR als Gesetz gebilligt wurde. Am 8. Januar hatte der Arbeiterrat begrenzte Geschäftsöffnungszeiten angeordnet und damit den Protest der Geschäftsleute ausgelöst, zumal das Gothaer Volksblatt weitere Maßnahmen angekündigt und sogar mit Enteignungen gedroht hatte. Als der ASR Waffen an die Mitglieder der USPD ausgab, verschärfte sich die revolutionäre Lage in der Stadt. Am 18. Februar marschierte die Brigade „Freiwilliges Landjägerkorps" des Reichswehrgenerals Georg Maercker (1865–1924) in die Stadt ein, um Anordnungen der Reichsregierung, wie die Einziehung der an die Arbeiter verteilten Waffen, Auflösung der Flieger-Ersatzabteilung und Verlegung des ersten Bataillons und des Ersatzbataillons des Infanterieregiments Nr. 95 nach Coburg sowie Entlassung von Soldatenräten als Reichsexekution durchzusetzen, nachdem am Vortag der Generalstreik aller Betriebe einschließlich Gas- und Elektrizitätswerk und des Verkehrs ausgerufen worden war. General Maercker erklärte dazu in einer Sitzung des ASR im Schloss Friedenstein, dass das Verhalten der Gothaer Regierung einer Kriegserklärung an das Reich gleich komme und erklärte den Soldatenrat der Flieger-Ersatzabteilung für aufgelöst. Das Bürgertum, das die militärische Intervention begrüßte, antwortete auf den Generalstreik der Arbeiter am 20. Februar vormittags mit einem „Bürgerstreik" der Geschäfte und Behörden, der von der „Wirtschaftlichen Arbeitsgemeinschaft" organisiert worden war. Am 21. Februar erklärte „der Gothaer Freistaat" in einer Volksversammlung der USPD „der Reichsregierung den Krieg" als Antwort auf den Einmarsch der Reichswehrbrigade. Ab 27. Februar bröckelte der Streik, der schließlich am 10. März endete. Später zog die Brigade ab. Unter diesen Umständen hatten am 23. Februar die Wahlen zur Landesversammlung des Freistaates Gotha stattgefunden, bei der die USPD mit 21 Sitzen und die SPD mit 4 Sitzen die Mehrheit über den Bürgerbund (8 Sitze) und die DDP (11 Sitze) erzielte. Bei der Neuwahl zur Stadtverordnetenversammlung am 23. März gewann die USPD zusammen mit der SPD 56,4 % und damit auch die Mehrheit. Ab 17. November tagte sie im

ehemaligen „Tivoli“ an der Cosmarstraße. Wegen der unklaren Stellung des Verhältnisses des ASR und der Volksbeauftragten in der Landesversammlung veröffentlichte diese am 1. Juli im Gothaer Volksblatt den Entwurf einer vorläufigen Verfassung, in der sie die Rechte der Räte und Volksbeauftragten formulierte.
Überraschend erklärte aber der Abgeordnete Geithner am 8. Juli, dass der Entwurf auf eine spätere Beratung vertagt würde, um die bevorstehende Verabschiedung der neuen Reichsverfassung abzuwarten, die am 31. Juli von der Weimarer Nationalversammlung verabschiedet wurde und am 14. August in Kraft trat. Schließlich wurde am 23. Dezember von der Landesversammlung ein Verfassungsentwurf mit bürgerlich-demokratischer Grundlage angenommen und noch am 24. Dezember ein „Gesetz über die vorläufige Regierungsgewalt in der Republik Gotha“ als „eine Republik im Verband des Deutschen Reiches“ beschlossen. Darin wurde die Landesversammlung als gesetzgebende Körperschaft mit einer zweijährigen Legislaturperiode anerkannt. Das bisherige Ministerium wurde in eine Zentralverwaltung umgebildet.

Die politischen Parteien in Gotha

Schon am 30. Oktober 1917 hatten prominente Nationalliberale und Konservative hier eine Ortsgruppe der Deutschen Vaterlandspartei gegründet, die Anfang September der ostpreußische Generallandschaftsdirektor W. Knapp mit Anhängern von imperialistischen Kriegszielen gegründet hatte. Ende November 1918 hatte sich in Gotha um einen Kern der konservativen Mittelschichten (Honoratioren in führenden Positionen vor 1918) eine Ortsgruppe der Deutsch-Nationalen Volkspartei (DNVP) gegründet, der sich auch hohe Beamte, ehemalige Offiziere, Gutsbesitzer u. a. anschlossen. Noch im Dezember 1918 gründeten ehemalige Mitglieder der liberalen Fortschrittspartei mit Angehörigen des linken Flügels der Nationalliberalen die Deutsche Demokratische Partei (DDP), der u. a. der Schriftsteller H. A. Krüger, Stadtpfarrer O. Linz sowie eine Reihe namhafter Rechtsanwälte und Ärzte, Lehrer und die Witwe des Schriftstellers und Gymnasialprofessors K. Laßwitz beitraten. Dagegen fehlte der Mittelstand (Gewerbe, Handwerk, Gastronomie), der fest in seinen Berufsverbänden organisiert war. Erst am 12. Februar hatten sich unter dem Direktor des Gothaer Lehrerseminars, G. Witzmann (1871–1958), und dem Drogeriebesitzer R. Orschel ehemalige Mitglieder der Fortschrittspartei und Nationalliberale, die den „Öffnungskurs“ der DDP zu den Arbeitern ablehnten, zur Deutschen Volkspartei (DVP) zusammen geschlossen. DVP und DNVP hatten

schon im Januar 1919 für die Wahl zur Nationalversammlung als „Bürgerbund“ eine gemeinsame Liste aufgestellt und im Februar 1919 die „Wirtschaftliche Gemeinschaft“ gegründet, die den Bürgerstreik organisiert hatte, während die DDP weiterhin selbständig blieb. Später traten die beiden nationalen Parteien je nach der politischen Lage bei den Wahlen wieder getrennt oder als „Bürgerbund“ an. Das „Friedensdiktat“ von Versailles, das dem Deutschen Reich die Schuld am Krieg zuwies, löste schon vor der Unterzeichnung am 28. Juni bei den bürgerlichen Parteien und Verbänden heftige Diskussionen aus, die am 19. Juni zu einer großen Protestkundgebung auf dem Hauptmarkt führte. Schon am 22. Mai hatte die Fraktion der USPD in der Landesversammlung einen Protestantrag der bürgerlichen Parteien gegen den Friedensvertrag abgelehnt.
Die 1917 in Gotha gegründete Unabhängige Sozialdemokratische Partei Deutschland (USPD) war bis zur Gründung einer kleinen Ortsgruppe der Kommunistischen Partei Deutschland (KPD) Ende Mai oder Anfang Juni 1919 (das genaue Datum ist unbekannt) die einzige Arbeiterpartei. Sie ließ aber schon während der Novemberrevolution mit ihrem demokratischen Flügel unter W. Bock, der vom 30. November 1918 bis Anfang Februar 1919 Volksbeauftragter, Mitglied der deutschen Nationalversammlung 1919 und des Reichstages (1920–1928) und ihrem revolutionären Flügel unter O. Geithner (seit 1920 Mitglied der KPD) u. a., der die Räteherrschaft nach russischem Vorbild anstrebte, die künftige Spaltung erkennen. Ein Teil dieses linken Flügels trat der KPD bei. Die KPD beteiligte sich hier erst seit den Reichstagswahlen am 6. Juni 1920 (1,4%) an politischen Wahlen, seit 1921 mit durchschlagendem Erfolg (25–30%).

Sonstige Ereignisse

Von den sonstigen Ereignissen ist die Eröffnung der Volkshochschule am 31. August zu nennen, die bis heute eine wichtige und vielseitige Institution der Erwachsenenbildung geblieben ist. Am 1. Oktober wurde nach Überwindung der kriegs- und nachkriegsbedingten Schwierigkeiten das Gothaer Theater nach der Trennung der Coburger Intendanz wieder eröffnet. Mit der Oper „Carmen“ von G. Bizet in der Inszenierung des neuen Direktors Carl Strickrodt unter der musikalischen Leitung von Hans Trinius, Sohn des Reise- und Heimatschriftstellers August Trinius, begann die erste Nachkriegssaison. Danach folgte eine Reihe weiterer Aufführungen, darunter auch solche zu ermäßigten Preisen. Aber auch für öffentliche Wahlversammlungen der politischen Parteien musste das Theater dienen. Ebenfalls am 1. Oktober erfolgte die Rückgabe der Luftschiffhallen durch die Militärverwaltung (später abgerissen) und die Verpachtung der beiden Baracken an die Eisenbahnverwaltung, die dort ihre Beamten unterbrachte, die aus dem ehemaligen Reichsland Elsass-Lothringen ausgewiesen worden waren.

Am 12. Oktober fand die erste Wahl zum Kirchentag im Gothaer Land (Ende 1919) sowie nach einer Vorsynode in Jena die Wahl zu einer Verfassung gebenden Thüringer Synode im Landschaftshaus (ehem. Palais Westerhagen) am Schlossberg statt. Auf Grund des Gesetzes über die vorläufige Regierungsgewalt vom 24. Dezember 1919 wurde die Abteilung für kirchliche Angelegenheiten aus der Gothaer Zentralverwaltung ausgegliedert und ordnete und verwaltete ihre Angelegenheiten jetzt als eine Körperschaft öffentlichen Rechts selbständig; damit war die Trennung von Staat und Kirche in Gotha staatsrechtlich vollzogen worden.

Ein wichtiges Ereignis der Stadtgeschichte war das Ausscheiden des Oberbürgermeisters Otto Liebetrau (1855–1928) nach einer fast 30jährigen Amtszeit. Er hat wie sein Vorgänger Hünersdorf die Entwicklung der Residenzstadt gefördert, seit 1892 auch als Abgeordneter des Landtages, als Mitglied des Thüringer Städtebundes und im Vorstand des Deutschen Städtetages. Das turbulente Revolutionsjahr 1919 hat ihm bei den Auseinandersetzungen mit der USPD-Mehrheit im Stadtrat viel Kraft gekostet, so dass er sich entschloss, aus gesundheitlichen Gründen in den Ruhestand zu treten. Sein Nachfolger wurde Dr. Arthur Scheffler (1881–1964) aus Sagan (Reg.-Bez. Liegnitz/Niederschles.), wo er Erster Bürgermeister war. Nachdem sich am 1. Dezember drei Kandidaten in einer Bürgerversammlung im Schießhaus (heute: Stadthalle) vorgestellt hatten, erfolgte am 28. Dezember die Wahl Dr. Schefflers durch den Stadtrat, die Amtseinführung aber erst am 7. April 1920, als sich die bürgerkriegsähnlichen Zustände in der Stadt einigermaßen beruhigt hatten. Bis dahin hatte der Senator Dr. Karl Krug die Amtsgeschäfte geführt.

Das Jahr 1920

Die Geschichte des Jahres 1920 ist von drei Schwerpunkten geprägt: Der gescheiterte Kapp-Putsch mit den Märzkämpfen in der Stadt, die Einsetzung und Tätigkeit eines Reichskommissars durch die Reichsregierung und die Bildung des Landes Thüringen. Die Ereignisse der Novemberrevolution in Gotha mit der Einführung einer Räteregierung neben der Landesverwaltung des nunmehrigen Freistaats Thüringen und des Stadtrats in Gotha haben die Stimmung unter der Bevölkerung polarisiert. Das Gothaer Bürgertum, das die Niederlage im Krieg – später mit der Parole „Im Felde unbesiegt“ verschleiert –, das „Friedensdiktat“ von Versailles und die Revolution zu akzeptieren nicht bereit war, war gereizt, ja zur Gewalt bereit. Schon Mitte Dezember 1919 war eine „Sturmkompanie“ und eine „Bürgerwehr“ gebildet worden. Bei der Arbeiterschaft war die USPD zerstritten, weil der radikale Flügel der KPD zuneigte und sich ihr später anschloss, während der gemäßigte Flügel und die MSPD bei der Oberbürgermeisterwahl mit den Bürgerlichen gemeinsame Sache machten. Dazu kamen wirtschaftliche Schwierigkeiten, als der Flugzeugbau in der Waggonfabrik eingestellt werden musste, und die Eisenbahnverwaltung entließ ihre Arbeiter, so dass die Gewaltbereitschaft der radikalen Kräfte wuchs.

Der Bürgerkrieg im März

Als am Vormittag des 13. März 1920 der Berliner Putsch des Generallandschaftsdirektors W. Kapp zusammen mit dem Reichswehrgeneral W. von Lüttwitz und anderen rechtsradikalen Kräften außerhalb des Parlaments, die Reichsregierung zu stürzen, bekannt wurde, stürmten hier die Arbeiter die Fliegerkaserne und brachten Waffen in das „Volkshaus zum Mohren“. Die Gothaer Regierung proklamierte ihre Übernahme der Kompetenzen der Reichsregierung zum Schutz der Verfassung. Ein selbsternannter „Vollzugsrat“ unter Otto Geithner und August Creutzburg organisierte die Beschaffung und Verteilung der Waffen, ließ einige wichtige Gebäude besetzen und einige Polizeioffiziere verhaften. Bewaffnete Arbeiterpatroullien zogen durch die Straßen, um die Aktivitäten der „Einwohnerwehr“ zu beobachten. Am 14. März besetzte eine Kompanie der Reichswehr aus Erfurt im Handstreich die Stadt, dabei kam es am Fliegerhorst zum Schußwechsel mit der Arbeiterwehr und zu einigen Toten, die Regierungsmitglieder Grabow, Jacobi und Schauder wurden verhaftet. Der Kompanieführer Major Heims nahm auf Grund von Verfassungsstreitigkeiten im Gothaer Parlament, das die bürgerlichen und die MSPD-Abgeordneten schon seit Januar boykottierten, umgehend Verhandlungen mit den führenden Politikern auf, um eine Koalitionsregierung aus allen Parteien zu bilden, scheiterte aber an der USPD-Regierung, die sich auf ihre verfassungsmäßige Wahl am 13. Februar 1919 berief. Nachdem Heims am 14. März erklärt hatte, er stände hinter den Kapp-Putschisten, scheiterte er erneut und wurde abgelöst. Am nächsten Tag wurden unter Führung des Majors Zimmermann die Verhandlungen über eine neue Regierungsbildung fortgesetzt. Unterdessen arbeiteten die Radikalen in der USPD auf Kämpfe mit der Reichswehr und der „Sturmkompagnie" des Bürgertums hin und suchten auch von auswärts Unterstützung zu erhalten. Am 16. März besetzten Arbeiterwehren aus Suhl und Umgebung den Truppenübungsplatz Ohrdruf mit seinen Waffenlagern. Die Soldaten besetzten die öffentlichen Plätze mit MG-Posten, weil sie der bewaffneten Arbeiterschaft misstrauten. Als am Vormittag des 17. März eine größere Menschenansammlung auf neue telegrafische Nachrichten aus Berlin wartete, feuerte ein nervöser MG-Schütze aus unbedeutendem Anlaß in die Menge und verursachte damit spontane Auseinandersetzungen mit Toten und Verwundeten auf beiden Seiten. Die rund 250 Soldaten und 160 Zeitfreiwilligen zogen sich in die Kasernen, in die Post und auf den Hauptbahnhof zurück. Noch am gleichen Tag war der Putsch in Berlin zusammen gebrochen und Kapp nach Schweden geflohen. Die bewaffneten Arbeiter erhielten nun Verstärkung aus Ohrdruf, so dass ihre Zahl auf einige Hundert angewachsen war. Am 18. März tobte der Bürgerkrieg den ganzen Tag. Am Abend zogen sich die „Sturmkompanie" und die „Einwohnerwehr" mit der Reichswehr nach Erfurt zurück. Am Tag danach beherrschten die Arbeiterhundertschaften die Stadt. Etwa 114 Tote, darunter 84 Zivilisten, meistens Arbeiter, und elf Soldaten waren bei den Kämpfen getötet worden, über die Zahl der Verwundeten und Gefangenen gibt es keine Angaben, außer, dass an nicht wenigen von ihnen grausame Misshandlungen verübt worden waren. Auch z. T. umfangreiche Verwüstungen, zahlreiche Plünderungen und Diebstähle sowie Übergriffe bei Hausdurchsuchungen hat es gegeben. Creutzburg hatte während der Kämpfe sogar gedroht, das Westviertel der Stadt nieder zu brennen, die „Regierung" hatte ihn zum Oberbefehlshaber einer „Volkswehr" ernannt. Da während des Generalstreiks gegen die Berliner Putschisten in Gotha vom 13. bis 24. März keine Zeitungen erschienen waren, konnten u. a. das von den Radikalen als „reaktionär" klassifizierte „Gothaische Tageblatt" und die „Gothaische Zeitung" erst ab 25. März Berichte und Erklärungen über die damaligen Ereignisse veröffentlichen. Im „Gothaischen Tageblatt" war am 26. März zu lesen, dass sich alle bürgerlichen Parteien darin einig waren, dass der Bürgerkrieg „von rechts angezettelt und von links ausgenutzt worden sei".

Inzwischen war es Unterhändlern der Stadtverordneten und der Regierung gelungen, eine gewaltsame Eroberung der Stadt zu verhindern, die von den bei Eisenach stehenden Reichswehreinheiten unter General Hermann Rumschöttel (1858–1920) und Studentenfreikorps geplant war. Am 23. März übernahm die gewählte Regierung wieder die Macht, und am folgenden Morgen marschierte die Reichswehr mit den Freikorps in die Stadt ein. Über die Stadt wurde der Ausnahmezustand verhängt. Die Arbeiterviertel wurden systematisch nach „Rädelsführern“ und Waffen durchsucht. Auch die „Sturmkompanie“ und die „Einwohnerwehr“ waren daran beteiligt. „Die Folge dieses einwöchigen Bürgerkriegs war eine völlige Vergiftung des Klimas zwischen Bürgertum und Arbeiterschaft. Es sollte sich während der gesamten zwanziger Jahre nie wieder normalisieren“ (H. Matthiesen).

Der Reichskommissar

Nach der Reichsexekution durch General Rumschöttel waren Vertreter der bürgerlichen Parteien am 31. März nach Berlin gereist, um mit Reichskanzler Müller über eine Änderung der in Gotha nicht mehr verfassungsmäßigen Regierungsverhältnisse zu verhandeln. Am 10. April hatte Reichspräsident Ebert den Ausnahmezustand in Gotha verlängert und die Einsetzung eines Reichskommissars verfügt. Am 15. April nahm dieser – Hermann Holle (1866–1945) aus Essen – seine Tätigkeit auf. Daraufhin traten die drei Volksbeauftragten zurück, obwohl er sie vorher gebeten hatte, weiter zu amtieren. Obwohl Holle seine Aufgabe mehr als Kontrolltätigkeit aufgefasst hatte, erließ er nach längeren Verhandlungen mit Vertretern der Parteien am 23. April eine Verordnung über die Auflösung der Landesversammlung und setzte eine Neuwahl auf den 30. Mai auf der Grundlage der Reichswahlordnung von 1919 fest; bis dahin wurde die Regierungsgewalt von zwei Staatsräten der Zentralen Landesverwaltung ausgeübt. Der Wahlkampf wurde „mit ungeheurer Erbitterung geführt“, zumal schon am 6. Juni Reichstagswahlen und am 20. Juni die ersten Wahlen zum Thüringer Landtag und am gleichen Tag in Gotha Wahlen zur Stadtverordnetenversammlung folgten. Diese Wahl war schon nicht mehr die Wahl im „Freistaat Gotha“, sondern zur Gothaer „Gebietsvertretung“ im Land Thüringen, in der die bürgerlichen Parteien mit zehn Abgeordneten eine knappe Mehrheit über die neun USPD-Abgeordneten hatten, so dass am 1. Juli eine bürgerliche Regierung mit den drei (immer noch) Volksbeauftragten Liebetrau, Heyn und Dr. Pfeffer gebildet werden konnte. Damit war die Aufgabe des Reichskommissars Holle erfüllt.

Gotha und das Land Thüringen

Der Name Thüringen bzw. Thüringer reicht bis in die Völkerwanderungszeit am Ende des 4. Jahrhunderts zurück, als die Bildung des westgermanischen Stammes begann und zur Errichtung eines Königreichs führte, das 531 unterging. Danach blieb der Stammesname bis in des 9. Jahrhundert erhalten und wurde im 12. Jahrhundert mit den Landgrafen von Thüringen zu einem politischen Begriff, den die Ernestiner-Herzöge in ihrem Fürstentitel bis ins frühe 19. Jahrhundert führten. Nach dem Wiener Kongreß (1814/15) kam es 1833 zum Thüringischen Zoll- und Handelsverein. Schon vorher gab es den Thüringer Gartenbauverein (seit 1830) und den Thüringer Sängerbund (seit 1843), die beide in Gotha gegründet worden waren. Die Thüringer Literatur im Vormärz, aber auch danach, spiegelte die Liebe des Thüringers zu seiner Heimat wider, die auch im Liedgut zum Ausdruck kommt. 1848 fanden fünf „Thüringer Volkstage" statt, auf denen demokratische und republikanische Bürger ihre Forderungen nach einem Thüringer Staat verkündeten.

Im ersten Weltkrieg begannen 1915 die ersten Bemühungen, die thüringischen Staaten zu einem Wirtschaftsversorgungsgebiet zu organisieren. Als die Versorgungsnöte zunahmen, wurde im Dezember 1916 ein Ernährungsausschuss gebildet, dem am 5. Februar 1917 die Gründung des „Ernährungsamtes der thüringischen Staaten" folgte. Dazu musste das Herzogtum Sachsen-Coburg und Gotha 2700 Mark als Beitrag zu den Verwaltungskosten zahlen. Eine Vorlage zur Vereinheitlichung der Gesetzgebung und Verwaltung in den thüringischen Staaten fand im November 1917 in den meisten thüringischen Parlamenten Zustimmung. Aber erst die Novemberrevolution und der Thronverzicht der thüringischen Fürsten hatte den Weg für ein Gesamtthüringen frei gemacht. Die Bildung des 36. Wahlbezirks des Reichswahlgesetzes vom 30. November 1918 zur Verfassung gebenden Deutschen Nationalversammlung umfasste neben den thüringischen Staaten auch den Regierungsbezirk Erfurt und andere preußische Gebietsteile, so dass die ASR dieses Wahlbezirks auf ihrer Tagung am 10. Dezember 1918 in Erfurt nahezu einstimmig beschlossen, den „Einheitsstaat" zu bilden; dem folgte auch ein ähnlicher Beschluss von Vertretern der thüringischen Staaten in Weimar am 24. März 1919. Am 18. April beschlossen in Jena die thüringischen Landtagspräsidenten, eine thüringische Gemeinschaft zu errichten, der am 31. Mai auch der Freistaat (Sachsen-)Gotha beitrat. Nach einer Volksabstimmung am 30. November 1919 hatte sich das Coburger Land mit großer Mehrheit für den Anschluss an den Freistaat Bayern entschieden, der per Reichsgesetz vom 30. April 1920 die Vereinigung Coburgs mit Bayern per Reichsgesetz bestätigt wurde. Am gleichen Tag wurde die Bildung des Landes Thüringen aus den ehemaligen sieben Fürstentümern (ohne Coburg) bzw. Freistaaten mit Wirkung vom 1. Mai 1920 bestätigt. Gleichzeitig trat eine vorläufige Verfassung in Kraft, die der Volksrat von Thüringen erlassen hatte. Die preußische Regierung hatte sich vorher gegen eine Eingliederung des Regierungsbezirks Erfurt und anderer preußischer Gebietsteile in das Land Thüringen entschieden. Für eine Übergangszeit führte eine „Gebietsvertretung“ mit dem Recht der Selbstverwaltung von Verwaltungsaufgaben, soweit sie die Landesregierung noch nicht übernommen hatte, die Geschäfte weiter. Damit hatte das Gothaer Landesparlament vom 20. Mai nur noch Übergangscharakter. Nachdem dann am 11. März 1921 die vorläufige Verfassung von 1920 als die Verfassung des Landes Thüringen angenommen worden war, wurde ein Jahr später durch eine Neuregelung festgelegt, dass ab 1. April 1922 nur noch ein Gebietsleiter an der Spitze eines Gebietes mit beschränkten Befugnissen für ein weiteres Jahr stand, in Gotha war das Otto Liebetrau.

Am 6. März 1922 hatten noch einmal Wahlen zur Gothaer Gebietsvertretung stattgefunden, die wieder eine bürgerliche Mehrheit unter den 19 Abgeordneten brachte. Die letzte Sitzung fand am 24. März 1923 statt, und damit endete nach 70jähriger Tätigkeit seit 1852 der Gothaer Landtag. Dabei stellte Präsident Görlach fest, dass der Hauptzweck der Arbeit der Gothaer Gebietsverwaltung 1921/22 die Erhaltung der kulturellen Werte für die Stadt Gotha gewesen sei; denn diese waren zeitweilig in Gefahr, nach Jena bzw. Weimar überführt zu werden!

Das Kreiseinteilungsgesetz vom 16. Juni 1922 veränderte die politische Landkarte auch für Gotha, das nun nicht mehr fürstliche Residenzstadt bzw. Hauptstadt des Freistaates (Sachsen-)Gotha war, sondern kreisfreie Stadt mit einem Stadtdirektor (so die neue Amtsbezeichnung für den Oberbürgermeister) an der Spitze. In Gotha bildeten jetzt 35 Stadtverordnete den Stadtrat, dem Stadtdirektor standen sechs Beigeordnete, davon einer hauptamtlich, zur Seite. Damit waren auch alle älteren Gemeindegesetze aufgehoben, so dass nun Stadt und Land Gotha verwaltungsrechtlich in das Land Thüringen eingegliedert waren. Bis zum 31. März 1923 durfte die Gothaer Gebietsvertretung noch ihre Geschäfte abwickeln. Aber seit den ersten Thüringer Landtagswahlen am 18. September 1921, mit der die drei bürgerlichen Parteien (DDP, DVP, DNVP) mit 54% bei einer Wahlbeteiligung von 63,9% sogar die absolute Mehrheit im Landtag erhielten, stand Gotha nun auch unter dem politischen Einfluss im Land. Der Gothaer Gebietsleiter Otto Liebetrau konnte nun nach guten und schweren Zeiten endlich in den Ruhestand gehen und starb am 25. September 1928 hochgeehrt als der wohl verdienstvollste Kommunalpolitiker Gothas.

Weitere Ereignisse

Mit der Bildung des Landes Thüringen verlor die bisherige Residenzstadt Gotha eine Reihe von Behörden, wie das Gothaer Staatsministerium mit dem Statistischen Amt, an die Stelle der bisherigen Handel-, Handwerks- und Landwirtschaftskammern traten Zweigstellen, das Hochbauamt wurde nach Eisenach verlegt. Am 1. April wurden die Handwerkskammern von Weimar, Gotha und Arnstadt zur Mitteldeutschen Handwerkskammer vereinigt. Auf Grund des Versailler Friedensvertrages wurde mit der militärischen Abrüstung auch der Standort des I. Bataillons des Infanterie-Regiments Nr. 95 mit Regimentsstab und Maschinengewehr-Kompanie sowie das Luftschifferbataillon und der Fliegerhorst aufgelöst. Mitte Oktober wurde die Schulverwaltung vom Land Thüringen übernommen, und die Lehrerausbildung in Gotha wurde ab 1. April 1921 in eine Deutsche Aufbauschule für begabte Kleinstadt- und Landkinder umgebildet, die ab 8. Klasse mit sechs Unterrichtsjahren zum Abitur und damit zur Hochschulreife führte; ab 1923 wurde die Koedukation (gemeinsame Ausbildung von Jungen und Mädchen) eingeführt. Diese Umwandlung war das Verdienst von Dr. Georg Witzmann (1871–1958), der von 1906 bis 1925 als Schulrat auch Direktor des Lehrerseminars war und hier 1912 ein Lehrerinnen-Seminar eingeführt hatte. Mit der Gründung des neuen Schultyps wurde er auch dessen Direktor. 1933 wurde er als Landtagsabgeordneter (DVP) und erklärter Gegner des NS-Regimes vorzeitig entlassen und ging nach Coburg. Am 1. April wurde auch eine Mädchenberufsschule eröffnet. Im Mai 1923 wurden die Fortbildungsschule und die Handwerkerschule zur Staatlichen Knabenberufsschule vereinigt.
Am 23./24. September 1922 wurde hier anlässlich der 4. Jahreshauptversammlung des Deutschen Jugendherbergsverbandes die Jugendherberge (Emminghausstraße) eröffnet.
Innerhalb eines Jahres fanden zwei Wahlen zum Gothaer Stadtrat – am 18. September 1921 und am 10. September 1922 – statt, wobei der Bürgerbund und die DDP mit 27 bzw. 26 Abgeordneten eine stabile Mehrheit gegenüber 15 bzw. 12 KPD-Abgeordneten und 4 Sozialdemokraten erreichten. Ab 1. Oktober 1922 wurde mit der Neubildung von Stadt- und Landkreis Gotha die Gemeinde Siebleben (Siebleber Gebiet) endgültig sowie vorübergehend auch die Gemeinden Boilstädt und Ueleben (bis 1. August 1924) und Sundhausen (bis 1. Februar 1925) eingemeindet.
Am 1. April 1921 wurde eine Bakteriologische Untersuchungsanstalt gegründet und 1923 verstaatlicht, die bis in die 80er Jahre am Schlossberg bestand. Nachdem schon ab 1. Oktober 1920 die Zwangswirtschaft für Vieh und Fleisch sowie die Fleischkarte mit Kundenlisten aufgehoben

worden war, wurde ab 1. Juli 1921 auch die Zwangswirtschaft für Butter aufgehoben.
Das Gothaer Theaterleben ging auch in den 20er Jahren unter dem Intendanten Dr. Curt Strickrodt weiter, jetzt nicht mehr als freier Unternehmer, sondern als berufener Direktor mit einem Staatszuschuss von ca. 300.000 Mark für den Theaterbetrieb. Trotz finanzieller Probleme wurde in den nächsten Spielzeiten anspruchsvolles Theater z. T. mit namhaften Gästen von anderen Bühnen, wie aus Berlin und Leipzig geboten. So standen u. a. Goethes „Faust I“ und „Faust II“ und Wagners „Rheingold“, „Walküre“ und „Siegfried“ auf dem Spielplan, aber auch die Operette und das Schauspiel fehlten nicht. Auch die schon früher üblichen Volks- und Vereinsvorstellungen gab es wieder. Ab Januar 1923 wurden die Eintrittspreise infolge der Inflation auf 150% und ab 1. April weiter angehoben. Mit dem Ende der Spielzeit 1923/24 ging die erste Epoche des Landestheaters Gotha zu Ende, zumal der Direktor Strickrodt nach Plauen ging, der trotz der ständigen finanziellen Probleme alles daran gesetzt hatte, um das hohe Niveau zu halten. Dazu beigetragen hatte auch die am 5. Januar 1920 von namhaften Gothaer Bürgern, wie dem Verleger Leopold Klotz, Intendant Strickrodt, den damaligen Realoberlehrern H. Gaensler und Dr. E. Nippold u. a. gegründete „Literarische Gesellschaft“, der nach kurzer Zeit bereits 400 Mitglieder angehörten und die noch im gleichen Jahr einen „Gothaer Theater-Almanach“ herausgab. Am 27. September 1922 gründete der Gothaer Kunstmaler Franz Vetter (1886–1967) mit acht Kunstschaffenden die Künstlervereinigung „Die Garbe“, der bald 15 aktive Mitglieder angehörten. Mit ihren Veranstaltungen bzw. gut besuchten Ausstellungen in der Gothaer Ausstellungshalle am Schloss und Führungen durch die Künstler, zu denen auch auswärtige Künstler eingeladen wurden, trug „Die Garbe“ zum vielseitigen Kulturleben der Stadt bei und wirkte auch über Gotha hinaus, bis sie 1945 aufgelöst werden musste.

Die Inflation

Die Ursachen der Inflation gehen auf die Finanzierung des Ersten Weltkrieges nach Aufhebung der Golddeckung der Mark im August 1914 und damit auf die Möglichkeit zurück, die Militärausgaben durch Kredite, wie Anleihen zu finanzieren. Anstelle der Goldmark trat die Papiermark als Zahlungsmittel. Während der Kriegsjahre 1914–1918 hatten Gothaer Betriebe und Bürger bei den 9 Kriegsanleihen 282,40 Millionen Mark gezeichnet; ab 1916 wurde die Kaufkraft auch durch Steuern abgeschöpft. Die Verschuldung des Deutschen Reiches betrug bei Kriegsende 153 Mrd.

Mark. Danach verschärfte sich die Lage durch die Kosten der Demobilisierung und der Ruhrbesetzung (1923). Um die Ausgaben zu decken, vermehrte das Reich die Geldmenge („Trabende Inflation“), was zum Vertrauensverlust in die Währung führte, die am stabilen Dollar (vor dem Krieg: 1 US-Dollar = 4,20 Mark) gemessen wurde. In Gotha erfolgte erstmalig die Ausgabe von Notgeld am 28. Januar 1917, ab 15. Februar die Ausgabe von Aluminiumgeld, ein Jahr später eine weitere Ausgabe von Notgeld in Höhe von einer Million Mark. Nach vorübergehender Stabilisierung von April 1920 bis zum Sommer 1921 kam es zur „galoppierenden Inflation“, und im Herbst 1921 gab die Stadt erneut Notgeld heraus, sowohl 50-Pfennig-Stücke aus Keramik, als auch 50-Pfennig-Scheine mit vier Gothaer Motiven: St. Gotthard, der liebe Augustin, Ernst der Fromme und der geächtete Wilhelm v. Grumbach. Die Vorlagen dazu hatte der Illustrator Fritz Koch – Gotha (1877–1956) geliefert, dessen Kinderbuch „Die Häschen-Schule“ heute noch bekannt ist. Mitte September 1922 wurde der Stadtrat ermächtigt, Geldscheine bis zu 20 Millionen Mark auszugeben. Inzwischen war die Papiermark bis zum 31. Januar 1923 auf 49000 Mark pro Dollar gefallen, so dass am 10. Februar die Stadt jetzt 1000,–, 5000,– und 10.000-Mark-Scheine ausgab, wobei die Gültigkeitsdauer ab 8. August

Notgeld der Stadt Gotha

nur noch wenige Tage dauerte und die Millionenhöhe überschritt, bis sie im November Milliardenwerte erreichte („Hyperinflation"). Ab 15. November wurde als Übergangslösung die Rentenmark (1 Rentenmark = 4,20 US-Dollar) und ab 30. August 1924 die neue Reichsmark eingeführt. Auf dieser Basis erholte sich die Wirtschaft allmählich: Die Preise sanken, die Warenknappheit wurde beseitigt und der chaotisch gewordene Staatshaushalt konnte allmählich wieder nach Einnahmen und Ausgaben bilanziert werden. Aber der Schock der Inflation blieb selbst späteren Generationen noch lange im Gedächtnis.

Jahre des Aufschwungs

Nach der Inflation kam es in den nachfolgenden Jahren in Gotha langsam wieder zu einem wirtschaftlichen Aufschwung, aber die wirtschaftliche Lage war nicht mehr so stabil wie vor dem Krieg. So hatte der größte Betrieb der Stadt, die Gothaer Waggonfabrik AG (GWF), 1921 eine Niederlassung in Fürth bei Nürnberg und später die Fahrzeugfabrik „Dixi" in Eisenach gekauft, die Autos herstellte, aber 1927 wieder abgestoßen. Dagegen war der Bau von Straßenbahnen und Spezialwaggons für die Reichsbahn im Produktionsprogramm geblieben, auch die Oberweißbacher Bergbahn war ein Erzeugnis der GWF. Auch die elektrische Thüringer Waldbahn nach Friedrichroda-Tabarz-Waltershausen wurde mit Straßenbahnwagen der GWF betrieben. Gothaer Straßenbahnwagen waren langlebig und nicht selten noch Jahre nach dem Zweiten Weltkrieg in Betrieb gewesen. In manchen Städten (z. B. Jena und Naumburg fahren heute noch Gothaer Straßenbahnwagen zu besonderen Anlässen historische Stadtrundfahrten).

Neben den alteingesessenen Fabriken, die z. T. ihre ausländischen Absatzmärkte im Krieg verloren hatten, gab es auch bedeutende Neugründungen. Am 1. Juni 1924 begann in der ehemaligen Maschinengewehr-Kaserne (Gadollastraße) die Maschinenbau-Anstalt Reuter & Ehrlich ihre Produktion von Auto- und Motorradzylindern und -kolben und firmierte kurz darauf nach dem Ausscheiden des Teilhabers Reuter allein unter Theodor Ehrlich, der schon 1920 eine eigene Handlung mit Messgeräten gegründet hatte. 1928/29 konnte er seine Produktionsstätte in einen Neubau an der Ostpreußischen Straße (heute Karl-Liebknecht-Straße) verlegen, wo er seinen Maschinenpark erweiterte. Das andere Werk war die Weinhefe-Zuchtanstalt und Pektin-Fabrik (Pektinwerk) von Friedrich Sauer, die der studierte Apotheker aus seinem 1919 gegründeten Pharmazeutischen Laboratorium im Jahre 1927 in der Leinastraße aufgebaut und den zweiten Weltkrieg überdauert hat. In die 1911 von den beiden Kaufleuten Daniel und Oskar Beck zusammen mit dem Ingenieur Ernst Looß gegründete „Gothaer Werkzeugmaschinenfabrik GmbH" trat 1924 nach dem Ausscheiden der Brüder Beck der Diplomingenieur Karl Hempel aus Eisenach als persönlich haftender Gesellschafter ein. Seitdem trug die Gothaer Werkzeugmaschinenfabrik den Zusatz „Looß und Hempel" und war mit seinen Blechbearbeitungsmaschinen ebenfalls über den Zweiten Weltkrieg hinaus erfolgreich.

Das Bauwesen hat sich damals gut entwickelt. So entstand 1924–1926 das „Feldherrenviertel" westlich der nördlichen Kaiserstraße (heute 18.-März-Straße), dessen Straßen nach Feldherren der Befreiungskriege 1813–1815 benannt wurden. Ein weiteres Wohnviertel „Am schmalen Rain" entstand als moderne Gartenstadtsiedlung 1926–1928 am südwestlichen Stadtrand, die von der Genossenschaft für Arbeiter und Angestellte der Eisenbahn getragen wurde und zu der als Geldgeber u. a. die Stadt Gotha, die Reichsbahndirektion Erfurt neben den Genossenschaftsmitgliedern gehörte. Infolge des großzügigen Umgangs mit den Geldern und der Buchführung des Geschäftsführers wurde dieser nach zwei Prozessen zu einer Haft- und Geldstrafe verurteilt. Einen ungewöhnlichen Höhepunkt verzeichnete der Wohnungsbau 1926 mit 135 Häusern mit 313 Wohnungen. Daran waren auch weitere Baugenossenschaften bzw. -vereine beteiligt, wie der Gothaer Bau- und Sparverein, der Verein zur Wohnungshilfe, die Kleinsiedlungsgesellschaft GmbH mit Sitz im Rathaus, der Beamtenbauverein für Kleinsiedlung. Neue Gebäude waren 1924 das Kaufhaus Feldmann (Arnoldiplatz), 1927 das Kaufhaus Conitzer (Erfurter Straße) und das Kino „Capitol", beide im Bauhausstil.
Ein außergewöhnliches Ereignis war die Eröffnung der elektrischen „Thüringer Waldbahn" am 17. Juli 1929, die Gotha auf einer Streckenlänge von 21,7 km mit Friedrichroda und Tabarz und ab „Gleisdreieck" mit Waltershausen (2,5 km) verbindet. Die Vorgeschichte des Baus reicht von ersten Planungen um 1910 über den Beginn der Bauarbeiten Anfang Juni 1914 (bis 1915) bis zu deren Wiederaufnahme Ende 1928. Einen Monat später wurde bei der Gothaer Straßenbahn die Abzweigung Arnoldiplatz-Ostbahnhof in Betrieb genommen.
Anfang Juli 1925 wurde das „Volksbad" am Riedweg eröffnet, das den freiwilligen Arbeitseinsätzen des Arbeiterschwimmvereins zu verdanken ist, was später vergessen wurde, nachdem es in „Südbad" umbenannt wurde. 1924 wurde mit dem Bau des Paul-Sauerbrey-Sportplatzes an der Reinhardsbrunner Straße 61 begonnen, und weitere Sportplätze folgten; 1926 wurde auch der Wackersportplatz am Volkspark (Pfullendorfer Straße) eingeweiht. Die von der Kreislandwirtschaftskammer gegründete Reit-

und Fahrschule (1924) wurde zwei Jahre später vom Gothaer Reitverein übernommen und weitergeführt. Schon das erste Nachkriegsrennen auf dem Boxberg am 22. Juli 1923 war mit einem Reit- und Fahrturnier verbunden. Für das Schulwesen jener Jahre ist der Leitungswechsel an der Arnoldi-Oberrealschule zu erwähnen, als im Herbst 1924 Prof. Dr. Erich Burchardt aus Greiz die Ära Rohrbach beendete; Prof. Dr. Carl Rohrbach (1861–1932) war nach fast vier Jahrzehnten Schuldienst in den Ruhestand gegangen, blieb aber seinen astronomischen Studien weiterhin treu. Am 1. Oktober 1924 wurde die Thür. Taubstummen- und Blindenanstalt nach Gotha verlegt und die bisherige Marien-Stiftung aufgelöst. Am 2. April 1925 endete die Lehrerausbildung des Herzog-Ernst-Seminars mit einer Abschlussfeier, nachdem schon Ostern 1921 die (erste) Deutsche Aufbauschule mit der Ausbildung begonnen hatte. 1926 wurde die Staatliche Gothaer Bauschule mit der Weimarer Bauschule vereinigt und seit 1931 als Höhere Technische Lehranstalt geführt. Die Gewerbliche Berufsschule wurde am 1. Juli 1928 in das ehemalige Schäferstift, eine Gründung des Gothaer Bürgers Karl Schäfer (1796–1880), verlegt. Im gleichen Jahr wurde am 15. April das Heimatmuseum im Schloß Friedenstein mit der frühgeschichtlichen Sammlung des Gothaer Arztes Prof. Dr. Georg Florschütz (1859–1940) eröffnet, das vom Verein für Gothaische Geschichte und Altertumsforschung gegründet wurde.

Auch in den 20er Jahren und darüber hinaus hatte das Landestheater Gotha mit finanziellen Schwierigkeiten zu kämpfen, nachdem 1926 Dr. Rolf Rönecke Nachfolger von Dr. Strickrodt geworden war. Trotzdem wurde in jeder Saison ein volles Programm mit bis zu 30 Opern, 15 Operetten, 30 Schauspielen sowie einige Sinfoniekonzerte geboten, darunter auch Aufführungen außerhalb Gothas. Große Künstler wie Eduard von Winterstein in Lessings „Emilia Galotti“ (1925), Heinrich George in Goethes „Götz von Berlichingen“ und Asta Nielsen mit eigenem Ensemble in „Die Kameliendame“ (1928) traten in Gastrollen auf. Richard Strauß aus München dirigierte hier am 12. November 1927 die Aufführung seiner Oper „Ariadne auf Naxos“ und gab zwei Tage später im Schießhaus (Stadthalle) einen Konzertabend mit eigenen Werken, beides zwei außergewöhnliche Ereignisse im Gothaer Musikleben. Ein ungewöhnliches Ereignis war der Theaterbesuch des falschen Kaiserenkels „Prinz Wilhelm von Preußen“, der sich im Spätherbst 1926 einige Wochen lang auf Kosten des Schlosshotel-Direktors in Gotha aufgehalten hat und von Angehörigen des früheren Gothaer Hof- und Landadels wie ein Souverän geachtet wurde, was als „Affaire Domela“ in die Geschichte einging und in dessen Memoiren „Der falsche Prinz“ nachgelesen werden kann.

Bürgertum und NSDAP gegen Ende der 20er Jahre

Das Gothaer Bürgertum der 20er Jahre war nicht nur in politischen Parteien (DDP, DVP, DNVP), sondern auch vielfach in Verbänden und Vereinen organisiert, wobei außer dem „Stadtbürgertum“ die Konservativen eine wichtige Rolle spielten. Eine scharfe Unterscheidung zwischen beiden Gruppierungen gab es aber in den meisten Organisationen kaum, wenn auch die DVP die meisten von ihnen beherrschte. Ihre Mitglieder, darunter viele Kriegsteilnehmer, waren patriotisch-nationalistisch eingestellt, was sich deutlich in ihren Vereinsfesten manifestierte. In den konservativen Krieger- und Traditionsvereinen, wie auch in der Altschützengesellschaft mit ihren ca. 900 Mitgliedern, wurden Kameradschaft und Kriegserinnerungen gepflegt und die Offiziere geachtet; der abgesetzte Herzog Carl Eduard von Sachsen-Coburg und Gotha, dessen politische Nähe zu Franz Seldte, dem Führer des „Stahlhelms“ (Bund der Frontsoldaten), und zu Hitler bekannt war, genoss hier nach wie vor großes Ansehen (H. Matthiessen). Außerdem gab es in der Stadt 24 Turn- und Sportvereine mit etwa 4000 Mitgliedern, unter ihnen war der Turnverein Jahn scharf gegen „fremdrassiges Denken und Tun“ eingestellt und nahm „nur arische“ Mitglieder auf. Neben den sonst für jedermann offenen Vereinen gab es auch relativ exklusive Vereine, in denen sich ein konservatives Milieu sammelte, das sich noch dem Kaiserreich verbunden fühlte und dessen Mitglieder als höhere Beamte aus der Umgebung des Herzogshofes kamen oder ehemalige Offiziere waren und u. a. dem „Deutschen Offiziersbund“ angehörten. Im Landbundhaus „Zum Propheten“ am Neumarkt trafen sich außer den Mitgliedern dieser Vereinigung, die nicht nur konservativ und christlich, sondern monarchistisch, nationalistisch und antisemitisch eingestellt waren, auch andere gleichgesinnte Gruppen. Eine wichtige Rolle spielte hier der ansässige Landadel in den Führungspositionen von Landbund und DNVP. Eine besondere bürgerliche Schicht war der Mittelstand, der unter der Inflation gelitten hatte und nun über die Steuerpolitik der Stadt verärgert war. So kam es am 18. November 1926 zur Gründung einer Gothaer Ortsgruppe der „Reichspartei des Deutschen Mittelstandes (Wirtschaftspartei)“. Zum Mittelstand zählten das Handwerk, die Gastronomie, mittlere und kleinere Gewerbetreibende, der Einzelhandel und der mächtige Hausbesitzerverein mit über 1000 Mitgliedern. Die Empfehlung dazu hatte der Thüringer Landesverband der Wirtschaftspartei gegeben, der sich eine Stärkung für die nächste Landtagswahl am 30. Januar 1927 versprach; tatsächlich erlangte die Wirtschaftspartei auf Anhieb fünf Mandate. Bei der nächsten Stadtratswahl am 2. Dezember 1928 firmierte sie hier als „Mittelstandliste“, um dem Vorwurf einer Parteipolitik zu begegnen, und erhielt drei Mandate. Aber auch beim Bürgerbund, der 14 Mandate erlangen konnte, kandidierten Handwerksmeister und Kaufleute. Auch 1930 war die Mittelstandliste noch einmal mit zwei Mandaten vertreten, der Bürgerbund nicht mehr, aber die NSDAP war jetzt die stärkste Fraktion im Stadtrat.

Die Anfänge der NSDAP

Ihre Gründungsmitglieder kamen vom Jungdeutschen Orden, der hier eine starke Bastion besaß, so der Komtur der Ballei Thüringen, Postdirektor Otto Zangemeister und der Reichsbahningenieur Paul Hennicke. Nachdem die erste Gründung einer Ortsgruppe Anfang Mai 1922 dem Thüringer Verbot am 22. Juni das Aus brachte, kandidierten sie bei den Landtagswahlen am 10. Februar 1924 mit der „Vereinigten Völkischen Liste", die sieben Abgeordnete stellte. Bei den Stadtratswahlen am 22. Februar 1925 gewann hier die „Völkische Liste" drei Mandate. Nach Querelen mit den Jungdo-Anhängern und der Aufhebung des NSDAP-Verbots in Thüringen war Hennicke die treibende Kraft für eine Neugründung der Hitler-Partei, blieb aber im Landtag bis zur nächsten Stadtratswahl 1928. Erst am 20. Oktober 1926 erfolgte im „Parkpavillon" mit 19 Gleichgesinnten die Neugründung und am 29. November die erste öffentliche Versammlung im gleichen Lokal. Nach zwei weiteren Versammlungen mit auswärtigen Rednern am 14. Januar in Gotha und in Siebleben, sprach am 21. Januar 1927 Adolf Hitler zum ersten Mal im Schießhaus vor zahlreichen Besuchern und warb für die Landtagswahl, bei der die NSDAP in Gotha 1359 Stimmen gewann, aber nur zwei Sitze im Landtag. Im September gründete Hennicke mit 20 Mann die Brigade 8 der SS (Schutz-Staffel). Am 2. Dezember 1928 wurden Paul Hennicke und der Friseur Karl Ludwig als erste nationalistische Abgeordnete in den Stadtrat gewählt. Während Ludwig unbedeutend war, trat Hennicke im Stadtrat schneidig auf und schimpfte auf Freimaurer, Juden, Kapitalisten und Kommunisten, und machte, ohne sich zu scheuen, bei Abstimmungen gegen Bürgerbund und Wirtschaftspartei mit den Marxisten gemeinsam Front, brauchbare Vorschläge kamen von ihm aber nie. Trotzdem gewann die NSDAP in Gotha weiteren Zulauf. Ende 1929 hatte die Ortsgruppe Gotha 237 Mitglieder, bei den Wahlen zum Landtag stimmten 5193 Gothaer für die NSDAP. Inzwischen waren auch weitere Unterorganisationen, wie die HJ (Hitler-Jugend) und die SA (Sturm-Abteilung) gegründet worden, denen im Februar und März 1930 die Jugendorganisationen der 10–14jährigen, Bund Deutscher Mädel (BDM) und Deutsches Jungvolk folgten. Am 26. Oktober 1929 hielt der Gau Thüringen in Gotha seinen zweitätgigen Gauparteitag mit einem Propagandamarsch von SA und SS durch die Stadt und einem Vorbeimarsch an Gauleiter Fritz Sauckel und Reichsführer (der) SS, Heinrich Himmler, ab und demonstrierte mit diesem Auftritt Dynamik, Stärke und Disziplin einer neuen politischen Kraft (H. Matthiesen).

Das Wahljahr 1932

Das Jahr 1932 war nicht nur ein Krisenjahr, sondern auch ein Wahljahr. Bei der Wahl des Reichspräsidenten am 14. April erhielt die NSDAP in Gotha 11850 Stimmen. Nach dem Sturz der thüringischen Minderheitsregierung unter E. Baum vom Thüringer Landbund kam die NSDAP bei den Wahlen zum VI. Thüringer Landtag am 31. Juli 1932 mit 42,5% wieder an die Macht. In Gotha hatte sie mit 50,1% (12167 Stimmen) sogar die absolute Mehrheit erzielt. Am gleichen Tag fanden auch Reichstagswahlen statt, aus der sie hier mit fast der gleichen Stimmenzahl (12030) ebenso stark war, daneben war die KPD in Gotha mit 7376 Stimmen die zweitstärkste Partei geblieben. Da die NSDAP jetzt im Reichstag die stärkste Fraktion geworden war, war sie das nun in Stadt, Land und im Reich. Die Wahlkämpfe wurden oft erbittert und nicht selten mit Straßenterror geführt, so dass die SA und die SS sogar bis Mitte Juni verboten war. Die Gothaer Zeitungen – Tageblatt und Volksblatt – berichteten ständig darüber. Die Führer und „Reichsredner" der NSDAP waren damals fast ständig auf Wahlversammlungen im Lande unterwegs und nutzten innenpolitisch die Wirtschaftskrise mit ihren 6 Millionen Arbeitslosen sowie außenpolitisch den Versailler Friedensvertrag demagogisch für ihren Stimmenfang aus, der auch von antisemitischer Hetze begleitet war. Nachdem am 12. September der Reichstag aufgelöst wurde, nachdem der damaligen Reichsregierung von 90% der Abgeordneten das Misstrauen ausgesprochen worden war, fanden am 6. November wieder Reichstagswahlen statt. Obwohl die NSDAP dabei 4,3% ihrer Mandate verloren hatte, war sie aber immer noch die stärkste Fraktion geblieben. Auch in Gotha war sie mit 10 046 Stimmen stärkste Partei geblieben. Bei den Stadtratswahlen am 4. Dezember hatte sie noch 3 Sitze dazu gewonnen und war mit 14 von 35 Sitzen stärkste Fraktion geworden. Zwei Tage zuvor hatte Adolf Hitler auf einer Massenversammlung im Schießhaus (heute Stadthalle) demagogisch und unter viel Beifall für seine Partei geworben. Als Führer der stärksten Partei im Reichstag erhob Anspruch auf das Amt des Reichskanzlers der nächsten Regierung.

Gotha unterm Hakenkreuz

Nachdem Reichspräsident von Hindenburg auf Drängen seiner Berater Adolf Hitler am 30. Januar 1933 zum Reichskanzler ernannt hat, zog am nächsten Abend ein Fackelzug der SA und SS sowie des Stahlhelms (rechts gerichteter Bund der Frontsoldaten) zur Kundgebung auf den Hauptmarkt, um die legale „Machtergreifung“ Hitlers zu feiern. Weitere Fackelzüge mit Kundgebungen folgten bis zur Reichstagswahl am 5. März, bei der die Nationalsozialisten mit 14727 Stimmen in Gotha das höchste Ergebnis erzielten, das am nächsten Tag mit der Beflaggung mit Hakenkreuzfahnen auf dem Rathaus und anderen öffentlichen Gebäuden begrüßt wurde. Mit dieser Wahl sollte Hitlers Präsidialkabinett vom Reichstag legalisiert werden. Wie aus den Protokollen seiner ersten Kabinettssitzungen hervorgeht, kündigte er „Ruhe fürs Volk, Sicherheit für die Wirtschaft, Maßnahmen gegen die Arbeitslosigkeit und Kampf gegen den Marxismus“ an. Bereits am 20. April überreichte Gothas Oberbürgermeister Dr. Schmidt auf dem Obersalzberg bei Berchtesgaden Hitler zu dessen Geburtstag den Ehrenbürgerbrief der Stadt Gotha. Durch ein Gleichschaltungsgesetz ergab sich am 8. April eine Neuverteilung im Gothaer Stadtrat mit 20 Sitzen für die NSDAP, 4 Sitze für die „Kampffront Schwarz-Weiß-Rot“ der bürgerlichen Rechte und einem Sitz für die DVP. Die letzteren fünf Stadträte traten nach der Selbstauflösung ihrer Parteien am 20. Juli der NS-Fraktion als Gäste bei. Durch ein späteres Reichsgesetz wurde erneut die Stadtverfassung geändert, wonach zum 1. Oktober 1935 zwanzig „Ratsherren“ vom „Beauftragten der NSDAP“ für sechs Jahre berufen wurden, von den zwei nicht der NS-Partei angehörten. Sie erfasste im Lauf des Jahres mit ihren NS-Organisationen die Menschen in fast allen Lebensbereichen und organisierte sich entsprechend neu. So wurde am 2. Mai der neues Stadtkreisleiter der NSDAP, Dr. Hans Karge, auch als Leiter der Arnoldi-(Oberreal-)Schule eingeführt und die bisherige Ortsgruppe der Partei danach in sechs Ortsgruppen mit über 2000 Mitgliedern aufgeteilt. Dem hauptamtlichen Ortsgruppenleiter unterstanden weitere Zellen- und Blockleiter, die für die Beitragskassierung und andere Aufträge zuständig sein sollten. Der 1. Mai wurde als „Tag der nationalen Arbeit“ mit einem Aufmarsch der NS-Betriebszellen aus den Betrieben auf dem Platz vor dem Schießhaus gefeiert und am 2. Mai das Gewerkschaftshaus besetzt, das im August mit dem Gasthaus „Zum Mohren“ als „Haus der Deutschen Arbeitsfront“ vereinnahmt wurde. Ab 3. Juli erscheint der „Gothaer Beobachter“ (als Nachfolger der „Gothaer Neuesten Nachrichten“ täglich als das Parteiorgan. Nach der Gründung der NS-Volkswohlfahrt (NSV) im

September wurde im Oktober das „Winterhilfswerk“ mit Haus- und Straßensammlungen zur Unterstützung für arme Bewohner der Stadt eingeführt – im Winter 1933/34 über 14300 Personen, denn die Beseitigung der Arbeitslosigkeit wurde erst 1937 erreicht! Am 28. November wurde hier auch eine Ortsgruppe des Reichs-Luftschutz-Bundes gegründet. Schließlich ist noch die Ernennung des Thür. Staatsrats Fritz Hille zum Leiter der Deutschen Aufbauschule zu nennen, der aus ihr eine NS-Musterschule machte, ihm gelang es, das frühere Haus der Gothaer Staatsminister als „Mädchenheim“ (Internat) für die Aufbauschule zu gewinnen.

Nach dem Tod des Reichspräsidenten Paul von Hindenburg am 2. August 1934 fanden hier verschiedene Trauerkundgebungen statt, und am 19. August ließ sich Hitler durch eine Volksabstimmung seine Übernahme des Präsidentenamtes als „Führer und Reichskanzler“ bestätigen (über 29 000 Ja-Stimmen in Gotha) und die Reichswehr auf sich persönlich vereidigen. Am 18. August wurde erstmalig der „Staatsjugendtag“ für Jungvolk und Jungmädel eingeführt. Am 31. August wurde die Oststraße in Paul-Hennicke-Straße nach dem SS-Brigadeführer und „ältesten Vorkämpfer Hitlers“ (1883–1967) und die Jüdenstraße nach dem antisemitischen Schriftsteller Dietrich Eckart (1868–1923) umbenannt, nachdem schon Ende März 1933 Straßenumbenennungen (Dr. Frick-Straße u. a.) erfolgt waren; am 31. Mai 1936 wurde der Löwenplatz in „Skagerakplatz“ (Erinnerung an die Seeschlacht 1916) und am 4. November die Gartenstraße in „Straße der SA“ umbenannt. Ende September trat an die Stelle des städtischen Innungsausschusses die Kreishandwerkerschaft (die Handwerkskammer besteht seit 1901). Am 21. Oktober weihte die Altschützen-Gesellschaft ihre neuen Schießstände ein.

Gotha wird wieder Garnisonstadt

Nach der Wiedereingliederung des Saarlandes am 1. März 1935 in das Deutsche Reich nach 15–jähriger französischer Besetzung, auf Grund des Ergebnisses einer Abstimmung am 13. Januar, an der auch 25 Gothaer teilnahmen, zogen am 7. März drei Infanterie-Bataillone unter Bruch des Versailler Vertrags von 1920 in das entmilitarisierte Rheinland ein, das am 1. Juli 1930 von französischer Besatzung geräumt worden war, noch einen 50 km breiten rechtsrheinischen Gürtel ohne deutsches Militär behalten hat. Mit diesem Einmarsch begann die Wiederaufrüstung Deutschlands, dem die westlichen Alliierten 1920 nur ein 100 000–Mann-Heer erlaubt hatten. Am 17. März fand denn auch in Gotha anläßlich der

Wiederherstellung der Wehrhoheit des Reiches eine Heldengedenkfeier statt, zu der auch eine Abteilung von Gothaer Fliegern angetreten war. Am 16. März erfolgte zunächst die Einführung der allgemeinen Wehrpflicht, die ab Herbst 1936 auf zwei Jahre verlängert wurde. Am 1. August zog das Ergänzungsbataillon 71 in der Stadt ein, am 24. Oktober wurde die I. Abteilung des Flak-(Fliegerabwehr-)Regiments auf dem Schloßhof begrüßt, deren Standort die neue Kaserne an der Ohrdrufer Straße war. Am 11. Dezember 1936 folgte eine Heeres-Nachrichten-Abteilung 29 und am 20. Oktober 1937 die motorisierte Aufklärungs-Abteilung 29, die in neue Kasernen am Ende der Waltershäuser Straße (Schöne Aussicht) einzogen. Die Nachrichten-Abteilung wird Ende Oktober 1938 nach Erfurt verlegt.

Inzwischen waren schon 1933, zunächst noch geheim, die ersten Vorbereitungen für den Flugzeugbau angelaufen. Dafür konnte 1934 der Direktor der Gothaer Waggonfabrik, Baurat Kurt Toltz, den Dipl.-Ing. Albert Kalkert gewinnen, der damals Dozent für Luftfahrt an der Ingenieurschule in Weimar war. Kalkert konnte als erstes Gothaer Flugzeug den zweisitzigen Doppeldecker GO-145 noch im gleichen Jahr vorstellen, der dann wegen seiner hervorragenden Flugeigenschaften und vielseitigen Verwendungsmöglichkeiten 12 000 Mal produziert wurde. Später erhielten die meisten Piloten der Luftwaffe daran ihre erste Ausbildung, und im spanischen Bürgerkrieg (1936–1938) kamen zahlreiche GO-145 meist als Verbindungsflugzeug zum Einsatz. Auch die Arbeiten für einen neuen Flugplatz und

Gotha – die alte Fliegerstadt. Postkarte als Fotomontage um 1938. Fotogeschäft HORN, Gotha.

der Bau für eine Montagehalle für den Flugzeugbau begannen damals. Neben dem Ausbau des Geländes der Flieger-Ersatz-Abteilung 3 aus dem ersten Weltkrieg zum Fliegerhorst entstanden der Industrie-Flugplatz der Waggonfabrik und ein weiterer Flugplatz hinter dem Fliegerhorst der Luftwaffe (südlich der Kindleber Straße) mit Rollbahnen von 800 Metern und Startbahnen bis 950 Metern. 1936 erhielt die Waggonfabrik ein modernes Verwaltungsgebäude am Ostbahnhof. Damals wurde in Gotha ein Bombergeschwader mit zweimotorigen Heinkel-Flugzeugen stationiert, das im Mai den Namen „General Wever“ erhielt, der kurz zuvor tödlich verunglückt war. Neben ausgedehnten Kasernenanlagen wurden in der Stadt zahlreiche Wohnungen für die Arbeiter gebaut, deren Zahl bis 1939 auf 5900 angestiegen war. So fand am 4. April 1936 das Richtfest für Siedlungsbauten der Gothaer Waggonfabrik in der Ostvorstadt statt und 1937/38 der Bau der „Goldbacher Siedlung“ am nördlichen Stadtrand. Außer dem Bau der erfolgreichen GO-Reihe 145 bis 150, die z. T. auch exportiert wurde, erfolgte auch der Lizenzbau für die Ernst-Heinkel-Flugzeugwerke in Rostock-Warnemünde und den Focke-Wulf-Flugzeugbau in Bremen, so dass die Gothaer Waggonfabrik bald zu den bedeutendsten deutschen Flugzeugbauern zählte.

Die Judenverfolgung

Die nationalsozialistische Judenverfolgung erfolgte im wesentlichen in zwei Etappen von 1933 bis 1941 und von 1941 bis 1945 und begann am 1. April 1933 mit dem Aufruf zum „Judenboykott“, d. h. zum Nichtbesuch jüdischer Geschäfte, Ärzte und Rechtsanwälte, dem eine Woche später der „Arierparagraph“ im Berufsbeamtengesetz folgte, der die Juden von allen öffentlichen Ämtern ausschloss. Der Boykott zeigte unter der Bevölkerung noch wenig Wirkung, erschreckte und warnte aber die jüdischen Bürger um so mehr. Als am 15. September 1935 anläßlich des NS-Reichsparteitags in Nürnberg das „Reichsbürgergesetz“ mit den nachfolgenden Ausführungsbestimmungen (Nürnberger Gesetze) verabschiedet worden war, setzte eine progromartige Hetze gegen die Juden ein, die der Antisemit Julius Streicher (1885–1946) in seinem Wochenblatt „Der Stürmer“ mit seinen Verleumdungskampagnen anheizte. In Gotha veröffentlichte der „Gothaer Beobachter“ am 29. August und am 12. September als Sonderbeilage einen zweiteiligen „Judenspiegel“. Der erste Teil enthält 35 Namen von 13 Gothaer jüdischen Geschäften, sieben Ärzten, der beiden Fabrikbesitzer Ruppel und Simson sowie von einem Dutzend Händlern; der zweite Teil enthält eine Liste mit 91 Namen jüdischer Bürger mit deutscher

Staatsangehörigkeit, 51 Namen polnischer und 9 Namen staatenloser Bürger. Diese Namenslisten waren eine ungeheure öffentliche Diffamierung. Einige jüdische Bürger wanderten danach aus, die polnischen Bürger wurden ausgewiesen. Nach zwei Verordnungen im April und Juni 1938 mussten jüdische Bürger ihr Vermögen anmelden und ihre Betriebe registrieren lassen, um die „Arisierung“ des Vermögens im jüdischen Besitz durchzuführen. In Gotha wurde am 5. Oktober das „Kaufhaus Conitzer“ in der Erfurt Straße als (arisches) „Modehaus Sauskat“ neu eröffnet. In der Nacht vom 9./10. November 1938 setzten Gothaer SA-Leute aus ihren nahen Sturmbüros an der Ecke Gartenstraße die Synagoge in Brand, die am 11. Mai 1904 unter Beteiligung einer breiten Öffentlichkeit eingeweiht worden war. Ausgelöst war diese Brandstiftung nach einer Münchener SA-Führer-Tagung am gleichen Tag. Als Anlass dafür war die Ermordung des Pariser Legationssekretärs E. vom Rath am 7. November durch den 17jährigen H. Grynszpan, der den deutschen Botschafter aus persönlicher Rache töten wollte, weil seine Eltern erst ausgewiesen, dann aber von Polen zurück gewiesen wurden und nun unter dürftigen Verhältnissen leben mussten. Zwar wurde die Hausmeisterin vor der Brandlegung noch aus der Synagoge verwiesen und mit weiteren 50 jüdischen Bürgern „in Schutzhaft genommen“, wie am Tag danach das „Gothaer Tageblatt“ berichtete. Der „Gothaer Beobachter“ berichtete dagegen, „dass keinem Juden auch nur ein Haar gekrümmt wurde“, aber unter „Schutzhaft“ verstanden die SA-Leute etwas anderes als Schutz. Als das „Judenhaus“ in Flammen aufging, durfte die Feuerwehr nur verhüten, dass der Brand nicht auf die Nachbargebäude überging, zu denen auch Druck und Verlag des „Gothaer Tageblatts“ gehörte. Am Morgen stürzte die große Kuppel der Synagoge in sich zusammen, nachdem das Innere vollständig ausgebrannt war, und die Ruine stand noch bis in die Kriegsjahre.

Die Gothaer Synagoge

Der antifaschistische Widerstand der Gothaer KPD

Nach der Machtergreifung Hitlers setzten im Februar 1933 die ersten Aktionen gegen die KPD ein, die in Gotha mit ihren rund 7000 Stammwählern die zweitstärkste Partei war. Nachdem Reichspräsident von Hindenburg auf Verlangen Hitlers den erst drei Monate zuvor gewählten Reichstag schon am 1. Februar wieder aufgelöst hat, wurden Neuwahlen für den 5. März angesetzt. Die thüringische Landesregierung unter Fritz Sauckel ging gegen die KPD mit dem Verbot des Thüringer Volksblatts vom 24. Februar bis zum 8. März vor, danach durfte das Parteiorgan überhaupt nicht mehr erscheinen. Der Reichstagsbrand am 27. Februar war der Vorwand für die Notverordnung des Reichspräsidenten „zum Schutz von Volk und Staat“, auf Grund dessen in Gotha Verhaftungen mit Wohnungsdurchsuchungen von 46 KPD-Funktionären erfolgten. Damit konnte aber die Wahlpropaganda der Kommunisten nicht verhindert werden, schon damals warnten sie auf Flugblättern: „Wer Hitler wählt, wählt den Krieg!“. 7504 Wähler stimmten in Gotha für die KPD, nur 1693 für die SPD, die am 22. Juni verboten wurde, 3667 für die DVP, aber 14727 für die NSDAP! Bereits im Sommer konnte die KPD in Gotha eine illegale Parteiorganisation konspirativ aufbauen, deren Leiter Willy Zimmermann war, der auch in Verbindung mit der Bezirksleitung der Partei in Erfurt stand. Außerdem gehörten noch die Brüder Hermann und Hugo Meister sowie Karl Protzmann dazu. Nach der Verhaftung von Zimmermann und weiteren Genossen im November 1933 wurde Alfred Kühr dessen Nachfolger, wurde aber im April 1934 ebenfalls verhaftet. Damals sind auch Ausgaben des Thüringer und des Gothaer Volksblatts illegal vertrieben worden, wobei „eine Reihe von Deckadressen, Anlaufstellen und Unterkünfte für Kuriere in Gotha vorhanden waren“, wie es in der Anklageschrift des Jenaer Generalstaatsanwalts vom 16. Mai 1934 hieß. Auch Flugblätter mit der Aufschrift „Gothaer Volksblatt“ wurden verbreitet. In einer Reihe größerer Gothaer Betriebe waren Betriebszellen der KPD gegründet worden, von denen die politische Agitation ausging, mit der u. a. ehemalige SPD-Mitglieder für die Bildung einer Einheitsfront der Arbeiterschaft gewonnen werden sollten. Nach der sog. Brüsseler Konferenz im Oktober 1935 warb die KPD für eine Volksfront aller Hitlergegner nach französischem Vorbild. Aber auch dabei blieben die angestrebten großen politische Erfolge aus. Der absolute Führungsanspruch der KPD, der Terror der Geheimen Staatspolizei, die seit dem 15. Oktober 1937 eine Dienststelle in Gotha hatte, und der Gerichte trugen dazu bei. Dagegen nahmen in den Kriegsjahren die Sabotageaktionen in der Zahnradfabrik Theodor Ehrlich, die

Getriebe für Panzerfahrzeuge lieferte, sowie in den Werken Blödner & Vierschroth, August Blödner, Mitropa, Loos & Hempel, der Gothaer Werkzeugmaschinenfabrik und im Reichsbahn-Ausbesserungswerk zu. Besonders streng war das Überwachungs- und Spitzelsystem in der Gothaer Waggonfabrik als eine der größten Produzenten von Kriegsflugzeugen. Aber „eine direkt organisierte Widerstandsbewegung gab es damals nicht" (B. Karstedt). In diesen Werken wurden auch zwangsweise Kriegsgefangene eingesetzt, die täglich aus ihren Lagern in Ohrdruf kamen und schlecht ernährt wurden. Mit ihnen privat zu sprechen war streng verboten und mit Einweisung ins Konzentrationslager (KZ) bedroht. Trotzdem teilten Kommunisten und andere Arbeiter heimlich ihr Brot mit ihnen.
Die herausragende Persönlichkeit der Gothaer Kommunisten war Dr. Theodor Neubauer. Seit 1924 kommunistischer Reichstagsabgeordneter des Wahlkreises Düsseldorf, hatte er zusammen mit seinem Kollegen Ernst Torgler am 21. Februar 1933 das Extrablatt der kommunistischen Reichstagsfraktion „Die Bedeutung des 5. März" veröffentlicht. Daraufhin wurde ein Hochverratsverfahren gegen ihn eingeleitet, so dass er in den Untergrund ging. Vermutlich am 3. August 1933 wurde er in Berlin verhaftet und nach schweren Misshandlungen im Zuchthaus Brandenburg in das KZ Lichtenberg eingeliefert. Hier gehörte er der illegalen Lagerleitung an. Nach Einstellung des Hochverratsverfahrens im April 1934 mußte er noch bis September 1938 in den KZ Esterwegen (so. Papenburg) und Buchenwald in Haft bleiben, wo er mit anderen Genossen eine illegale Parteiorganisation der KPD aufbaute. Nach seiner Entlassung im April 1939 wohnte er bei seinen Schwiegereltern in Tabarz und wurde auf Weisung der Gestapo über das Arbeitsamt Gotha in das damalige Autohaus „Opel-Beuchel" verpflichtet und arbeitete hier als Lagerist. Mit Karl Protzmann, den er im KZ Buchenwald kennen gelernt hat, und anderen Gothaer Genossen baute er ein illegales Netzwerk von Vertrauensleuten auf, mit denen er konspirative Gespräche über Widerstandsaktionen führte. Als Protzmann im Frühjahr 1943 zum berüchtigten Strafbataillon 999 eingezogen wurde, trat Hugo Meister an seine Stelle. Seit Januar 1942 hat Dr. Neubauer zusammen mit dem Jenaer Kommunisten Magnus Poser eine Widerstandsgruppe in Thüringen aufgebaut und darüber hinaus mit der Leipziger Widerstandsgruppe um Georg Schumann und zur Berliner Saefkow-Bästlein-Gruppe Verbindung aufgenommen. Im November 1943 nahm er in Berlin an einer Beratung leitender Funktionäre der illegalen Parteiorganisationen Berlin-Brandenburg und Thüringen teil. Am 14. Juli 1944 wurde Dr. Neubauer erneut verhaftet, am 8. Januar 1945 wegen Vorbereitung zum Hochverrat zum Tode verurteilt und am 5. Februar im Zuchthaus Brandenburg hingerichtet.

Am 17. und 18. August 1944 wurden wieder einige Gothaer Kommunisten verhaftet, die sich gegen den Krieg ausgesprochen hatten, und vom Oberlandesgericht Jena zu hohen Zuchthausstrafen verurteilt. Am 22. August nahm die Gestapo elf weitere Genossen fest, denen Verbindung mit den Verschwörern des 20. Juli 1944 vorgeworfen wurde, und ließ sie in das KZ Buchenwald einliefern. Erst das Kriegsende am 8. Mai 1945 machte der Verfolgung von Kommunisten und anderen Hitlergegnern ein Ende.

Deutsche Christen-Bewegung und kirchlicher Widerstand

Die Deutsche Christen-Bewegung hatte sich schon vor 1933 ausgebreitet. Das zeigte das Ergebnis der Wahl zum 3. Thüringer Landeskirchentag am 22. Januar 1933, nach dem die Deutschen Christen mit 16 Sitzen zwar die stärkste Gruppe bildeten, aber noch nicht die absolute Mehrheit besaßen. Denn von den anderen Verbänden hatten der Thüringer Volksbund sowie der Christliche Volksbund je zehn Sitze erworben. Das Streben der Deutschen Christen war es, die Kirchen und Konfessionen in einer Nationalkirche mit einem Reichsbischof an der Spitze zusammen zu fassen und so die religiöse Spaltung unter NS-Vorzeichen zu überwinden. In Gotha erfolgte die Gründung einer Gemeinde der Deutschen Christen erst im Frühsommer, und am 11. Juli übernahm der Pfarrer der Schloss(kirchen)gemeinde, Ferdinand Leichte, „auf Anordnung“ (wessen?) die Leitung. Am 23. Juli fand eine Wahl zur Kirchenvertretung des Kirchenkreises Gotha statt, bei der die Deutschen Christen mit 9134 Stimmen die überwältigende Mehrheit bekamen. Dagegen waren der Christliche Volksbund mit 1074 und der Einigungsbund mit 323 Stimmen nur noch Splittergruppen. Der bisherige langjährige Superintendent Friedrich Burbach (1866–1934) trat von seinem Amt zurück, blieb aber noch bis zu seinem Tod am 10. März 1934 Oberpfarrer. Die Neuverpflichtung der Kirchenvertreter erfolgte am 30. Juli. Am 1. Oktober wurde Pfarrer Leichte zum Oberpfarrer ernannt. Er trug damals im Gottesdienst keinen Talar, sondern einen einfachen feldgrauen Anzug. Am 8. Februar 1934 fand hier eine Tagung der Deutschen Christen statt. Nach 1937 ist Leichte nicht mehr in Gotha nachweisbar und hat die Stadt verlassen. Oberpfarrer Lic. Alfred Schöne war ihm im Amt gefolgt.

Die Gothaer Stadtkirchgemeinde bestand damals (1935/36) aus folgenden Sprengeln: Schlossgemeinde und Schlossgemeinde Süd unter (Ober-)Pfarrer Leichte. Die Schlossgemeinde Süd war neu gebildet worden, nachdem 1933 das Stadtkirchenamt das Wohnhaus der Maschinenfabrik Briegleb, Hansen & Co. erworben hatte, die seit 1932 weitgehend abgebrochen worden war. Darin war eine Pfarrerwohnung und ein Kirchsaal (seit 1940 St.

Michael) und ein kirchlicher Kindergarten unter Leitung von Sophie Leichte eingerichtet worden. Weiterhin gab es die Kirchensprengel Augustin-Süd mit Pfarrer Gerhard Krüger, Augustin-West mit Pfarrer Gerhard Paul, Augustin-Nord mit Pfarrer Dr. theol. Karl Cramer, Margarethen-Ost mit Pfarrer Hermann Benser, Margarethen-Süd mit Pfarrer Otto Linz und Margarethen-Nord mit Pfarrer Gerhard Bauer. Außerdem gab es noch die Katholische Kirchengemeinde mit Pfarrer Josef Redemann, der hier Jahrzehnte lang bis nach 1945 im Amt war. Sie hatte 1933 die Werkshalle in der Südstraße neben der evangelischen Pfarrei erworben und sie zu ihrer Christkönigskirche umgebaut. Außerdem gab es noch eine Christliche Gemeinschaft innerhalb der Volkskirche, eine Baptistengemeinde und eine Israelitische Kultusgemeinde, deren Vorstand damals Willi Herrmann, Inhaber eines Geschäfts am Neumarkt war und deren Synagoge am 9./10. November 1938 durch SA-Brandstifter zerstört wurde.
Pfarrer Gerhard Bauer (1896–1958) war hier der aktivste Pfarrer des kirchlichen Widerstands der Thüringer Evangelischen Kirche. Nach dem Studium der Theologie in Halle war er 1923 in Gotha als Pfarrer angestellt worden, 1933 war er dem Pfarrernotbund beigetreten, der im September 1933 von Pfarrer Martin Niemöller (1892–1984) mit dem Theologen Dietrich Bonhoeffer (1906–1945), der damals in London lebte, zur Wahrung des evangelischen Bekenntnisstandes und zur Abwehr gegen illegale Übergriffe gegründet worden war. Außerdem war er Mitglied des Thüringer Landeskirchentages und Gründungsmitglied der Lutherischen Bekenntnisgemeinschaft in Thüringen und deren stellvertretender Vorsitzender, bis er im März 1938 in den Wartestand versetzt wurde, wogegen er Beschwerde einlegte und ein Jahr später Thüringen verließ. 1934 hatte er an den Bekenntnissynoden in Barmen und 1936 in Bad Oeynhausen teilgenommen. Nach einem kurzen Aufenthalt in Bayern fand er in Köslin (Koszulin, Pommern) eine Anstellung als Pfarrer. Die Gothaer Bekenntnisgemeinschaft schloss sich im Mai 1938 als erste in Thüringen der evang.-lutherischen Kirche Altpreußen an und erlangte damit eine legale Kirchenzugehörigkeit.
Seit 1936 leitete der Schweizer Pfarrer Werner Sylten in der Gartenstraße eine Geschäftsstelle der Lutherischen Bekenntnisgemeinschaft und litt dabei ständig unter Bedrohungen und Denunziationen, bis die Gestapo (Geheime Staatsspolizei) das Büro schloss und Sylten wieder arbeitslos war. Zuvor war er seit 1925 Leiter des evangelischen Mädchenheims in Bad Köstritz, aber dort entlassen worden, weil er väterlicherseits Halbjude war. Nach seinem Weggang aus Gotha fand er im „Büro Pfarrer Grüber“ in Berlin eine Anstellung, wo er Christen jüdischer Herkunft unterstützte und ihnen Ausreisebewilligungen vermittelte. 1941 wurde er verhaftet, in das KZ Dachau eingeliefert und am 12. August 1942 im Vernichtungslager Schloss Hartheim bei Linz (Oberösterreich) ermordet.

Landestheater und Musikleben

Mit der Spielzeit 1933/34 trat Dr. Otto Wartisch als Intendant des Landestheater Gotha-Sondershausen und Generalmusikdirektor (GMD) des Staatl. Lohorchester Sondershausen in Gotha sein Amt an, das 1935 um weitere drei Jahre verlängert wurde; hier war er schon 1921–1925 Kapellmeister gewesen. In den Spielplänen gab es kaum Veränderungen, es dominierte das Opernrepertoire, daneben wurden auch gern Operetten aufgeführt und beim Schauspiel waren Klassik und Komik vertreten. Die Zahl der Aufführungen war nach wie vor hoch, in der Spielzeit vom 1. Oktober 1935 bis 2. Februar 1936 waren es 129. Zum Volkstrauertrag im November gab es für die SA und SS Sondervorstellungen. An den Wochenenden wurden Sondervorstellungen von der NS-Organisation „Kraft durch Freude“ zu verbilligten Preisen, außerdem Platzabonnements der NS-Kulturgemeinde geboten Die Programmtexte der Einführungen waren oft mit völkischen Sprüchen bereichert.

Im Musikleben hat neben den drei Kirchenchören und sieben kleineren Amateurvereinen nach wie vor die Liedertafel e. V. mit ihren bis zu 650 Mitgliedern (nicht alle waren aktive Sänger/innen) u. a. Aufführungen von großen Chormusikwerken veranstaltet. Dazu kam der Konzertverein, der sich 1933 mit der Liedertafel zur Konzertgemeinschaft vereint hatte, deren musikalische Leitung aber GMD Dr. Wartisch 1935 wegen Überlastung abgab, sein Nachfolger wurde Studienrat Heinrich Fritzsche, dem ein Jahr später Walther Niemann folgte. Zur 100-Jahrfeier erhielt die Liedertafel am 17. April 1937 die Goldene Zelter-Plakette als besondere Anerkennung für ihre Pflege und Leistungen des Chorgesangs. Im August 1938 erfolgte dann die zwangsweise Vereinigung von Liedertafel und Konzertverein zur „Konzertgemeinschaft der Stadt Gotha e.V.“

Andere Ereignisse

Am 25. März 1934 erhielt Gotha vom Thür. Innenministerium den Zusatz „Stadt der Versicherungsbanken“ genehmigt. Ein ungewöhnliches Ereignis war der gleichzeitige Abschied der drei Direktoren der Kunst- und Wissenschaftliche Sammlungen auf Schloss Friedenstein und der Sternwarte in der Jägerstraße zum 1. April 1934. Der Museumsdirektor Dr. Karl Purgold (1850–1939) hatte als namhafter Altphilologe und Archäologe 1878–1885 an mehreren Ausgrabungen des antiken Olympia teilgenommen und war 1887 zweiter Direktor und von 1890 bis 1934 erster Direktor des damaligen Gothaer Museums gewesen und hat die bedeutende chinesische Porzellansammlung des Sinologen Friedrich Hirth (1845–1927) für das Gothaer

Museum erworben. Behrendt Pick (1861–1941) war Direktor der Herzogl. Bibliothek und des Münzkabinetts von 1928 bis 1934 und als Numismatiker mit zahlreichen Aufsätzen bekannt geworden. Am 12. Mai 1935 wird das Museum und am 30. Oktober die Bibliothek nach einer Renovierung wieder der Öffentlichkeit übergeben, nachdem der Kunsthistoriker Dr. Eberhard Freiherr Schenk von Schweinsberg Direktor der Gothaer Kunst- und Wissenschaftlichen Sammlungen geworden war. Schließlich war Professor Ernst Anding (1860–1945) seit 1906 Direktor der einst berühmten Gothaer Sternwarte, nachdem er vorher in München als Privatdozent und Observator (Beobachter) der Bayerischen Kommission für internationale Erdmessung gewesen war; mit seiner Pensionierung wurde die Arbeit an der Sternwarte beendet. Am 23. Juli erhielt der Geophysiker Professor und Geheimrat Adolf Schmidt, der von 1884 bis 1902 hier am Gymnasium Lehrer war, den „Adlerschild des Deutschen Reiches" für seine international bekannten geomagnietischen Forschungen.

Für diese Zeit sind zwei Umbenennungen charakteristisch: Die Loge am damaligen Carolinenplatz, Sitz der Gothaer Freimaurer, wurde am 1. Oktober 1935 in „Gildehaus" als Sitz der Kreishandwerkskammer umbenannt, ein Jahr später der Kurd-Laßwitz-Weg am Gymnasium in Brahmsweg, denn seine Frau war die Tochter eines Breslauer Rabbiners (Schriftgelehrter).

Im Bauwesen gab es 1936 eine Reihe wichtiger Ereignisse. Am 1. Februar fand das Richtfest für die Wohnhäuser der Landesbrandversicherungsanstalt in der Tabarzer Straße und am 6. Oktober das Richtfest für die Siedlungshäuser der Gagfah-Siedlung zwischen Reinhardsbrunner Straße und Leinakanal statt. Am 26. November wurde die Streckenführung der Reichsautobahn südlich an Gotha vorbei nach Eisenach bekannt gegeben. Im Oktober begann der Bau trotz der Einwände gegen die Schneise durch den Boxberg. Im Oktober 1938 begann der Bau, wobei am 9. November die Straßenbrücke über die Autobahn am

Töpfermarkt in Gotha 1933.
Foto: Oskar Dorn

Boxberg wegen mangelnder Festigkeit des Betons zusammenbrach und neu gebaut werden mußte. Schließlich wurde im Spätherbst 1940 der Abschnitt Gotha-Eisenach für den öffentlichen Verkehr frei gegeben.
Arn 1. April 1937 wurde der Gothaer Park mit Orangerie und der Mönchshof mit Park und mit dem Personal von der Stadtverwaltung aus herzoglichem Besitz übernommen. Ein Jahr später wird das Schlosshotel geschlossen, für das ein Umbau geplant ist. Am 28. Juni nimmt das Arbeitsamt in seinem neuen Gebäude an der Mauerstraße den Betrieb wieder auf. Noch 1938 war bis Anfang Februar 1939 der Spiegelsaal im Schloss Friedrichsthal (Sitz des Kreisamts Gotha) restauriert, aber nach dem Krieg weitgehend verändert worden.
Anfang September 1937 hielt die Reichswehr Manöver in der Umgebung ab, wobei es auch Einquartierungen von Soldaten gab. Vom 19.–23. September fand hier der 27. Deutsche Archivtag zusammen mit der Jahresversammlung der deutschen Geschichts- und Altertumsvereine statt. Am 22. September starb der Chefredakteur i. R. des Gothaer Tageblatts, Eduard Müller (1853–1937), der 227 fundierte heimatkundliche Aufsätze für die Beilage „Rund um den Friedenstein“ (1924–1941) geliefert hat.
Im Gothaer Schulwesen gab es in jenen Jahren einige Änderungen. So wurde am 15. Oktober 1933 der Kindergarten im Teeschlösschen, 1780 im einstigen „Garten der Herzogin“ erbaut, Ausbildungstätte für Kindergärtnerinnen. Am 26. Juni 1935 starb der langjährige Direktor der Reyherschule, Karl Kohlstock (1864 geb.), der vor allem mit seinen 30 Wanderheften „Entdeckungsreisen in der Heimat“ (1926) bekannt wurde. Am 5. Juli wurden erstmals die sechswöchigen Sommerferien (bisher vier Wochen) eingeführt. Eine Neuerung war die „Frauenschule“, die im April 1937 an der Oberstufe der Arnoldischule eröffnet wurde. Personelle Veränderungen gab es beim Schuljahrwechsel 1938, als der langjährige Direktor des Gymnasium Ernestinum (seit 1914), Dr. Heinrich Anz (1870–1944), der Direktor des Lyzeums (Höhere Mädchenschule) am Myconiusplatz, Dr. Heinrich Niewöhner (1889–1959), und der Direktor der Deutschen Oberschule (Arnoldischule), Dr. Hans Karge (alle drei Oberstudiendirektoren) ausschieden. Letzterer ging nach Gera, sein Nachfolger als Kreisleiter der NSDAP (Stadt- und Landkreis) wurde Willy Busch. Am Gymnasium wurde am 1. April Dr. Küttler (1885–1965) aus Altenburg eingeführt, der in der humanistischen Tradition stand, und an der Arnoldischule der Nationalsozialist Dr. Kintoff aus Vacha. Die meisten Lehrer waren auch hier Parteigenossen, einige, weil Freimaurer (Logenbrüder), dagegen nicht; wenige begeisterten sich persönlich für das NS-Regime, waren aber keine Fanatiker wie Dr. Karge und Dr. Kintoff. – Für die Lutherschule wurde am 15. November 1938 eine neue Turnhalle an der Schützenallee eröffnet.

Gotha im Zweiten Weltkrieg

Der Weg in den Krieg

Auch die Geschichte Gothas der beiden letzten Vorkriegsjahre ist von der Außenpolitik Hitlers mit geprägt, die durch den Anschluss Österreichs im März 1938, des im gleichen Jahr am 29. September auf dem Höhepunkt der Sudetenkrise getroffenen Münchener Abkommens der vier Großmächte Deutschland, Frankreich, Großbritannien und Italien, das außer der Abtrennung des tschechischen Sudentenlandes (1.–10. Oktober) auch andere territoriale Veränderungen durch die Wiener Schiedssprüche vom 2. November festlegte, und durch die Annexion der „Rest-Tschechei“ als deutsches „Protektorat Böhmen und Mähren“ im März 1939 nach der Unabhängigkeitserklärung der Slowakei gekennzeichnet ist. Die Volksabstimmung über den Anschluss Österreichs an das Deutsche Reich ergab auch hier 99% dafür. Die Rückkehr der Gothaer Aufklärungs-Abteilung 29 am 17. April 1939 aus dem besetzten Böhmen wurde hier besonders begrüßt.

Am 16. April wurde wieder eine große Luftschutzübung mit Verdunkelung der Fenster durchgeführt. Am 28. Juli 1939 erfolgte mit der Einführung einer allgemeinen „Bezugsscheinpflicht“ die Rationierung von Lebensmitteln, Spinnstoffwaren (Textilien) und Briketts. Die Einberufung von Reser-

Gotha mit Blick zum Schloss und Museum um 1937. Junkers Luftbild.

visten bzw. Reserveoffizieren zur Verstärkung der Reichswehr nahm zu. Die Nachrichten aus Polen über die Verfolgung und Misshandlungen von dort ansässigen Deutschen erhöhte die Spannung. In diese Zeit fällt auch der Abschluss des Deutsch-sowjetischen Nichtangriffspakts am 23. August in Moskau („Hitler-Stalin-Pakt") mit dem „Geheimen Zusatzprotokoll", das für den Fall einer „territorialen Umgestaltung" die beiderseitigen Interessensphären in Ost- und Südosteuropa abgrenzte.
Am 30. August 1939 wurden die Arnoldischule und die Aufbauschule als Reservelazarette der Wehrmacht eingerichtet und ihr Dach entsprechend den Genfer Konventionen mit einem großen roten Kreuz im weißen Quadrat als solche gekennzeichnet. Am gleichen Tag hatten sich an der Aufbauschule rd. 600 einberufene Reservisten versammelt. Der Unterricht wurde von der Aufbauschule an andere Schulen verlegt, während die Klassen der Arnoldischule ihren Unterricht an der Myconisschule wöchentlich abwechselnd vor- bzw. nachmittags erhielten. Am 1. September wurde um 6 Uhr früh vom zivilen Luftschutz zur Einrichtung von Turmbeobachtungsposten und zum Ausheben von ersten Deckungsgräben aufgerufen. Der Krieg hatte begonnen!

Die ersten Feldzüge

Mit einem Überraschungsangriff und mit propagandistischer Ausnutzung des Überfalls auf den schlesischen Rundfunksender Gleiwitz am Abend des 31. August, der vom deutschen Sicherheitsdienst (SD) der SS organisiert worden war, begann am Morgen des 1. September 1939 der Polenfeldzug ohne Kriegserklärung mit einem überlegenen Aufgebot des Heeres und der Luftwaffe, die schon in den ersten Tagen die polnische Luftwaffe sowie das dortige Verkehrssystem ausschaltete. Der englischen und französischen Kriegserklärung am 3. September folgte aber keine militärische Entlastung. Mit der Kapitulation Warschaus am 27./28. September und der letzten polnischen Truppen am 5. Oktober war dieser Feldzug beendet. Er war am Anfang nicht überall mit Begeisterung aufgenommen worden; denn weite Kreise hatten noch die Schrecken des Ersten Weltkrieges, teils als Soldat, teils von ihren Vätern überliefert bekommen. Mit den schnellen militärischen Erfolgen änderte sich dann aber die Stimmung. In den hiesigen Zeitungen, im deutschen Rundfunk und in den Wochenschauen der Kinos ist laufend über das Kriegsgeschehen berichtet worden.
Inzwischen waren in Gotha die ersten „Gäste" aus dem Saarland eingetroffen, die aus der nächsten Umgebung des Westwalls evakuiert worden waren. Diese Befestigungsanlagen mit ihren zahlreichen Panzersperren, Bunkern und Munitionsdepots waren schon seit 1936 entlang der französi-

schen Grenze angelegt worden. Anfang August 1940 konnten 700 evakuierte Saarländer aus Gotha und Umgebung wieder in ihre Heimat zurückkehren.
Während des Winters 1939/40 war auch an der Westfront Ruhe eingetreten. Gegen Versuche der Westmächte, Deutschland von der Zufuhr des schwedischen Eisenerzes abzuschneiden, begann am 9. April 1940 die überraschende Besetzung Dänemarks und Norwegens, bis am 10. Juni der Erzhafen Narvik besetzt war. Am 10. Mai begann der Westfeldzug mit dem Überfall auf die Niederlande, Belgien, Luxemburg, deren internationale Neutralität dabei missachtet wurde, und Frankreich, der am 22. Juni mit der Kapitulation Frankreichs und dem Waffenstillstand von Compiègne endete. Danach fuhren die ersten französischen Kriegsgefangenen durch Gotha, später wurden hier einige Gefangene in der neuen Großbäckerei an der Gayerstraße, von der die Kasernen mit Komissbrot beliefert wurden, eingesetzt.

Gotha im Luftkrieg

Der erste „Fliegeralarm" in Gotha wurde am 26. Juli 1940 ausgelöst, als 1.30 Uhr die Sirenen heulten. Über der Stadt kreisten feindliche Flugzeuge und warfen Leuchtbomben bei der Waggonfabrik ab, die Deckungsgräben waren von Schutz suchenden Einwohnern überfüllt. Kurz nach 2 Uhr flogen die letzten Flugzeuge ab, die außerhalb der Stadt Sprengbomben abgeworfen hatten, ohne nennenswerten Schaden anzurichten, In den nächsten Monaten erfolgte wiederholt Luftalarm beim Überflug von größeren Verbänden. Am frühen Morgen des 20. September wurden vier Bomben auf den „Scheinflugplatz" bei der Rennbahn am Boxberg abgeworfen. Erst am 9. Juli 1941 wurden bei einem Nachtangriff einige Bomben auf den Platz vor der Stadthalle, auf eine benachbarte Gärtnerei und den Feldern daneben geworfen, wobei neun Häuser beschädigt und die Fenster der Nachbarhäuser zertrümmert wurden.
Schon im Juni 1942 erfolgte ein dreiwöchiges Wehrertüchtigungslager an einer Schule in Bad Berka bei Weimar, an dem die Oberklassen der Gothaer höheren Schulen teilzunehmen hatten, wobei militärische Grundkenntnisse vermittelt wurden, aber keine Ausbildung an Waffen erfolgte. Ab Februar 1943 erfolgte der erste Einsatz von Arnoldischülern (Jg. 1926) als Flak-Helfer der Gothaer Flak-Abteilung. Nach einem „Führerbefehl" vom 20. September 1942 sollten 120.000 Mann, Soldaten der Luftwaffe für den Einsatz an der Ostfront und bei der Kriegsmarine freigestellt werden. Dafür sollten Schüler der höheren Schulen aus den Geburtsjahrgängen 1926 und 1927 für den „Kriegshilfseinsatz der Jugend bei der Luftwaffe" als Flak-Helfer zum Einsatz kommen.

Nach einer dreiwöchigen Grundausbildung im Fliegerhorst wurden die Schüler der Arnoldischule auf drei Heimatflakbatterien am Stadtrand auf der Kindleber Höhe beim Waggonfabrikflugplatz, in Siebleben nördlich des Weinbergweges und beim östlichen Ortseingang von Boilstädt aufgeteilt. Hier standen schwere Flak-Geschütze vom Kaliber 8,8 cm. Die Flak-Helfer wurden als Richt-, Lade- und Munitionskanoniere eingesetzt. Ihre „Dienst- und Arbeitsuniformen" glichen den Mannschaftsuniformen der Luftwaffe. An jeweils drei Tagen in der Woche fuhren sie mit dem Fahrrad zum Unterricht in die Schule, wo noch in sieben Fächern (u. a. Deutsch, Mathematik, Latein) unterrichtet wurde. Aber nach einem halben Jahr wurde der Unterricht in die Barackenunterkünfte bei der Flak-Stellung verlegt, und nun mussten die nicht mehr jungen Studienräte teils zu Fuß, teils mit dem Fahrrad, dorthin kommen. Denn etliche Lehrer waren inzwischen zum Kriegsdienst eingezogen worden. Seit dem Sommer 1944 standen die ohnehin verkürzten Stundenpläne wegen der häufigen Luftalarmzeiten und Überflüge feindlicher Bomberverbände meist nur noch auf dem Papier. Anfang 1945 wurden in Gotha die Flak-Helfer abgelöst, und im März hörte der Unterricht schließlich ganz auf. Ähnlich ist auch der Einsatz der Flak-Helfer vom Gymnasium Ernestinum und von der Aufbauschule verlaufen.
Die verstärkten britischen und amerikanischen Luftangriffe auf deutsche Industrieanlagen und Städte erfolgen nach der Konferenz von Casablanca im Januar 1943, auf der der US-Präsident F. D. Roosevelt und der britische Premierminister W. Churchill die „bedingungslose Kapitulation" Deutschlands forderten. Diese Luftangriffe trafen später auch Gotha. Den ersten Tagesalarm lösten am Mittag des 24. Januar 1944 größere Flugzeugverbände beim Überfliegen der Stadt in großer Höhe aus. Am 24. Februar wurde die Waggonfabrik in den Mittagsstunden zum ersten Mal von größeren Geschwadern bombardiert und dabei schwere Schäden angerichtet. Danach wurde die Produktion teilweise ausgelagert und nahm seitdem sogar in hohem Maße zu. Am 20. Juli 1944 erfolgte ein weiterer schwerer Tagesangriff auf die Werkhallen, die Schmiede und das Kesselhaus, der zahlreiche Tote und Verletzte gefordert hat. Darüber erschien aber keine Zeitungs- oder Rundfunkmeldung! Der gesamte Betrieb war durch diese zwei Luftangriffe bis zu 80% zerstört worden. Erst am Abend des 24. Juli wurde bei einer großen Trauerfeier auf dem Hauptmarkt der Toten gedacht, wobei der Kreisleiter der NSDAP zum Durchhalten „bis zum Endsieg" aufforderte. Auf der Lokalseite des „Gothaer Beobachters" durften die ersten 15 Traueranzeigen erscheinen, denen an den nächsten Tagen weitere folgten, darunter auch einige, bei denen der Todesfall mit dem „Terrorangriff am 20. Juli" datiert war.

Die Gothaer Waggonfabrik war mit der militärischen Aufrüstung vor und im Krieg zu einem der größten Flugzeugproduzenten in Deutschland geworden. Zuerst war es die GO-Serie der 2860 Lastensegler, die zur Unterstützung von Luftlandeeinsätzen der Fallschirmjäger eingesetzt wurden, dann folgte der Bau von über 120 zweimotorigen Aufklärungsflugzeugen FW (Focke-Wulf) 58 B „Weihe". Vor allem war es aber der Bau von über 2500 modernen zweimotorigen Jagdbombern „ME 110", die damals beim Feind gefürchtet waren.
Dementsprechend war auch der Bedarf an Arbeitskräften gewachsen, so dass ab 1942 die ersten Kriegsgefangenen aus Rußland eingesetzt wurden, später auch zwangsverpflichtete „Fremdarbeiter" aus ost- und westeuropäischen, von der Wehrmacht besetzten Ländern, zeitweise 2238 Personen. Sie waren notdürftig in Baracken in der Umgebung der Waggonfabrik bzw. des Fliegerhorstes untergebracht worden. Von 5900 Beschäftigten im Jahr 1939 war die Gesamtbelegschaft auf über 8000 angestiegen.

Der Gothaer Bahnhof nach dem Luftangriff am 6. Februar 1945.
Foto: Sammlung Günter Fromm

Erst im November kam es wieder zu Bombenangriffen, bei denen einzelne Flugzeuge am 10., 11. und 15. November jeweils in den Abendstunden ihre Luftminen über der Innenstadt (Friedrich-Jacobs- und Gartenstraße, Neumarkt und nördliche Stadtteile) abwarfen und damit schwere Schäden, u. a. an der Nordfront des Schlosses Friedenstein und an der Margarethenkirche, verursachten.
Der nächste schwere Luftangriff auf die Stadt erfolgte am Mittag des 6. Februar 1945 mit einem Bombardement des Hauptbahnhofs und seiner Umgebung an der Südstraße, der 270 Tote, dazu etwa 180 Tote unter den anwesenden Reisenden gefordert hat. Am 10. März warfen drei Flugzeuge ihre Minen auf einige Häuser in der Innenstadt und im Ortsteil Töpfleben, und am 15. März wurden abends Zielmarkierungsbomben über dem Stadtgebiet abgeworfen. Am 3. April sind dann die letzten Bomben in Gotha von der Friedrich-Perthes- bis zur Weimarer Straße niedergegangen. Insgesamt haben die Luftangriffe 559 Tote, darunter 235 Frauen und Kinder, gefordert; 330 Gebäude wurden zerstört und 2500 Häuser mehr oder weniger stark beschädigt.

Josef Ritter von Gadolla und die Kapitulation der Stadt

Oberstleutnant Josef Ritter von Gadolla (1897–1945) stammte als Sohn eines Rittmeisters aus einer altösterreichischen Adelsfamilie und wurde am 14. Juni 1897 in der steirischen Landeshauptstadt Graz geboren. Er begann seine militärische Laufbahn auf einer Militärunterrealschule, nach dem Besuch der Infanterie-Kadettenschule in Graz und Prag wurde er in der Technischen Militärakademie Hainburg zum Pionier ausgebildet und nahm 1918 als Leutnant am Ersten Weltkrieg teil. Bei einem Fronteinsatz in den Südtiroler Bergen wurde er Mitte Juni 1918 schwer verwundet und war seitdem gehbehindert. Nach dem Krieg diente er in der Steirischen Volkswehr, seit Anfang Juli 1921 als Oberleutnant im österreichischen Bundesheer bei den steirischen Alpenjägern. 1936 zum Major befördert, wechselte er in den Technischen Dienst der Fliegertruppe in Graz-Thalerhof. Nach dem Anschluss Österreichs an das Deutsche Reich wechselte er 1938 als Kompaniechef in den Erprobungsdienst der Luftwaffe und wurde 1939 als Oberstleutnant zum Wehrbezirkskommando nach Marktredwitz im Fichtelgebirge, im Mai 1943 als Leiter des Wehrmeldeamts nach Gotha versetzt. Hier wurde er in seiner Umgebung, wie auch privat, wegen seiner humanen Einstellung und freundlichen Auftretens sehr geschätzt. Dabei lernte er als gläubiger Katholik bei den Besuchen der Gottesdienste in der Bonifaciuskirche den dortigen Pfarrer Josef Redemann und andere

Gothaer kennen, soweit sie sich vorsichtig als Nazigegner erkennen ließen. Gadolla besuchte öfter die Vorstellungen des Landestheaters Gotha bis zur kriegsbedingten Schließung Anfang August 1944, darunter auch eine Aufführung von Goethes „Faust“ Teil 1.
In den ersten Apriltagen (Ostern) des Jahres 1945 war die 4. Panzerdivision der 3. US-Armee bis vor Gotha vorgestoßen und befand sich mit ihrer Spitze westlich vom Krahnberg. Am 3. April wurde zehn Minuten nach 10 Uhr in der Stadt mit einem 5-Minuten-Dauerton der Sirenen Feindalarm gegeben. Der Kampfkommandant und Standortälteste Oberstleutnant Josef Ritter von Gadolla beriet sich mit seinen Offizieren über die militärische Lage, in der eine erfolgreiche Verteidigung aussichtslos war.
Davon erhielt der zivile Verteidigungsausschuss der Stadt, dem die führenden Männer der Stadt und der Partei angehörten, Kenntnis und gaben dazu eine Erklärung ab, nach der Gotha an den Feind zu übergeben ist. Danach setzten sich die meisten Mitglieder des Verteidigungsausschusses nach Osten ab.
Bevor Oberstleutnant Gadolla gegen 16 Uhr mit dem Stadtkämmerer Dr. Sandrock seine Fahrt als Parlamentarier zur Übergabe der Stadt antrat, ließ er auf einigen öffentlichen Gebäuden weiße Fahnen aufziehen. Am Löwenplatz (heute B.-von-Suttner-Platz) hielten ihn aber Angehörige der Waffen-SS auf und zwangen ihn zur Rückkehr, nachdem er sie über den Beschluss des Verteidigungsausschusses informiert hatte. Danach waren die weißen Fahnen wieder eingeholt worden, und die Amerikaner nahmen den Beschuss der Stadt wieder auf. Beim Landestheater am Arnoldiplatz versuchten einige Männer der Waffen-SS, mit einem Flak-Geschütz einen britischen Jagdbomber abzuschießen, wurden aber außer Gefecht gesetzt. Dabei geriet in der Nähe gelagerte Flak-Munition in Brand, und das Feuer griff auf das Theater über, das ausbrannte. Auch die Umgebung wurde dabei in Mitleidenschaft gezogen.
Am Abend machte Gadolla einen zweiten Versuch zur Übergabe der Stadt und ließ wieder weiße Fahnen hissen. Dann fuhr er mit dem Stadtbaurat Müller-Kirchenbauer und dem Fahrbereitschaftsleiter Rudolph in Richtung Sundhausen, wegen des Beschusses aber über die Uelleber Straße nach Boilstädt. Dort wurden sie von Flak-Soldaten aus der Gaststätte „Zum Wiesengrund“, hinter der sich die Stellung einer Flak-Batterie befand, angehalten, als „Verräter“ beschimpft und festgenommen. Ihnen wurde vorgehalten, dass ihnen der Befehl Hitlers bekannt sein müsste, nach dem jede Stadt zu verteidigen sei und es keine Kapitulation gäbe. Nach einer Rückfrage bei der Wehrmachtskommandantur in Weimar kam von dort der Befehl, die Festgenommenen dorthin zu bringen. Bei einem Beschuss, der zum Anhalten zwang, flüchtete der Fahrer Rudolph, der sich nach Hause

durchschlagen konnte. Unterwegs hatten sie einen Unfall mit einem LKW, wobei Gadolla am Kopf schwer verletzt wurde. Er wurde in einem Lazarett in Arnstadt ärztlich versorgt und die Fahrt nach Weimar fortgesetzt.
Am Mittag des 4. April trat in Weimar das Standgericht der Wehrmachtskommandantur zusammen. Gadolla erklärte, wegen der Schmerzen durch seine schweren Kopfverletzungen nicht vernehmungsfähig zu sein, was aber der anwesende Oberstabsarzt nicht anerkannte, so dass ein Major als Anklagevertreter die Todesstrafe beantragte. Dazu erklärte Gadolla, dass es nicht um Verbindung mit dem Feind ging, sondern um weitere Verluste unter der Bevölkerung zu verhindern, weil nach dem Abzug der kämpfenden Truppe aus Gotha jeder militärische Widerstand sinnlos gewesen wäre und das auch der Verteidigungsausschuss eingesehen hätte. Daraufhin wurde Gadolla nach einer geheimen Beratung des Gerichts zum Tod verurteilt. Da Müller-Kirchenbauer als Zivilist wohl nach Aussage Gadollas den Führer-Befehl nicht gekannt hat, wurde er freigesprochen. Die Erschießung Gadollas geschah am Morgen des folgenden Tages, seine Leiche wurde im Außengelände der Kaserne verscharrt. Seine letzten Worte waren nach Zeugnis des ihn begleitenden katholischen Pfarrvikars Leo Schramm: „Damit Gotha leben kann, muss ich sterben."
Nach seinem Tode wurde am 27. März 1945 die Straße von der Bürgeraue zur Humboldtstraße nach ihm benannt, und am 50. Todestag wurde er 1995 an seinem Dienstsitz am Schloss Friedenstein mit einer Gedenktafel als „Verdienter Bürger der Stadt Gotha" geehrt. Am 30. Dezember 1997 hob das Thüringer Oberlandesgericht das kriegsgerichtliche Urteil vom 4. April 1945 auf und rehabilitierte damit Oberstleutnant von Gadolla. In Graz wurde im Dezember 1997 eine Straße nach ihm benannt, und im März 1998 ehrte ihn der österreichische Bundeskanzler Viktor Klima anlässlich einer Feier des 60. Jahrestages der 1. Republik Österreichs 1938. Am 10. Oktober 2009 wurde in Gotha vorm Neuen Rathaus am Ekhofplatz eine Gadolla-Stele mit seinem Bildnis enthüllt.

Weitere Ereignisse

Nachdem 1937 mit dem Abriss des in „Gildehaus" umbenannten Gebäude der „Loge" der Gothaer Freimaurer begonnen worden war, wurde am 30. Dezember 1940 der Neubau der „Lichtspiele am Karolinenplatz" (heute Ekhofplatz) mit dem Operettenfilm „Rosen in Tirol" eröffnet und das Kino „Steinmühle" geschlossen; im Jahr danach wurde hier der erste deutsche Farbfilm „Frauen sind doch bessere Diplomaten" gezeigt. Am 19. Dezember 1939 hatte das Richtfest für den Neubau des „Schlosshotel" stattgefunden, der aber erst nach dem Krieg fertiggestellt worden ist.

Am Landestheater gab es 1940 die ersten personellen Veränderungen, als Anfang Februar Intendant Dr. Wartisch einer Berufung nach Prag folgte und Willie Schmidt vom Stadttheater Eisenach sein Nachfolger wurde. Anfang November verabschiedete sich auch der Schauspieldirektor Martin Homburg aus Gotha. Trotz der Kriegsjahre wurde hier immer noch gutes Musiktheater und Schauspiel, meist vor vollem Haus geboten. 1942 endete zwar die Fusion mit Sondershausen, trotzdem war immer noch fast jede Neuinszenierung auch eine Neuausstattung mit Kostümen. Die Aufführung der Oper „Daphne“ von Richard Strauß im August 1944 war dann das letzte Gothaer Theaterereignis, denn am 6. August mussten auf Weisung der Weimarer Regierung alle Theater in Thüringen geschlossen werden. Dann folgte für die Theaterfreunde „ein trostloser Winter mit viel Fliegeralarm und Bombenabwürfen“, wie damals ein Zeitzeuge notiert hat.
Anfang Oktober 1939 musste die Gothaer Militäruniformsammlung zum Berliner Zeughaus Unter den Linden gebracht werden. Sie konnte aber nach dem Krieg nicht wieder zurück geführt werden, weil vom Eigentümer kein Nachweis darüber erbracht werden konnte. Am 25. November 1940 besuchte der schwedische Zentralasienforscher Sven Hedin (1865–1952) erneut den hiesigen Justus-Perthes-Verlag, bei dem er seine Reiseberichte veröffentlicht hat. Am 31. Mai/1. Juni 1941 musste das viel gelesene „Gothaische Tageblatt“ im 93. Jahrgang „kriegsbedingt“ sein Erscheinen einstellen. Damals fiel u. a. die Figur des St. Gotthard auf dem gleichnamigen Brunnen am Hauptmarkt der „Metallspende“ zum Opfer. Sie wurde erst nach der Wende wieder ersetzt. Auch Kirchenglocken waren von dieser Buntmetallerfassung betroffen. Schließlich wurden in späteren Kriegsjahren in den Schulen Sammlungen zur Erfassung von Buntmetall, Papier und Knochen aus Speiseresten eingeführt. Je länger der Krieg andauerte, um so knapper wurden die Rohstoffe, so dass auch Textilien und Lederschuhe selbst auf Bezugsschein kaum noch zu haben waren. Die rationierten Lebensmittelrationen waren reduziert worden.
Mit der Kapitulation der Wehrmacht am 8. Mai 1945 war der Zweite Weltkrieg in Europa und damit auch das von der NS-Propaganda proklamierte „Tausendjährige Reich“ und die 12jährige NS-Diktatur von den Alliierten beendet worden.

Die ersten Nachkriegsjahre

Nach der Kapitulation der Stadt am 4. April 1945 kam Gotha unter die US-Militärverwaltung, die im Mai den Juristen Dr. Günther Gottschalk als Oberbürgermeister der Stadt einsetzte. Er veröffentlichte am 19. Mai die erste Ausgabe der amtlichen „Bekanntmachungen für den Stadt- und Landkreis Gotha“. Darin wurde als Erstes verfügt, dass der 21. Mai (2. Pfingstfeiertag) kein Feiertag ist. Es folgte die Bekanntgabe der „Lebensmittelmengen“ (Brot, Fleisch, Fett) für die nächste Maiwoche, danach die ersten Umbenennungen von 15 Gothaer Straßen mit NS-Namen, die ihre alten Namen zurück erhielten (Ausnahme: Waid- anstatt Jüdenstraße). Um die gefährdete Wasserversorgung sicher zu stellen, wurden die nichtbeschäftigten Männer zu Arbeitseinsätzen aufgerufen. Später wurde auch der erste Eisenbahn-Fahrplan für den Berufsverkehr bekannt gemacht. Auch ein „Bericht des Unteren Militärgerichts Gotha“ war erschienen, wonach sieben Gothaer und fünf Gothaerinnen wegen Verstoßes gegen das Ausgangsverbot, das zeitlich oft geändert wurde, zu mehrtägigen Gefängnisstrafen verurteilt wurden, die aber für zwei Frauen erlassen wurden. Bis zum 3. Juli wurden elf Ausgaben der Bekanntmachungen veröffentlicht, in denen sich das öffentliche Leben jener Zeit widerspiegelt.

Das politische Leben hatte die Militärverwaltung für Thüringen verboten. Nach einer Unterredung der Brüder Hermann und Hugo Meister mit dem US-Kommandanten im Rathaus gestattete dieser eine legale Tätigkeit mit der Einschränkung, dass nicht mehr als fünf Personen zusammentreffen und keinerlei Druckschriften publiziert werden dürfen. Schon am 5. April hatten sich einige Genossen der früheren KPD zu einer ersten Beratung getroffen, und nach weiteren Treffen, zu denen noch andere Genossen gekommen waren, wurde am 29. April beschlossen, den 1. Mai zu feiern. Dafür gab es aber vom Stadtkommandanten keine Erlaubnis, weil dieser Tag zum Arbeitstag erklärt worden war und er den „Nazisten“ keine Gelegenheit zur „Unruhestiftung“ geben wollte. Trotzdem fand vor dem Barackenlager in der Kindleber Siedlung mit sowjetischen, polnischen, jugoslawischen und französischen Genossen, die als Zwangsarbeiter dort untergebracht waren, eine Maifeier statt. Am 29. April hatten die Gothaer Genossen auch ihre eigene Unterbezirksleitung gegründet.

Nach dem Abzug der US-Besatzung Ende Juni aus Thüringen, der auf Beschluss der Konferenz von Jalta im Februar 1945 erfolgte, als die vier Siegermächte die Teilung Deutschlands in vier Besatzungszonen beschlossen hatten, zogen die ersten Einheiten der Roten Armee der Sowjetunion am 3. und 4. Juli 1945 in Gotha ein. Damit begann eine neue Epoche in der Geschichte der Stadt. Der SMAD-Befehl Nr. 2 vom 10. Juni 1945 erlaubte die Bildung antifaschistischer Parteien. Nun konnten Kommunisten und Sozialdemokraten öffentlich auftreten, und Anfang Juli konnten hier auch die Liberaldemokraten, zu deren Gründern Studienrat Heinrich Gaensler gehörte, und die Christlichen Demokraten mit Pfarrer Joseph Redemann und Kurt Döbler ihre Ortsgruppe aufbauen.

Am 13. August 1945 gründeten die beiden Arbeiterparteien mit den beiden anderen Parteien den antifaschistischen Block, der künftig die Grundlage für eine gemeinsame politische Zusammenarbeit unter der Führung der KPD bilden sollte. Bald zeigte sich schon eine „Aktionsfreiheit" von Kommunisten und Sozialdemokraten, die schließlich zur Vereinigung beider Parteien in der „Sozialistischen Einheitspartei Deutschlands" (SED) führte. Dabei haben Angehörige der SMAD (Sowjetische Militäradministration Deutschlands) „jede mögliche Unterstützung" geleistet, nach späteren Berichten von Zeitzeugen besonders mit massivem Druck auf die SPD-Führung und ihre Mitglieder, so dass dafür der Begriff „Zwangsvereinigung" aufkam. Nach getrennten Parteitagen der Thüringer Landesverbände der KPD und SPD am 6. April fand am 7. April 1946 in der Stadthalle die Vereinigung beider Parteien zur Sozialistischen Einheitspartei Deutschlands (SED) statt. Dieses Ereignis erinnerte an den Gothaer Vereinigungsparteitag von 1875, als sich Eisenacher und Lassalleaner in Gotha zur sozialdemokratischen Arbeiterpartei vereinigt hatten. Die SED entwickelte sich schnell zur führenden politischen Macht, die auch die Führung in den Massenorganisationen einnahm. Schon am 9. Juli 1945 war in Gotha eine Ortsgruppe des FDGB (Freier Deutscher Gewerkschaftsbund) gegründet worden, im Dezember die Volkssolidarität, im März 1946 die FDJ (Freie Deutsche Jugend) und im Februar 1947 der DFD (Demokratischer Frauenbund Deutschlands). In der Regel waren die Vorsitzenden und Sekretäre dieser Organisationen Mitglieder der SED. Dazu kam noch die Gesellschaft zum Studium der Kultur der Sowjetunion (später: der Deutsch-Sowjetischen Freundschaft), deren Mitbegründer Professor Hermann Haack (1872–1966) als korrespondierendes Mitglied der Geographischen Gesellschaft der Sowjetunion seit 1931 war, bestanden doch seine Beziehungen zur russischen und sowjetischen Geographie und Kartographie schon seit dem Jahr 1900.

Auf Initiative der SMAD wurden im Frühjahr 1948 zwei neue bürgerliche Parteien gegründet, um den Einfluss der LDP und CDU zurück zu drängen. Ende Juli wurde hier der Kreisverband der Demokratischen Bauernpartei Deutschlands (DBD) und eine Ortsgruppe der National-Demokratischen Partei Deutschlands (NDP) von bisherigen SED-Mitgliedern gegründet. Auch diese Parteien traten dem antifaschistischen Block bei.

Auf der Grundlage des SMAD-Befehls Nr. 201 war die Entnazifizierung der Behörden und öffentlichen Dienststellen bis zum 31. März abzuschließen, in

denen die Mitglieder ehemaliger NS-Organisationen entlassen wurden. Darüber fließen die Nachrichten spärlich. Am 29. Oktober 1947 wurde in der Zeitung über die erste öffentliche Tagung der Entnazifizierungskommission in Gotha unter Vorsitz von Hugo Meister berichtet.
Die SMAD war an einer schnellen Normalisierung des Lebens in der sowjetisch besetzten Zone (SBZ) interessiert, und dem sollten auch ihre Befehle an die deutschen Verwaltungsorgane in Stadt und Land dienen. Deshalb wurden am 8. September 1946 in Thüringen erste demokratische Gemeindewahlen durchgeführt. Von den in Gotha abgegebenen 32.515 Stimmen erhielt die LDP 38,1%, die SED 36,3% und die CDU 23,8%. Bei den Kreistagswahlen am 20. Oktober 1946 erhielt die SED 47,5%, die LDP 29,6% , die CDU 16,3% und die VdgB (Vereinigung der gegenseitigen Bauernhilfe) 6,6% der abgegebenen Stimmen. Bei der Landtagswahl am gleichen Tag lag die LDP in Gotha mit 41,4% der Stimmen an der Spitze. Am 24. Oktober wurde Heinrich Gaensler (LDP) zum 1. Vorsitzenden der Gothaer Stadtverordnetenversammlung und drei Tage später Dr. Hans Loch (LDP) zum Oberbürgermeister sowie Hugo Meister (SED) als dessen Stellvertreter zum Bürgermeister gewählt. Als Dr. Hans Loch Ende Juni 1948 als Justizminister nach Weimar berufen wurde, waren auch seine Nachfolger bis zum Ende 1958 LDP-Mitglieder, danach wurden nur noch SED-Funktionäre von ihrer Partei in dieses Amt berufen bzw. gewählt.

Zum Schutz gegen die separate Währungsreform in den drei Westzonen wurde Ende Juni 1948 mit dem SMAD-Befehl 111 und einer Verordnung der Deutschen Wirtschaftskommission in der SBZ ein Geldumtausch mit aufgeklebten Spezialcoupons durchgeführt, dem ein Monat später ein zweiter Geldumtausch mit neuen Banknoten folgte. Ab 18. Januar 1949 wurden auch die Personalausweise umgetauscht.
Ein wichtiges Ereignis war die Gründung der Deutschen Demokratischen Republik am 7. Oktober 1949 mit der Bildung einer provisorischen Regierung durch die provisorische Volkskammer in Berlin, das auch hier offiziell in Betrieben und Schulen gefeiert wurde. Am 12. November übergab der sowjetische Stadtkommandant Oberst Abrasimov die Verwaltungshoheit über die Stadt an Oberbürgermeister Walter Würriehausen, damit begann ein neuer Abschnitt der Nachkriegszeit.

Die wirtschaftliche Entwicklung

Nachdem die SMAD mit dem Befehl Nr. 9 am 21. Juli 1945 die sofortige Wiederaufnahme der Produktion in den Industriebetrieben angeordnet hatte, konnten die Fabriken unter schwierigen Verhältnissen, bedingt durch Kriegs-

zerstörungen und Materialmangel, weiter arbeiten, wobei die neu gewählten Gewerkschaftskomitees und Betriebsräte wirksame Hilfe leisteten. Einige Betriebe wurden wegen ihrer Kriegsproduktion demontiert wie die Fa. August Blödner oder enteignet und in Volkseigentum (VEB) überführt, wie die Firmen Maschinen- und Zahnräderfabrik (Abus) und die Ziegelei von Robert Friedrichs. Von der Gothaer Waggonfabrik (GWF) sollte ebenfalls demontiert werden, was nach dem Krieg übrig geblieben war, obwohl bereits beachtliche Reparaturleistungen von Eisen- und Straßenbahnwagen angelaufen waren. Schließlich konnte durch Verhandlungen des Oberbürgermeisters Dr. Loch und Vertretern der SED am 18. Januar 1947 der Fortbestand der Waggonfabrik als VEB Lowa erreicht werden.
Außer den VEB gab es seit 1946 die Sonderform der Sowjetischen Aktiengesellschaftsbetriebe (SAG-Betriebe), zu denen die größten und leistungsfähigsten Betriebe im Lande gehörten wie die vormaligen Gothaer Firmen Blödner & Vierschrodt, die Gothania und Theodor Ehrlich, die nun als sowjetischer Besitz auf Rechnung der Besatzungsmacht und nicht auf das Konto der Reparationen produzierten. Von 1948 bis 1952/54 wurden diese Betriebe an das Land Thüringen zurück gegeben und in Volkseigentum überführt, wodurch der volkseigene Sektor in der Industrie gestärkt wurde.
Mit der Vertreibung (im SED-Sprachgebrauch: Umsiedlung) der Deutschen aus den Gebieten östlich der Oder und Görlitzer Neiße waren auch zahlreiche Schmuckhandwerker aus Gablonz (Jablonec) in Böhmen nach Gotha und Umgebung gekommen, die sich hier am 23. Januar 1946 in der Einkaufs- und Liefergenossenschaft „Bijou“ als ein neuer Wirtschaftszweig organisierten, der später bis zu 200 Betriebe mit rund 1000 Beschäftigten, davon der größte Teil in Gotha, angehörten. Seit Januar 1947 hatte die „Bijou“ ihren Geschäftssitz in der Lindenauallee 2 und konnte nach der Auflösung der dortigen Landesgenossenschaftsbank 1952 das Gebäude für sich erwerben und später ausbauen. Schon bald war sie auf der Leipziger Messe und später auch im Ausland vertreten, wo sie an früheren Geschäftsbeziehungen wieder anknüpfen und seit 1949 auch ihre Metall- und Glasschmuckwaren exportieren konnte.
Nachdem seit dem 8. August 1945 in der „Thüringer Volkszeitung“ erstmalig ein Gothaer Lokalteil erschienen war, erfolgte hier am 28. Oktober die Mitteilung, dass die Stadt 66.326 Einwohner hatte, darunter waren 12.000 „Evakuierte aus Ost und West“ (18%), u. a. auch zahlreiche ausländische Zwangsarbeiter, die auf ihre Heimkehr warteten. Damit war für die Stadtverwaltung eine schwere Aufgabe in der Unterbringung, Versorgung und Rückführung dieses Bevölkerungsanteils erwachsen. Nach der amtlichen Volks- und Berufszählung am 29. Oktober 1946 wurden dann 57.639 Einwohner gezählt.

Am 22. Juli 1945 verfügte hier die Besatzungsmacht die Beschlagnahme des Vermögens der NSDAP und ihrer Organisationen sowie deren hauptamtlichen Mitarbeiter und am 4. August einen Bankenschließtag. Am 21. September durften die Sparkasse mit ihren Nebenstellen und einige Tage später die Volksbank als alteingesessene Banken ihren Geschäftsbetrieb wieder aufnehmen. Nachdem am 20. Juni 1948 in den drei westlichen Besatzungszonen eine separate Währungsreform durchgeführt wurde, erfolgte hier Ende Juli 1948 auf Befehl Nr. 111 der SMAD durch die Deutsche Wirtschaftskommission ein Geldumtausch mit aufgeklebten Spezialcoupons und einen Monat später die Ausgabe neuer Banknoten im Verhältnis 10:1, wobei pro Person 100 Mark 1:1 bzw. bis zu 1000 Mark 5:1 umgetauscht wurden. Im Herbst 1945 war das gesamte Versicherungswesen in der SBZ verstaatlicht worden. Damit entfiel auch für die Gothaer Lebensversicherungs- und Feuerversicherungsbank in Ostdeutschland jede Geschäftsgrundlage. Deshalb beschlossen die Leitungsorgane beider Banken im März 1946, ihren Sitz nach Westdeutschland zu verlegen, die Lebensversicherungsbank nach Göttingen und die Feuerversicherungsbank nach Köln – Gotha war nun nicht mehr die „Stadt der Banken und Versicherungen".
Im Bauwesen waren die Baugewerke noch lange mit der Beseitigung der Kriegsschäden an den Gebäuden beschäftigt. Aber im Rahmen des Aufbauprogramms 209 wurden für Neubauern, die Land aus der Bodenreform vom Herbst 1945 erhalten haben, bis Ende 1947 im Kreis insgesamt 162 neue Bauernhöfe gebaut. Beim Aufbau der Thüringer Öl- und Fettwerke auf dem Grundstück des demontierten Rüstungsbetriebs August Blödner an der Parkstraße fand am 24. Juli 1948 das Richtfest statt. Der Betrieb wurde später mit der Produktion seiner Kama-Margarine auch über die Region hinaus bekannt. Der Neubau von Wohnungen setzte erst 1950 ein.
Im Verkehrswesen nahm am 21. September 1945 die Thüringer Waldbahn wieder ihren Betrieb ab Löwenstraße zunächst nur bis Leina auf und fuhr ab 30. Oktober 1946 wieder durchgängig unter der gegen Kriegsende gesprengten Autobahnbrücke bei Leina nach Waltershausen und Tabarz.
Im Handel kam es schon am 17. Februar zur Neugründung der Konsumgenossenschaft für Gotha und Umgebung. Im gleichen Jahr am 5. Dezember wurde das Konsum-Warenhaus in der Erfurter Straße (vorm. H. Feldmann) eröffnet. Außerdem entstanden im Konsumverband auch zahlreiche Einzelverkaufsstellen in der Stadt. Im November 1948 wurde eine staatliche Handelsorganisation (HO) gegründet und am 21. Dezember am Hauptmarkt zwei „freie Läden" eröffnet: Das spätere HO-Textilkaufhaus für Textilien und Schuhe und ein HO-Lebensmittelgeschäft. Gegenüber den Preisen für bezugsscheinpflichtige Waren lagen hier die Preise jedoch um ein Mehrfaches höher, wurden aber später wiederholt gesenkt. Dazu kamen weitere HO-Verkaufsstellen in Geschäften, deren Besitzer wegen Verstoß gegen das

damals geltende Wirtschaftsrecht als „Spekulanten“ und „Schieber“ enteignet worden waren, worüber auch im Lokalteil der „Thüringer Volkszeitung“ berichtet wurde.
In der Landwirtschaft war das Gesetz zur Durchführung der Bodenreform in Thüringen erlassen worden, das die Enteignung von privaten Betrieben über 100 Hektar (ha) sowie Grundbesitz von Kriegsverbrechern und NS-Führern forderte und bis Anfang 1948 abgeschlossen wurde. In Gotha waren 457 ha in den dafür gebildeten Bodenfonds übernommen worden. Dazu kamen noch 180 ha vom Fliegerhorst und 54 ha vom Flugplatz der Waggonfabrik; weitere Flächen hat die Rote Armee im April 1947 in den Kreisbodenfonds übergeben. Landarbeiter und landarme Bauern erhielten davon im Oktober 168 ha, später wurden weitere Flächen an vertriebene Umsiedler vergeben. So entstand in der Töpfleber Flur eine ganze Siedlung von Neubauern mit eigenen neuen Höfen.

Alte und neue Schulen

Für die Entwicklung des Schulwesens nach dem Krieg war das Gesetz zur Demokratisierung der Schulen in Thüringen vom 2. Juli 1945 richtungsweisend. Danach wurden die Lehrer, die Mitglied der NSDAP oder einer ihrer Oganisationen waren, aus dem Schuldienst entlassen. Darunter, wie auch unter der materiellen Not der Nachkriegszeit, hatten die Schulen schwer zu leiden. Der Winter 1946/47 war ungewöhnlich lang und streng, so dass Anfang März die Versorgung mit Brot und Kohlen knapp wurde. Um die personellen Lücken an den Schulen zu schließen, wurden in besonderen Lehrgängen „Neulehrer“ ausgebildet. Am 7. August verfügte das thüringische Landesamt für Volksbildung einen allgemeinen Unterrichtsbeginn ab 1. Oktober in „unserer neuen demokratischen Schule“. Mit dem neuen thüringischen Schulgesetz vom 12. Juni 1946 wurde verfügt, dass es an den Oberschulen (Gymnasien) nur noch die Klassen 9–12 gab und die Oberschulen für Mädchen (Lyzeen) beseitigt wurden, so dass mit den achtklassigen Grundschulen ein Einheitsschulsystem entstand. An den Oberschulen gab es jetzt den neusprachlichen, den mathematisch-naturwissenschaftlichen und den altsprachlichen Zweig. Die Arnoldischule stand unter den neuen Bedingungen bis 1951 unter der Leitung von Studienrat Heinrich Gaensler (1884–1992), der inzwischen die Altersgrenze überschritten hatte. Das humanistische Gymnasium Ernestinum wurde am 15. Oktober 1945 mit den Klassen 7 bis 12 mit Direktor Dr. Schorcht und sieben Fachlehrern in die Aufbauschule verlegt. Nach einem weiteren Umzug in die Mädchenberufsschule in der Emminghausstraße wurden die Klassen 5 bis 8 in den altsprachlichen C-Zweig der Arnoldischule übernommen. Direktor Dr. Otto Küttler (1885–1965) war schon früher aus dem Amt ausgeschieden und hatte eine Anstellung als wissenschaftlicher Mitarbeiter in der damaligen Landesbibliothek Gotha gefunden und erreichte mit großem persönlichen Einsatz, dass die wertvolle Gymnasialbibliothek mit ihren 50 000 Bänden aus dem besetzten Schulhaus an der Bergallee Anfang November 1947 auf Beschluss der Stadtverordnetenversammlung von der Landesbibliothek auf Schloss Friedenstein übernommen wurde. Die Erinnerung an das traditionsreiche Gothaer Gymnasium lebte aber bei den ehemaligen Lehrern und Schülern sowie in der nachfolgenden Albert-Schweizer-Schule unter ihrem Direktor Hugo Thiel weiter. Mitte Januar 1946 wurden wieder mehrere Kindergärten eröffnet, darunter das „Teeschlösschen" oberhalb der Orangerie, das später wieder Kindergärtnerinnenschule wurde. Am 22. Juli 1947 wurde ein Berufspädagogisches Institut im Westflügel des Schlosses Friedenstein unter Leitung von Prof. Dr. Riesenbürger eröffnet; ein Jahr später verlassen die ersten Absolventen das Institut als Fachlehrer. Ende des Jahres nahm die Volkshochschule ihre Tätigkeit auf. Am 2. Oktober 1948 wurde auch die Baufachschule (später Ingenieurschule für Bauwesen) unter Leitung von Baurat Prof. Rudolf Orkas (?) wieder eröffnet, die auf eine lange Ausbildungstradition mit namhaften Dozenten zurück blicken konnte, von denen einige auch als Architekten das Gothaer Stadtbild ihrer Zeit mitgeprägt haben. Auch die hiesige Landwirtschaftsschule an der Eisenacher Straße nahm damals ihren Betrieb wieder auf. Im Jahr danach war hier am 24. Mai 1949 die Finanz- und Versicherungsfachschule an der Bahnhofstraße eröffnet worden, die vorher im kleinen Kipsdorf im Osterzgebirge ihren Sitz hatte, und erhielt Anfang September 1959 einen Neubau.

Beutegut als Kriegsverluste

Am 7. Januar 1946 begann der Abtransport Gothaer Kunstgüter als sowjetisches „Beutegut" in die Sowjetunion. Davon waren die umfangreichen Kunst- und wissenschaftlichen Sammlungen im Schloss Friedenstein, wie die reichen Museumsbestände als auch die damalige Landesbibliothek schwer betroffen, deren Direktor Otto Geithner (1876–1948) war. Er war im April 1945 nach zehnjähriger Haft im Konzentrationslager Buchenwald bei Weimar nach Gotha gekommen und hier nach kurzer Tätigkeit als Redakteur für die „Thüringische Volkszeitung" mit der Leitung der Landesbibliothek beauftragt worden. Wie aus seinem Nachlass im Gothaer Museum für Regionalgeschichte nachweisbar ist, hat er sich mit mehreren Schreiben sowohl an die SMA Thüringen in Weimar als auch an die SMAD in Berlin-Karlshorst für den Verbleib der Gothaer Kulturschätze eingesetzt, leider ohne Erfolg: Im Eiltempo war bis 8. April der Abtransport von über 330 000 Büchern und Handschriften sowie der weitaus meisten und wertvollsten Museumsobjekte (Gemälde, Grafik-, Keramik- und anderen Sammlungen) vollzogen worden. Als die keineswegs vollzählige Rückführung der Bibliotheksbestände im Herbst 1956 und der Museumsschätze von November 1958 bis April 1959 erfolgte, wurde sie von den damaligen offiziellen Stellen „als Sicherstellung“ und „Erhaltung“ des Gothaer Kulturgutes gefeiert.

Gothaer Kulturleben

Das Gothaer Theater war nur noch eine ausgebrannte Ruine. Trotzdem bot das Schauspielensemble am 4. August 1945 eine Aufführung von Lessings „Nathan der Weise“, und am 22. September wurde im „Parkpavillon“ die erste Nachkriegsspielzeit mit Mozarts „Zauberflöte“ erfolgreich eröffnet. Der Kostümfundus stammte aus den Beständen des Fronttheaters in Lille (Frankreich) und war über Eisenach nach Gotha gekommen. Erster Theaterintendant war damals Richard Guttmann, der aber in der zweiten Spielzeit aufgab, weil ihm vom Ministerium für Volksbildung in Weimar und vom Kulturoffizier der SMA Vorschriften, nicht über den Spielplan, sondern auch bei den Aufführungen gemacht wurden, die „zeitgemäß“ sein sollten. Deshalb wechselten in der Folgezeit nicht nur die Intendanten, sondern auch die Regisseure und Schauspieler. Trotzdem konnte im September 1946 der „Parkpavillon“ behelfsmäßig bühnengerecht umgebaut werden. Dafür hatte der Kommunale Beirat der Stadt 90 000 Mark aus einer Spendensammlung bereitgestellt, für die insgesamt 645 000 Mark für die kulturelle Förderung in der Stadt von der Bevölkerung aufgebracht worden waren. Denn das Interesse für das Landestheater war in den schweren Nachkriegsjahren immer noch groß, wurde doch ein reichhaltiges Angebot und anspruchsvolles Dreispartentheater und dazu acht Sinfoniekonzerte je Spielzeit geboten. Seit Dezember 1945 fanden auch wieder verbilligte Volksvorstellungen statt.
Am 20. August 1945 gründete Musikdirektor Hugo Hartung den städtischen Konzert-Chor, der mit seinen Mitgliedern neben eigenen Werken auch bei anderen musikalischen Veranstaltungen mitwirkte. Am gleichen Tag wurde das Kino LIAK am Ekhofplatz mit einer Großvarietéveranstaltung wieder eröffnet.
Eine kulturpolitisch beachtliche Rolle hat auch die Gothaer Wirkungsgruppe bzw. Ortsgruppe des „Kulturbundes zur demokratischen Erneuerung Deutschlands“ gespielt. Sie ist aus dem „Fuckerkreis“ hervor gegangen, der schon im Mai 1945 entstanden war und sich in der Wohnung der Kunstgewerblerin Susanne Fucker traf, die eine Holzspielwarenwerkstatt betrieb. Nach dem Einmarsch der Roten Armee erweiterte sich dieser Diskussionskreis. Diesem gehörten u. a. der damalige Kreisbaurat Hermann Henselmann (1905–1990) sowie der Gothaer Verleger Dr. Joachim Perthes und der Philoisoph Max Bense (1910–1990) von der Universität Jena an. Henselmann hatte es bei Kriegsende nach Gotha verschlagen, wohin sich

seine schwangere Frau aus Schlesien geflüchtet hatte. Er war hier der KPD beigetreten und schon 1946 Direktor der Hochschule für Baukunst in Weimar geworden und 1949 nach Berlin gegangen, wo er 1953 Chefarchitekt wurde.

Am 25. September 1945 kam es zur Gründung der Wirkungsgruppe, die am 13. Oktober im Spiegelsaal der Landesbibliothek auf Schloss Friedenstein an die Öffentlichkeit trat. Am 6. Juni 1948 konnte sie ihr Heim und Sekretariat in der Friedrichstraße (ehemalige Commerz- und Privatbank) einweihen und zog einige Jahre später in das Klubhaus der Kulturschaffenden in der Friedrichsstraße 14 (ehemalige Villa der jüdischen Rechtsanwaltsfamilie Kunreuther) ein. Der Klub war am 23. April 1952 im Hotel „Kahl" (Sieblebеr Straße 28) gegründet worden. Beide Institutionen haben eine rege Vortrags- und musikalische Tätigkeit entwickelt, die oft auch den Gedenktagen berühmter in- und ausländischer Dichter und Komponisten gewidmet waren und damit zum Gothaer Kulturleben beigetragen haben. Im übrigen waren in der SBZ nicht nur die NSDAP und alle nazistischen und militaristischen Organisationen, sondern auch alle anderen Vereine verboten, soweit sie sich nicht schon selbst aufgelöst hatten. Nach 1949 folgten dann Neugründungen wie der Schriftsteller- und der Architektenverband, der Verband Bildender Künstler und andere Berufsverbände. Neu war der Bau von Kulturhäusern bei einigen Großbetrieben. Am 21. Dezember 1949 konnte das RAW (Reichsbahnausbesserungswerk) sein Kulturhaus eröffnen, später folgten der VEB Waggonbau (September 1952), der VEB Blema (November 1955) und Ende 1957 der VEB Maschinen- und Zahnräderfabrik und in den 60er Jahren weitere Betriebe.

Erhalten geblieben ist die 1898 gegründete Stadtbibliothek in der Gotthardstraße, die schon am 15. September 1945 ihren Betrieb wieder aufnehmen konnte, nachdem sie die nazistische und militaristische Literatur und nach späteren Verbotslisten weitere Bücher mit nationalistischem Inhalt aussondern musste. Am 4. November 1950 konnte sie in ein Gebäude der Orangerie einziehen und erhielt im März 1953 den Namen des Dichters und Publzisten Heinrich Heine; im gleichen Jahr konnte hier auch eine Kinderbibliothek und Anfang 1954 eine Musikbibliothek eröffnet werden. Von 1952 bis 1985 leitete Hans Cibulka (1920–2004) die Bibliothek und ging mit seinen viel beachteten Gedicht- und Tagebuchbänden nicht nur als Lyriker, sondern auch als Warner vor ökologischen Umweltschäden in die Literaturgeschichte ein. Dazu kamen noch Nachdichtungen aus dem Tschechischen und eine Anthologie von „Briefen und Albumblättern" aus dem Werk des österreichischen Dichters Adalbert Stifter; er hat auch mehrere Literaturpreise erhalten, und noch kurz vor seinem Tod sind seine letzten Tagebuchaufzeichnungen „Späte Jahre" erschienen.

Die fünfziger Jahre und danach

Nach 1949 wurden auch in Gotha die Verhältnisse zunehmend von der SED geprägt, die alle gesellschaftlichen Bereiche erfasste. Orts- und Kreisvorstand sowie die Lokalredaktion des „Thüringer Volk“ hatten ihren Sitz zuerst im einstigen Winterpalais (Friedrichstraße 2), später zog die Kreisleitung in das ehemalige Arbeitsamt (Baujahr 1936) in der Maurerstraße (im Volksmund der „Kreml von Gotha“ genannt). An der Spitze stand der Erste SED-Kreissekretär mit dem Zweiten Sekretär als Stellvertreter. Außerdem gab es Abteilungen für Propaganda und Agitation und für staatliche und Wirtschaftsverwaltung, Organisationssekretäre und die Kreisparteikontrollkommission. Von 1946 bis 1989/90 waren hier 14 Erste und acht Zweite Kreissekretäre tätig. Das Gehalt des Ersten Sekretärs betrug 1952 monatlich 600 Mark plus 200 Mark Aufwandsentschädigung. Der Zweite erhielt je 50 Mark weniger. Ab 1. Mai 1965 wurden Gehalt und Aufwandsentschädigung für den Ersten Sekretär auf zusammen 1500 Mark erhöht, und 1989 war der Stand bei 1900 Mark Gehalt plus 900 Mark Aufwandsentschädigung angekommen. Von den 14 Ersten Sekretären, die hier von 1946 bis 1990 meist nur wenige Jahre tätig waren, war Erwin Lorenz acht Jahre hier geblieben. Nach dem achtklassigen Volksschulbesuch war er zwei Jahre Schiffsjunge auf der Oderschiffahrt bei Brieg (Brzeg), wurde dann zum Arbeitsdienst und zur Wehrmacht (Jahrgang 1927) eingezogen und im Januar 1946 in Neumünster aus englischer Gefangenschaft entlassen. Seit 1946 Mitglied der SED, war er von Ende 1946 bis September 1949 Grenzpolizist und VP-Meister im Eichsfeld, danach Funktionär der FDJ in Heiligenstadt und Erfurt, von Mai 1953 bis März 1955 Erster Sekretär der FDJ-Kreisleitung und Kreistagsabgeordneter in Gotha, seit 1954 auch Mitglied der SED-Kreisleitung Gotha, danach in ähnlichen Funktionen in Weimar und Erfurt tätig. Schließlich absolvierte er ein dreijähriges Studium an der Parteihochschule „Karl Marx“ in Berlin mit dem Abschluss als Diplom-Gesellschaftswissenschaftler (1963) und wurde SED-Funktionär in Erfurt und Apolda; von 1980 bis 1988 war er Erster Sekretär der SED-Kreisleitung und Kreistagsabgeordneter in Gotha.

Die interne Struktur der Kreisleitung ist im Laufe der Jahre mehrmals verändert worden, und 1963 kam hier ein Büro für Industrie und Bauwesen sowie ein Büro für Landwirtschaft dazu. Die SED-Kreisleitung unterstand der SED-Bezirksparteileitung in Erfurt und war eine der größten im Bezirk. In den großen Betrieben wurden hauptamtliche Betriebsparteisekretäre, in den anderen Betrieben ehrenamtliche Parteisekretäre eingesetzt, die an der Spitze ihrer Betriebsparteiorganisation (BPO) bzw. -gruppe standen. Alljährlich mussten alle Betriebe ausnahmslos am 1. Mai zur gro-

ßen „Maidemonstration der Werktätigen“, selbst bei schlechtem Wetter, an der Tribüne vorbeiziehen, auf der die Spitzen von Staat und Parteien, den Massenorganisationen sowie der SMA-Kommandantur standen.
Die Blockparteien waren mit ihren Ortsgruppen und Vorständen wohl organisatorisch selbständig, hatten sich aber politisch dem Block der antifaschistischen Parteien und der Nationalen Front angeschlossen, die sich am 3. Februar 1950 als breite politische Sammlung konstituiert hatte und von der SED dominiert wurde. Für die Wahlen am 15. Oktober 1950 hatte die Nationale Front für die Volkskammer, Land- und Kreistage, Stadtverordnetenversammlungen und Gemeindevertretungen ihre Einheitslisten vorgeschlagen, auf der die fünf Parteien und acht Massenorganisationen vertreten waren. In den Betrieben und Brigaden gab es Kandidatenvorstellungen. Die Wahlbeteiligung lag über 98%, die Zahl der abgegebenen Stimmen für die Einheitslisten über 99% und im Wahlkreis Gotha sogar bei 99,8%, was einer Abstimmung gleichkam. Mit dem Gesetz zur Änderung der Kreis- und Gemeindegrenzen vom 26. April 1950 wurde die bisherige Kreisfreiheit Gothas beseitigt, und ab 20. Dezember führte hier das Stadtoberhaupt nur noch die Dienstbezeichnung „Bürgermeister“, die Zahl der Stadtverordneten wurde auf 51 festgelegt. Bisher gehörte das Stadtoberhaupt der LDP an, seit 1. Januar 1959 der SED. Ein kommunalpolitisches Kuriosum war der Wettbewerb, den der Rat der Stadt Ende Januar 1951 für ein neues Stadtwappen ausgeschrieben hatte, um den seit dem 12. Jahrhundert darin abgebildeten Stadtpatron St. Gotthard zu beseitigen. Im Mai fand dazu eine Ausstellung der Entwürfe (Zahnrad und zwei zusammenhaltende Hände) statt – es blieb dann doch bei dem St. Gotthard-Wappen.
Auf Grund der Beschlüsse der 2. Parteikonferenz der SED vom 9.–12. Juli 1952 beschloss die Volkskammer zwei Wochen später die Neugliederung der Länder in 14 Bezirke mit 217 Kreisen. Gotha gehörte nun zum Bezirk Erfurt, der Landkreis Gotha wurde um 25 Gemeinden auf 67 Gemeinden verkleinert. Bei den Wahlen zur Volkskammer und zu den Bezirkstagen am 17. Oktober 1954, die nach dem gleichen Modus wie 1950 durchgeführt wurden, erhielten die Kandidaten der Einheitslisten 98,3% bzw. 98,4%. In diesen Größenordnungen bewegten sich auch die Abstimmungsergebnisse der späteren Wahlen.
In diese Zeit fiel als besonders politisches Ereignis der Volksaufstand um den 17. Juni 1953. Einige Tage zuvor hatten einige „überspitze Beschlüsse“ des Ministerrats, darunter die Forderung nach einer zehnprozentigen Erhöhung der Arbeitsnormen, zur Unzufriedenheit und zu Protestversammlungen, vor allem in den großen Industriebetrieben, bis zur Arbeitsniederlegung geführt. Auch in den Gothaer Fabriken haben zum Teil tausende von Arbeitern gegen die Maßnahmen der Regierung protestiert. Über das Ausmaß der Unruhen, wie auch über die kurzzeitige Maßnahme des Ausnahmezustandes

mit eingeschränktem Ausgehverbot, wurde aber hierzulande nur wenig bekannt. Unter den vier Bürgern, die vom 18. bis 20. Juni standrechtlich erschossen wurden, war der Unterleutnant der Kreisvolkspolizei Günter Schwarzer aus Gotha. Anfang Juli erfolgt in Gotha in einer Gemeindevertretersitzung eine „Auswertung der Ministerratsbeschlüsse vom 11. Juni und der Geschehnisse um den 17. Juni“, nachdem sich die Aktionen des Aufstandes herumgesprochen hatten. Im Juli wurden in den Betrieben, zu deren Schutz, Kampfgruppen gebildet, die vormilitärisch ausgebildet und in den Großbetrieben auch bewaffnet wurden.
Der Ausbau der Staatssicherheitsorgane, die sich seit 1949 aus der Landespolizei entwickelt hatten, ist seit Februar 1950 zu einer selbständigen Dienststelle der Länderverwaltung mit einem Dutzend Spezialabteilungen und den Kreisdienststellen, darunter auch eine in Gotha, entwickelt worden. Sie unterstanden seitdem dem Ministerium für Staatssicherheit in Berlin. Die Grundlage für deren Strafverfolgungen bot das von der Volkskammer am 15. Dezember 1950 erlassene Gesetz zum Schutz des Friedens mit verschärften Strafdrohungen gegen staatsfeindliche Handlungen. Nachdem Mitte Mai 1955 der Warschauer Pakt als östliches Gegenstück zur NATO gebildet worden war, wurde in der DDR im Herbst die allgemeine Wehrpflicht eingeführt und Gotha wieder Garnisonstadt. Am 15. Juni 1956 fand in der Kaserne an der Ohrdrufer Straße die erste Vereidigung von Rekruten der NVA statt, am 14. Dezember 1956 erfolgte die feierliche Übergabe der Regimentsfahne an ein Panzer-Regiment der NVA und danach in der Waggonfabrik „Lowa“ ein militärpolitisches Forum. Am 1. März wurde hier erstmalig der Tag der Nationalen Volksarmee begangen.
Ein kommunalpolitisches Novum waren die Städtepartnerschaften mit Städten im Westen. Es begann 1959 auf dem 1. Internationalen Kommunalpolitischen Symposium in Dresden, als sich dort der Gothaer Bürgermeister Wenk mit Bürgermeister Camusat von Romilly sur Seine (Frankreich) begegnete und anschließend in Gotha eine erste Vereinbarung über eine Partnerschaft zwischen ihren Städten abschloss, die im September des gleichen Jahres mit einem Vertrag besiegelt wurde, der seitdem bis heute mit gegenseitigen Besuchen von Bürgern aus beiden Städten lebendig ist. Erst im Herbst 1988 konnte Gotha einen zweiten Partnerschaftsvertrag mit der Stadt Salzgitter in Niedersachsen abschließen, der ebenfalls bis in die Gegenwart gilt, wobei die dortige Stadtverwaltung nach der Wende 1989 manche wertvolle Hilfeleistung für die kommunale Neuorganisation der Gothaer Stadtverwaltung geleistet hat. Hier hätte man sich auch gerne eine Partnerschaft mit Coburg gewünscht, zu dem es alte historische Beziehungen gibt; aber die SED-Herrschaft war dagegen, wohl weil das Herzoghaus Coburg-Gotha zu bekannt war; doch haben sich nach 1989 auch zwischen Coburg und Gotha freundschaftliche Beziehungen entwickelt.

Die wirtschaftliche Entwicklung

Die 2. Parteikonferenz der SED hatte im Juli 1952 beschlossen, in der nächsten Zeit mit dem planmäßigen Aufbau der Grundlagen des Sozialismus zu beginnen. Damit wurde eine Offensive gegen die noch bestehende Privatwirtschaft auf verschiedenen Wirtschaftssektoren eingeleitet, und die bestehende volkseigene Wirtschaft zu neuen Leistungssteigerungen aufgefordert, was unter anderem im Laufe der Jahre auch zu Veränderungen der Produktion geführt hat. Die frühere Gothaer Waggonfabrik war 1948 volkseigener Betrieb (VEB) Lowa geworden und hatte Schienenfahrzeuge produziert und auf der Leipziger Messe präsentiert. 1955 begann die erste Umstellung auf Straßenbahn-Gelenkzüge, 1967 auf Eiskühlwagen und Kühlcontainer und 1983 auf Fahrgestelle für den PKW „Wartburg". Mit der Änderung des Firmennamens vermittelten hier sowjetische Parteifunktionäre ihre Erfahrungen mit der Arbeit in Arbeitsbrigaden nach dem Motto: „Von der Sowjetunion lernen, heißt siegen lernen". Auch in anderen Betrieben spielte die Übernahme von sowjetischen Arbeitsmethoden sowie aus den Betrieben in der DDR eine wichtige Rolle. Die frühere Firma Blödner & Vierschrodt, die 1945 enteignet und als Sowjetische Aktiengesellschaft bis 1950 weiter betrieben und danach als VEB KAUTAS Gummi Technik geführt wurde, kam am 1. April 1958 mit vier weiteren Werken zum VEB Gummiwerk (Gummi-Kombinat) in Waltershausen. Seit 1971 wurde im VEB Thüringer Öl- und Fettwerke (Parkstraße) die Delikatessmargarine „Cama" hergestellt und später sogar in die Tschechoslowakei exportiert. 1972 war an der Leinastraße eine Großbrauerei entstanden, und 1978 am Ostbahnhof ein modernes Spanplattenwerk. Neu war der Bau des Heizkraftwerkes Gotha-Ost (1967) auf Braunkohlenbasis mit dem 80 Meter hohen Schornstein zur besseren Energieversorgung der dortigen Industrie und der Bau des Heizwerks Gotha-West (1980) an der Leinastraße, beide Werke wurden 1983 mit einer sechs Kilometer langen Rohrleitung miteinander zur besseren Auslastung verbunden.

Neue betriebswirtschaftliche Formen entstanden seit 1956 auf Empfehlung der SED-Führung im Handwerk und im Handel bei privaten Betrieben. Im Sommer 1956 wurde hier die erste Produktionsgenossenschaft des Handwerks (PGH) „Fortschritt" mit 14 Beschäftigten aus sechs Schneiderbetrieben gegründet. Bis 1974 waren es etwa 30 PGH mit verschiedenen Gewerken. Anfang Mai 1965 wurde dafür neben dem ehemaligen Parkpavillon eine neues „Haus des Handwerks" der Handwerkskammer für diesen Wirtschaftszweig übergeben.

Anfang September 1957 hat die HO (Handelsorganisation) mit dem alteingesessenen Einzelhändler Alwin Thomas am Hauptmarkt einen Kommissionsvertrag geschlossen, der ihm eine bessere Belieferung von Waren beim Großhandel, Beratung, Geschäftsausstattung bot. Eine Reihe weiterer privater Einzelhändler, unter anderem aus der Lebensmittelbranche, folgten. Auch an kleinen Produktionsbetrieben beteiligte sich damals die Stadt, was zu einer weiteren Einschränkung der Privatwirtschaft geführt hat. Über die Bildung der Kommanditgesellschaft mit staatlicher Beteiligung der Feinkartonagenfabrik H. Oesterheld am 1. Oktober 1963 und ihre wirtschaftlichen Auswirkungen hat der damalige „Komplementär“ (Teilhaber) Heinz Oesterheld in seinen Erinnerungen (1993) ebenso wie über die rigorose Überführung zum VEB am 5. Juni 1972 durch erzwungenen Abkauf seines Betriebes durch den Staat berichtet. Grundlage für diese Verstaatlichungen von 1972 war nach einem Beschluss des SED-Politbüros der Ministerratsbeschluss vom 9. Februar 1972. In den damals verstaatlichten Privatbetrieben und Kommanditgesellschaften durften in den meisten Fällen die bisherigen Eigentümer bzw. Chefs als Direktoren bleiben. Oesterheld hat aber nach einer Direktorentagung am 15. Februar 1977 in Erfurt seinen Abschied eingereicht, weil er mit den vom dortigen Wirtschaftsrat geforderten betriebswirtschaftlichen Maßnahmen und den Kreditbedingungen der Bank nicht einverstanden war. Ein anderer Widerspruch wäre

Soldaten und Offizier des sowjetischen Patenregiments im Traktorenwerk Gotha. Aus dem Buch: „Erlebnisse unter dem roten Stern“, von Mircea Jereschinski, 2. Auflage 2011

sinnlos gewesen. Am 2. Januar 1979 schied er ganz aus dem Betrieb aus, der 1983 dem Waltershäuser Puppenkombinat „biggi" angegliedert wurde. 1972 wurden in Gotha 47 kleinere Betriebe, darunter auch die PGH „Bijou", sieben weitere PGH und 29 Betriebe mit staatlicher Beteiligung verstaatlicht. Nachdem bereits Anfang 1957 die 45-Stunden-Woche (bisher 48 Stunden) eingeführt worden war, folgte ab Ende 1965 die Fünf-Tage-Arbeitswoche, zunächst für jede zweite Woche, später auch wöchentlich und seit Mai 1976 stufenweise die 40-Stunden-Arbeitswoche.

In der Landwirtschaft begann hier die sozialistische Betriebsweise mit der Gründung der LPG (Landwirtschaftliche Produktionsgenossenschaft) „Vorwärts" am 7. März 1953 im Ortsteil Siebleben, die am 25. April Schloss und Park Mönchshof von der Stadt als ihren Sitz erhielt. 1972 schlossen sich die LPG „Kindleben" und „Friedliches Schaffen" (beide noch Typ I: nur pflanzliche Produktion) mit der LPG „Vorwärts" zusammen, die damals mit 1180 ha die größte LPG im Kreis Gotha war. Die beiden LPG „8. Mai" im Flurteil Töpfleben und „Ostfeld" hatten sich 1964 bzw. 1966 dem VEG (Volkseigenen Gut) Gotha angeschlossen. Außerdem gab es noch eine „Gärtnerische Produktionsgenossenschaft Gotha", der sich auch sechs Blumengeschäfte als Betriebsteile angeschlossen hatten.

Die Gründung von LPG war notwendig geworden, weil die landwirtschaftliche Produktion der Neubauernhöfe, die mit der Bodenreform entstanden waren, und der anderen Bauern für eine befriedigende Versorgung der Bevölkerung nicht ausreichte, zumal auch die Truppen der Roten Armee im Lande zu versorgen waren. Auch fehlte es in der Landwirtschaft an Arbeitskräften, so dass die SED eine Sonderaktion „Industriearbeiter aufs Land" organisierte, die aber wegen der geringen Bezahlung auf dem Land nicht zum gewünschten Erfolg geführt hat. Die LPG-Gründungen – auch Kollektivierung genannt – waren vorher von der SED-Führung im April 1952 in Moskau mit J. W. Stalin abgestimmt worden. Die kurz vor Beginn des Zweiten Weltkriegs im Herbst 1939 eingeführte Rationalisierung von Lebensmitteln konnte erst zum 1. Juni 1958 aufgehoben werden, wobei der entsprechende Ministerratsbeschluss mit der Einführung eines einheitlichen Preisniveaus der Lebensmittel und einem Lohn- und Rentenausgleich verbunden wurde.

Im Bauwesen spielte der Wohnungsbau eine wichtige Rolle. Nachdem noch bis Mitte 1964 der Wohnungsbau in Ziegelbauweise und danach noch am Neumarkt (1968/69) bei der Schließung der Bombenlücken erfolgt war, wurde danach an mehreren Standorten in der Innenstadt (Kant-, Humboldt-, Brieglebstraße) die Montage- bzw. Plattenbauweise angewandt. In den 70er Jahren wurden an Häusern in der Thälmann- (Dorotheen-) und Brunnenstraße modernisierende Werterhaltungsmaßnahmen durchgeführt. In Vorberei-

Traktorenwerk Gotha. Speisesaal und Verwaltungsgebäude des Betriebes 1972. Aus: „Erlebnisse unter dem roten Stern", von Mircea Jereschinski.

tung auf das Stadtjubiläum „1200 Jahre Gotha 775–1975" wurden auch die Häuser am Hauptmarkt renoviert. Bevor 1980/81 das alte Gassenviertel (einst „Pestviertel") zwischen Blumenbach-/Klosterstraße und Bürgeraue abgerissen und durch Neubauten ersetzt wurde, begann 1971 der groß angelegte Wohnungsbau in Gotha-West zwischen Humboldtstraße und Eisenacher Straße (Am Wiegwasser), der später auch mit Schulen, Kindergärten und Kaufhallen, der HO-Gaststätte „Freundschaft" (1981), zwei Seniorenheimen (1981, 1983), einer Fachärzte-Ambulanz mit der „Sertürner-Apotheke" (1984) und einem Postamt ergänzt wurde.
Auch an anderen Standorten Gothas wurden neue Schulen, Kindergärten und Kaufhäuser errichtet. Im September 1975 wurden fünf Studentenwohnheime an der Eisenacher Straße für Studierende an den Gothaer Fachschulen in Betrieb genommen. Drei Jahre später wurde im August eine Thüringer Landesforstanstalt an der Jägerstraße fertig gestellt und 1978/79 in der

Breiten Gasse ein Staatliches Förderzentrum für Lernförderung gebaut. Am 6. Oktober 1986 wurde die neue Schwimmhalle an der Karl-Schwarz-Straße eröffnet, denn das Stadtbad an der Bohnstedtstraße konnte aus baulichen Gründen schon länger nicht mehr benutzt werden. Schließlich liefen Ende der 80er Jahre die Planungsvorbereitungen für eine Neugestaltung der Wohnbereiche zwischen Querstraße und Arnoldiplatz, die auch den Abbruch mancher historisch wertvoller Bauten vorsah; aber dazu ist es nicht mehr gekommen. Insgesamt hat sich in den drei Jahrzehnten vor 1990 Gothas Stadtbild sowohl mit dem neuen Stadtviertel Gotha-West erweitert als auch durch zahlreiche Neubauten in den alten Stadtteilen verändert.
Die große Margarethenkirche am Neumarkt war beim Bombenangriff im November 1944 schwer beschädigt worden, dass sie nicht mehr benutzbar war. Der zuständige Sprengelpfarrer Otto Linz (1885–1959) hat sich deshalb unermüdlich dafür eingesetzt, dass ab 1951 die romanischen Fundamente zur Sicherung der 1952 beginnenden Restaurierung frei gelegt wurden und 1953 die erste Christvesper nach dem Krieg gefeiert werden konnte. Die Sicherung des 65 m hohen Turms erfolgte von 1955 bis 1957, und danach war wieder regelmäßig Gottesdienst möglich. 1961 konnte eine „klassische“ Schuke-Orgel eingebaut werden, die wieder die Aufführung von großen Orgel- und anderen Kirchenkonzerten ermöglichte. Die damaligen Neubauern des durch die Bodenreform aufgeteilten Gutes Töpfleben erhielten die Lutherkapelle, die am 31. Oktober (Reformationstag) 1954 eingeweiht wurde. Neu ist auch die 1984 erbaute Versöhnungskirche am westlichen Stadtrand, die am 24. Februar 1985 eingeweiht wurde; neben dem Kirchsaal mit Glockenturm sind auch die Pfarrerwohnung sowie kleinere Räume für die Gemeindearbeit vorhanden. Hier haben im Winter 1989/90 die politischen Gespräche am „Runden Tisch“ stattgefunden, die wesentlich zur demokratischen Erneuerung Gothas beigetragen haben.
Auch im innerstädtischen Verkehr haben Veränderungen stattgefunden. So erhielt die Straßenbahn als Wendemöglichkeit die Gleisschleifen an der Waltershäuser Straße (1962), am Hauptbahnhof (1964) und am Ostbahnhof (1969). Die Gartenstraße wurde 1966 für den Bau der zweigleisigen Straßen- und Waldbahn eingerichtet, wobei die Bäume entfernt und neue Versorgungsleitungen verlegt wurden. Im Jahr darauf wurde die alte Straßenbahnstrecke Erfurter-, Marktstraße-Brühl ausgebaut und dafür in der Gartenstraße zweigleisig befahren. 1976 wurde die erste Omnibuslinie B (Schmaler Rain-Goldbacher Siedlung) eröffnet, der 1977 die Linie A (Gotha-West/Wiegwasser-Siebleben) und 1981 die Linie C (Mohrenstraße-Ohrdrufer Straße /Lazarett) folgte, nachdem im April 1978 die große „Europa-Kreuzung“ (Stielerstraße/Enckestraße) mit Ampelanlage und im Herbst am Viadukt die Abzweigung zur Südstraße übergeben wurde. Außerdem wurde damals auch der zentrale Busbahnhof am Mühlgraben eingeweiht.

Schulbetrieb in der DDR-Zeit

Nach dem Ende des Direktorats von Studienrat Gaensler begann am 1. Januar 1952 mit dem neuen Direktor Otto Nabielek (1911–1984) an der Arnoldischule eine neue Epoche. Er kam von der Salzmannschule in Schnepfenthal, wo er ab 1947 Schulleiter war und dort 1949 für seine Leistungen beim Neuaufbau dieses traditionsreichen Gymnasiums als „Verdienter Lehrer des Volkes“ ausgezeichnet worden war. In Gotha genoß er bald nicht nur als hervorragender Mathematiklehrer, sondern auch als Direktor beim Lehrerkollegium wie bei den Schülern hohe Anerkennung. Er war Mitautor eines Mathematiklehrbuches und lieferte als Übersetzer für die „Deutsche Lehrerzeitung“ humorvolle Beiträge aus der tschechischen Lehrerzeitung, hatte er doch an der Karlsuniversität studiert und stand seit 1938 im Schuldienst.

Ab 1952 war die Arnoldischule als Oberschule Gotha I und II die einzige Oberschule in Gotha. Im Dezember 1954 wurde mit dem Einzug der damals noch achtklassigen Anna-Seghers-Schule das Gebäude an der Bergallee wieder Schulhaus, nachdem von 1946–1948 das Volksbildungsamt mit häufig wechselnden Schulräten sowie die Kreis-Bildstelle und das Sekretariat der Industrie(!)gewerkschaft Lehrer und Erzieher hier ihren Sitz hatten. Ab Schuljahr 1955/56 wurde hier auch wieder erweiterter Russischunterricht eingeführt. Eine wachsende Rolle gewann in den 50er Jahren die FDJ, die als Jugendorganisation der dritte Erziehungsfaktor neben Schule und Elternhaus werden sollte und dabei von den Lehrkräften unterstützt werden sollte. Mit dem Schuljahr 1954/55 wurde die Theodor-Neubauer-Oberschule mit den Klassen 9–12 erneut eröffnet. 1953 war der Pädagogische Rat eingeführt worden, der die bisherige Lehrerversammlung ersetzte und alle Lehrer und Erzieher einbezog. –

Mit der Schulkonferenz der SED im April 1958 wurden die Weichen für die weitere Entwicklung des Schulwesens in der DDR gestellt und am 25. Februar 1965 mit dem Gesetz für das einheitliche sozialistische Bildungssystem gefestigt. Ab 1958 ersetzte die zehnklassige Polytechnische Oberschule (POS) die alte achtklassige Grundschule und hier wie auch an den zum Abitur führenden Erweiterten Oberschulen (EOS) mit den Klassen 9–12 der polytechnische Unterricht an den Schulen eingeführt. Damit wurde das DDR-Schulsystem nach sowjetischem Vorbild umgestaltet. Der polytechnische Unterricht hatte wöchentlich als UTP (Unterrichtstag/-fach Technischen Produktion) als „berufsvorbereitende Einführung“ in die sozialistische Produktion zu erfolgen und stellte zunächst die Lehrerschaft vor völlig neue Probleme, die sie schließlich mit dem Patenbetrieb ihrer Schule löste. So begann der UTP erst am 23. September 1958 im RAW

Schulveranstaltung zum Tag des Kindes 1953. Aus dem Buch „Als Lehrer in Gotha 1950–1990 – Im Schuldienst der DDR“ von Heinz Scholz.

Gotha und an der Anna-Seghers-Schule in der Blema. Am Ende des Schuljahres 1958/59 wurde die Theodor-Neubauer-Schule mit der Arnoldischule an der Eisenacher Straße unter Direktor Fritz Klein zusammengelegt, nachdem Otto Nabielek seine Leitungsfunktion aufgegeben hatte, aber noch bis 1980 hier weiterhin als Lehrer verblieb. 1961 wurde die Arnoldischule offiziell als EOS bestätigt. Inzwischen war es zu einem merkwürdigen Kuriosum gekommen: 1959/60 war es wieder zu einer Zweiteilung von Arnoldi-Oberschule I und II mit getrennten Direktoren gekommen, angeordnet von der Abteilung Volksbildung beim Bezirk, die aber 1960/61 wieder aufgehoben wurde, wobei nun Egon Heinrich die Leitung der Schule erhielt. Der Anglist Fritz Klein war beliebt und Autor von Lehrbuchreihen für Englisch sowie Mitautor für den Fernsehkurs „English for you“, aber als Marxist später wie auch Nabielek von der gesellschaftlichen Entwicklung in der DDR enttäuscht. Sein Mitdirektor Egon Heinrich unterrichtete Geschichte und Staatsbürgerkunde als überzeugter Marxist bis zu seinem Ausscheiden 1972, als er Referent für Staatsbürgerkunde in der Abteilung Volksbildung in Erfurt wurde. Nachdem der Gothaer Kartograph Hermann Haack (1872–1966) am 7. Oktober 1953 für seine wissenschaftlichen Verdienste den Nationalpreis 1. Klasse erhalten hatte und zum Ehrenbürger der Stadt Gotha ernannt worden war, beantragten die Leitungen der Arnoldischule eine Umbenennung, die aber vom Rat des Bezirkes abgelehnt wurde. Ende Juni 1960 wurde auch ein zweiter Versuch der Umbenennung in „Bert-Brecht-Schule" abgelehnt, weil die Arnoldischule einen guten pädagogischen Ruf über den Bezirk hinaus genoss. Dagegen hatte der Direktor der POS „Anna Seghers", Hugo Thiel, mit seinem Vorschlag mehr Erfolg. Am 14. Januar 1966 erhielt diese Schule an der Bergallee gegen den Widerstand von SED-Funktionären den Namen des weltbekannten Urwaldarztes und Orgelvirtuosen Albert Schweitzer. Thiel konnte auch erreichen, dass das traditionsreiche Schulgebäude sowie die 1863 gebaute „Scheliha-Turnhalle" von 1977–1984 saniert und modernisiert wurde. Der Patenbetrieb „Blema" richtete 1965 auf seinem Betriebsgelände ein Polytechnisches Kabinett für die Schule ein.

Ende August 1972 wurde der Mathematiklehrer Dr. Wolfgang Krause als neuer Direktor der Arnoldischule eingeführt. In seine Zeit fiel 1980 die Umwandlung der vierjährigen in zweijährige EOS mit 11. und 12. Klassen mit Direktübergang nach der 10. Klasse der POS in die 11. Klasse der EOS. Trotz dieser Umstellung auf nur noch 12 Klassen blieb die EOS Arnoldi immer noch die größte EOS im Bezirk Erfurt mit 240 Schülern und 25 Lehrkräften. Der polytechnische Unterricht wurde in der zweijährigen Abiturstufe als wissenschaftlich-praktische Arbeit (WpA) mit vier Stunden wöchentlich in kleinen Schülergruppen in den Betrieben unter Anleitung eines Ingenieurs durchgeführt.

Im September 1978 wurde in den 9. Klassen der POS und der EOS der Wehrkundeunterricht eingeführt, dessen Nachhaltigkeit sowohl Befürworter als auch Kritiker überschätzten. Denn schon in den „Lagern für Erholung und Arbeit", seit den 60er Jahren eingeführt, hat sich das gezeigt. Auch die Ernteeinsätze der Schüler mit ihren Lehrern in der Umgebeung der Kreisstadt – meist in den Herbstferien – waren wenig beliebt. Die alljährlichen GST (Gesellschaft für Sport und Technik)-Lager für die Schüler der 11. Klassen und die ZV (Zivilverteidigungs)-Lager für Mädchen und GST-taugliche Schüler, die alljährlich am Anfang der Sommerferien durchgeführt wurden, waren in den 70er Jahren an der EOS Pflicht. Ein besonders unbeliebtes, wenn nicht gefürchtetes Ereignis war für viele Schüler die Werbung für die Offiziers-Laufbahn mit einer zahlenmäßigen Vorgabe bzw. für die Verpflichtung zum Unteroffizier auf Zeit (UaZ). Im Weigerungsfall wurde das Werbegespräch von den Schuldirektoren im Beisein der Klassenlehrer/innen mit einschüchterndem Ton fast erpresserisch geführt, aber auch dann noch ohne Erfolg. Darüber hat der damalige Schüler (Jahrgang 1971) und spätere Schauspieler am Nationaltheater Weimar, Daniel Graf, im Jahresbericht des Arnoldigymnasiums (1995/1996) berichtet. Nicht viel anders dürften solche Werbegespräche auch an anderen Gymnasien verlaufen sein. –

Jugendtreffen zu Pfingsten mit der Freien Deutschen Jugend 1981 in Gotha. Foto: Harald Rockstuhl

Regelmäßige Pflichtveranstaltungen waren für Lehrer die Teilnahme am Parteilehrjahr und an Gewerkschaftsversammlungen; an FDJ-Veranstaltungen mussten auch die Klassenleiter teilnehmen, dazu kamen auch einige Veranstaltungen der Gesellschaft für Deutsch-Sowjetische Freundschaft und Elternbesuche der Klassenleiter, so dass diese außerschulischen Belastungen der Lehrer groß waren. Gegen den vermehrten politischen Druck und ideologischen Aufwand gab es seit den 60er Jahren im Lehrerkollegium, in dem ein gutes Klima herrschte, unausgesprochen einen Schutz- und Anpassungsmechanismus, sozusagen eine „Arnoldi-Konvention" (Hinrichs), die noch bis in die 80er Jahre funktionierte und sachlich-kritische und schöpferische Diskussionen über Sachfragen ermöglichte.

In den 70er Jahren wurde das kulturelle Leben an der Arnoldischule mit den Initiativen zweier Lehrer ausgebaut. Damals wurde die jährliche Arnoldi-Festwoche als Werkstattwoche des künstlerischen Laienschaffens der Schüler als eine feste Tradition eingeführt, die sich bis heute erhalten hat. Seit 1981 kam dazu eine festliche Kulturveranstaltung im Ekhoftheater im Schloss Friedenstein, mit der bis 1989 das Schuljahr eröffnet wurde. Eine attraktive Veranstaltung in den 70er Jahren waren hier die Symposien der Landeskultur in der Aula unter der Leitung des Biologielehrers Dr. Wolfgang Klug, der ein Verfechter des heimatlichen Naturschutzes war und aus einer alteingesessenen Gothaer Gärtnerfamilie stammt. Zu seinen Veröffentlichungen über die Pflanzenwelt des Gothaer Landes gehörten die nach der Wende erschienen „Streifzüge durch die heimatliche Natur“ als ein ausgezeichnetes Heimatbuch. Sein Kollege Dr. Christoph Köhler war ein hochqualifizierter Fachlehrer für Latein, Griechisch, Deutsch und Russisch und hatte 1968 mit einer umfangreichen Dissertation über Ciceros Reden promoviert. 1985 war er Mitbegründer und seitdem auch Vorsitzender der aktiven Gothaer Ortsgruppe der Goethegesellschaft, aktiv im Verband der Thüringer Atlphilologen und Autor des Lehrplans für Latein an den Thüringer Gymnasien. Für den Arnoldikarneval war er der beliebte Betreuer der jungen Programmgestalter, aber auch der Erneuerer des gymnasialen Theaterspiels der oberen Klassen, das hier in den 50er Jahren eingegangen war.

Schon 1986/87 hatten Funktionäre der SED-Kreisleitung versucht, die Arnoldischule in die Lutherschule an der Schützenallee zu verlegen, aber ihre Absicht bald aufgegeben. Weil im Einzugsbereich der Karl-Liebknecht-Schule an der Eschleber Straße am Rand von Gotha-West eine (angebliche?) Überalterung der Bevölkerung ermittelt worden wäre, sei diese Schule nicht mehr ausgelastet. Dagegen konnte man bei den zuständigen Funktionären überhaupt nicht mit dem guten traditionellen Ruf der Arnoldischule argumentieren, klagte Direktor Dr. Krause vor seinem Kollegium. Aber am 3. April 1989 wurde der Schule offiziell der Beschluss der SED-Kreisleitung und des Kreisschulrats bekannt gegeben, dass ab 1. September 1989 die EOS Arnoldi in die Karl-Liebknecht-Schule umzieht und dort auch die Kreisvolkshochschule einzieht. Dagegen hatte die Elternschaft der Karl-Liebknecht-Schule mit einer Eingabe an den Rat des Bezirks Erfurt protestiert und damit gedroht, nicht zu den Kommunahlwahlen am 5. Mai 1989 zu gehen, und Schüler demonstrierten mit Plakaten für ihre Schule. Am 7. April wurde nun an der Arnoldischule zu Beginn der ersten Unterrichtsstunde die Aussetzung des Parteibeschlusses vom 31. März mitgeteilt! Als dann im September 1989 von der SED-Kreisleitung der Schulwechsel erneut aufgegriffen wurde, war es dafür schon zu spät. Die aufwendigen Vorbereitungen für die Veranstaltungen zum 40. Jahrestag der DDR am 7. Oktober waren wichtiger. –

Zum Schulwesen in Gotha gehörten damals neben der Arnoldischule als einzige EOS 15 POS, wovon sieben vor 1912 und acht seit 1971 gebaut worden waren. Auch gab es zwei Sonderschulen, eine Musikschule und die Kreisvolkshochschule. Eine Reihe von z. T. betriebseigenen Berufsschulen sowie drei Fachschulen und zwei Ingenieurschulen waren hier besondere Einrichtungen für spezielle berufliche Ausbildung. An Kindereinrichtungen gab es 19 Kindergärten, sechs Kinderkombinationen, zehn Kinderkrippen, einen Kinderhort und zwei Kinderheime.

Die alte Bushaltestelle 1979. Foto: Harald Rockstuhl

Die neue Busbahnhofüberdachung wird 1989 gebaut. Foto: Harald Rockstuhl

Theater, Landessinfonieorchester, Kulturhaus

Obwohl das Landestheater Gotha mit seiner kleinen Bühne im ehemaligen „Park-Pavillon“ ein gutbesuchtes Dreispartentheater war, musste es auf Anordnung des Thüringer Ministeriums für Volksbildung vom 31. Januar 1951 vom Rat der Stadt ab 1. August geschlossen werden. Am 15. Juli verabschiedete sich das Opernensemble mit seinem 1. Kapellmeister und musikalischem Oberleiter – seit 1948 – Heinz Finger als letzte Sparte mit der Verdi-Oper „Der Troubadour“. Er konnte es noch vor seinem Weggang beim Ministerium durchsetzen, dass die bisherige „Landeskapelle“ mit seinen 38 Musikern für die Stadt erhalten blieb und zu einem großen Konzert-Orchester erweitert wurde, das am 1. September 1951 als „Landessinfonieorchester Thüringen, Sitz Gotha“ (LSO) mit 49 Musikern begann.
Als 1952 die Länderstruktur der DDR in Bezirke aufgelöst wurde, änderte es seinen Namen in „Staatliches Sinfonieorchester Thüringen ...“. Als Dirigent konnte Generalmusikdirektor Fritz Müller (1905–1979) vom Stadttheater Rostock gewonnen werden. Er entwickelte es zu einem leistungsfähigen Klangkörper mit zwei Konzertreihen und einem vielseitigen Programm und trat darüber hinaus auch mit zahlreichen Gastspielen in anderen Thüringer Städten, sogar in Berlin und Leipzig auf. Dabei konnte er immer wieder namhafte Solisten für die Gothaer Sinfoniekonzerte gewinnen, pflegte auch zeitgenössische Musik mit über 100 Uraufführungen und stellte „sein LSO“ zeitweise auch für Dirigentenkurse zur Verfügung. Von der Saison 1956/57 bis 1959/60 war hier die Konzertmeisterin Gisela Jahn (1924–2000) als zweite Dirigentin Musikdirektorin geworden. Sie leitete im Wechsel mit Müller die Schulkonzerte und andere Konzerte und betreute den Gothaer Kinderchor. Noch im Ruhestand (seit 1970) war GMD Fritz Müller als musikalischer Berater des renommierten Gothaer Sinfonieorchesters aktiv.
Sein Nachfolger war der aus Sondershausen kommende GMD Gerhart Wiesenhütter (1912–1978), der als langjähriger Chef des Leipziger Rundfunk-Sinfonieorchesters mit der SED in Konflikt geraten und ausgetreten war; im März 1974 musste er sich hier aber aus gesundheitlichen Gründen verabschieden. Dessen Nachfolger war bis 1980 Musikdirektor Gerhard Rolf Bauer aus Karl-Marx-Stadt (Chemnitz). Ihm folgte Musikdirektor Lothar Seyfarth, der aus seiner früheren Tätigkeit an der Komischen Oper in Berlin auch Auslandserfahrung mitbrachte und es bis zur Wende mit großen Erfolgen leitete.
Ein Jahr nach der Entscheidung des Volksbildungsministeriums in Weimar, das Landestheater Gotha zu schließen, fasste das Thüringer Landesamt für Denkmalpflege den Beschluss des Wiederaufbaus der noch bestehenden

Theaterruine, um einen Abbruch vorzubeugen, freilich ohne eine Terminierung. Jahrelange Witterungseinflüsse hatten zum allmählichen Verfall der immer noch stattlichen Ruine geführt, gegen den aber nichts getan wurde. Schließlich wurde im Juli 1958 auf Betreiben der SED-Kreisleitung der Abbruch der Ruine vorbereitet, und am 8. August erfolgte, gegen das Verbot der Denkmalschutzbehörde, die erste Sprengung, die bis zum 20. September fortgesetzt wurde. Die Kosten dafür von rund 200 000 Mark musste die Stadt Gotha tragen, dagegen hätten die Sicherungsmaßnahmen zum weiteren Erhalt der Theaterruine nur 64 000 Mark gekostet – freilich wäre auch dann noch der Wiederaufbau des Theaters nicht abzusehen gewesen.
Im Jahr 1970 begann dann am Lenin-(heute Ekhof-)platz der Umbau des Lichtspieltheaters zu einem Theater mit kompletter Bühnentechnik und 788 Sitzplätzen, als „Kreiskulturhaus" wurde es am 7. Oktober 1973 eröffnet. Danach fanden die Konzerte des Gothaer Sinfonieorchesters nicht mehr in der Stadthalle an der Goldbacher Straße, sondern hier statt; im Johann-Sebastian-Bach-Gedenkjahr 1985 erhielt das Haus eine Schuke-Konzertorgel.
Die Erinnerung an die ältere wie auch an die neuere Theatergeschichte lebte weiter in den Aufsätzen der Gothaer Museumshefte und in den Festveranstaltungen zum 250. Geburtstag (1970) und 200. Todestag (1978) des Prinzipals und Schauspielers Conrad Ekhof am Hoftheater im Schloss sowie zum 300. Jahrestag dieses Theaters im Juni 1983. Das Gothaer Musikleben wurde auch durch eine Reihe von Chören bereichert, die große Konzerte des Sinfonieorchesters und der Kirchen mitgestalteten; u. a. hat sich auch der Kinderchor der Andreas-Reyher-Schule einen guten Ruf erworben. In den Großbetrieben pflegten die Chöre den Gesang auch mit zeitgenössischen Kompositionen, Aufwändungen und Kosten trugen die Betriebe mit ihren Kulturfonds.

Andere Faktoren des kulturellen Lebens

Neben dem Musikleben war das kulturellen Leben in der Stadt sehr vielfältig. So boten das Schlossmuseum, das Museum für Regionalgeschichte und das Museum der Natur mit ständigen und wechselnden Ausstellungen aus ihren reichen Beständen in ihren historischen Räumen immer ein vielseitiges Angebot. Höhepunkte waren hier die großen Kunstausstellungen des Schlossmuseums im Albrecht-Dürer-Jahr 1971 und im Lucas-Cranach-Jahr 1972 (jeweils zum 500. Geburtstag) mit Leihgaben der Forschungsbibliothek und im Oktober 1989 zusammen mit dem Louvre in Paris u. a. mit Kunstwerken des französischen Bildhauers J. A. Houdon (1741–1828) sowie

die Museumsfeste 1988 und 1989. Auch das Museum der Natur bot interessante Ausstellungen und knüpfte dabei an frühere paläontologische Arbeiten am Ende des 17. Jahrhunderts an. Seit 1963 erscheinen hier die „Abhandlungen und Berichte des Museums der Natur“ mit wissenschaftlichen Beiträgen seiner Mitarbeiter sowie Gastbeiträge.
Internationale Bedeutung hatten inzwischen die Grabungsforschungen über Ursaurier seit 1973 bei Tambach-Dietharz gefunden. 1964 folgte das Museum für Regionalgeschichte mit der Herausgabe seiner ebenfalls zweijährigen „Gothaer Museumshefte“ mit Aufsätzen zur Gothaer Geschichte sowie zur ur- und frühgeschichtlichen Forschung im Landkreis.
Auch die frühere Landesbibliothek im Ostflügel des Schlosses Friedenstein wurde nach der Rückkehr ihrer in die Sowjetunion als sogenanntes Beutegut verlagerten Bestände mit ihren Ausstellungen und Veranstaltungen, so alljährlich im Mai zur „Woche des Buches“ wieder zu einer bedeutenden wissenschaftlichen Institution in der Stadt und darüber hinaus. Dazu hat auch die seit 1955 erschienene Veröffentlichungsreihe beigetragen und konnte mit den seit den 60er Jahren veröffentlichten Publikationen mit der Erschließung von Drucken des 16. Jahrhunderts ihren Ruf auch im Ausland vermehren. Auf Grund einer Bibliotheksverordnung zur Neuordnung des Bibliothekswesens in der DDR erhielt die Landesbibliothek mit ihrem kulturgeschichtlich reichen Buchbestand aus zwölf Jahrhunderten 1967 den neuen Namen „Forschungsbibliothek“.
Auch verschiedene Gesellschaften bereicherten das kulturelle Leben der Stadt, so der Kulturbund (der DDR) mit seinen späteren Sektionen zu „Kunst und Wissenschaft“, der „Natur- und Heimatfreunde“ und der Fachgruppe „Foto“, zumal Anfang Juli 1952 die erste HO-Agfa-Color-Kopieranstalt in Thüringen eröffnet wurde. Zu der Gesellschaft für Deutsch-Sowjetische Freundschaft kam im Herbst 1955 die Gesellschaft zur Verbreitung wissenschaftlicher Kenntnisse (am 17. Juni 1954 in Berlin gegründet) hinzu, die einige Jahre später den altbekannten Namen „Urania“ erhielt. Unter den Jugendklubs spielte der „Jugendklub 70“ in Zusammenarbeit mit dem Traktorenwerk und dem Kulturbund unter den übrigen Klubs eine führende Rolle. Ein Kuriosum war die frühe Gründung der Gothaer Karnevalsgesellschaft 1969 mit ihrem ersten Präsidenten Werner Kukulenz, nachdem schon am 11. November 1955 die erste öffentliche Karneval-Eröffnungssitzung mit einem Elfer-Rat im Klubhaus der Einheit (heute Stadthalle) stattgefunden hatte. Ein besonders Ereignis war der große Festumzug zur 1200–Jahr-Feier der Stadt Gotha am 12. Mai 1975, der an ihre Jahrhunderte alte Geschichte erinnerte; im Zusammenhang damit fanden auch verschiedene Feierlichkeiten zum 30. Jahrestag der Befreiung von der nationalsozialistischen Gewaltherrschaft statt.

1955 begannen die Fernsehsendungen vom Brocken im Harz, die 1956 auch in Gotha empfangen werden konnten, nachdem schon im Dezember 1952 am Sender Inselsberg ein Versuchsprogramm gestartet worden war. Das zweite Programm (DFF 2) begann am 3. Oktober 1969 mit dem Secam Color System. Am 11. Februar 1972 wurde die Bezeichnung DFF (Deutscher Fernsehfunk) in Fernsehen der DDR geändert. Da die Produktion von Fernsehempfängern hierzulande den steigenden Bedarf nicht befriedigen konnte, ergaben sich für die Besteller sehr lange Wartezeiten. Eine andere Folge war der damit verbundene und weit verbreitete Empfang der Sendungen des „Westfernsehens", gegen den aber die SED machtlos war.
Im literarischen Leben wurden hier vor allem Hanns Cibulka, Franz Hammer (1908–1985) und Kurt Kauter (1913–2002) bekannt. Hammer schrieb neben Erzählungen aus dem Arbeiterleben und Reportagen über den Thüringer Wald auch zwei Biographien (Theodor Neubauer, Martin Andersen-Nexö) sowie eine Autobiographie (1975) und war Herausgeber zahlreicher anderer Titel, darunter von Briefen von Rosa Luxemburg; für sein literarisches Werk erhielt er mehrere staatliche Auszeichnungen. Kauter war Geologe in Europa und Südamerika, politisch engagiert war er als Mitglied der KPD 1958 in die DDR emigriert. Er hat Jugendbücher und Puppenspiele geschrieben und wurde nach seinen späteren Reisen nach Südamerika (60er und 70er Jahre) durch seine Romane und Reiseberichte darüber bekannt. Außerdem sind noch die Bibliothekarin Charlotte Bechstein mit verschiedenen Arbeiten, darunter Gedichten, einem Kinderbuch und einem Fernsehspiel, und der Ingenieur Hartmut Biewald mit Kinderbüchern („Der Wind bläst aus dem Hirtenhorn"), Erzählungen und dem Bildband „Alt-Gotha" zu nennen. Er gehörte dem von Cibulka lange Zeit geleiteten Zirkel „Schreibende Arbeiter" an und wurde 1981 sein Nachfolger. In diesem Zirkel tauschten angehende Autoren ihre Erfahrungen über das Schreiben von Literatur aus. 1964 und 1985 erschienen zwei Anthologien (Auswahl) ihrer Arbeiten. Der Verbreitung, besonders der sozialistischen Literatur in teilweise hohen Auflagen, diente die Lessing-Buchhandlung, die im Sommer 1953 in der Erfurter Straße eröffnet wurde, während sich am unteren Hauptmarkt die alteingesessene Buchhandlung C. Glaeser seit 1690 weiter behaupten konnte.
Unter Künstlern war der langjährige Gewerbelehrer an der Gothaer Bau(gewerbe)schule Franz Vetter (1886–1967) der bedeutendste Kunstmaler. Seit 1946 war er freischaffendes Mitglied des Verbandes Bildender Künstler. Seine Werke waren auf zahlreichen z. T. eigenen Austellungen zu sehen, und in Gotha und Ohrdruf gab er Malkurse für Malergesellen und Laien. Außerdem war er auch schriftstellerisch tätig. 1966 und 1987 hat das Schloßmuseum Sonderausstellungen seiner Werke gezeigt. Ein anderer namhafter Gothaer Maler war der Fachlehrer für Kunsterziehung Siegfried Brückner (1919–2006), der hier 1951 einen Volkskunstzirkel für Malerei

und Grafik gründete und diesen auch bis 2001 erfolgreich geleitet hat. Zahlreiche Teilnehmer des Zirkels haben danach an Hoch- und Fachschulen studiert und konnten dann als Kunsterzieher bzw. in ähnlichen Berufen tätig werden. Für sein unermüdliches Engagement hat er auch zahlreiche Auszeichnungen erhalten.

Eine international bekannt gewordene Persönlichkeit war der Kartograph Prof. Dr. Hermann Haack (1872–1966), Bearbeiter von zwei Dutzend Atlanten und Schöpfer moderner Schulwandkarten, die auch ins Ausland exportiert wurden. Er gehörte mehreren geographischen bzw. kartographischen Gesellschaften an. Noch als 72jähriger hat er sich nach 1945 der Übersetzung der sowjetischen Fachliteratur mit Erfolg zugewandt. Im Herbst 1953 erhielt er den Nationalpreis 1. Klasse für Wissenschaft und Technik und 1957 den Vaterländischen Verdienstorden in Silber und wurde zum Ehrenbürger der Stadt Gotha ernannt; seit 1955 trug die weltberühmte „Geographisch-Kartographische Anstalt Justus Perthes“ seinen Namen als „VEB Hermann Haack“.

Im März 1972 wurde der visafreie Reiseverkehr in die Nachbarrepubliken Tschechoslowakei und Polen eingeführt und damit die ohnehin sehr begrenzten Reisemöglichkeiten ins sozialistische Ausland, die das Reisebüro der DDR anzubieten hatte, erweitert. 1975 wurden neue Banknoten und 1980 neue 1- und 2-Mark-Münzen eingeführt. Das änderte aber nichts an der ständigen Knappheit durch Versorgungslücken, besonders bei neuen technischen Gebrauchsgütern, aber auch bei anderen Waren, und führte immer wieder zu Beschwerden und Kritiken der Bevölkerung an den Handelsorganen, wie im Lokalteil der Presse zu lesen war – im Gegensatz dazu berichteten Presse und Fernsehen laufend über Erfolge bei der Übererfüllung der Produktionspläne in den Betrieben. Diese Unzufriedenheit übertrug sich auch mehr und mehr auf andere Bereiche des Lebens.

Ab dem 8. Dezember 1975 werden neue Banknoten ausgegeben, darunter diese 20 DDR Mark mit dem Bildnis Johann Wolfgang von Goethes.

Geldnoten in der DDR vom 24. Juli 1948 bis 31. Juli 1964: ***Deutsche Mark der Deutschen Notenbank (DM)*** *– vom 1. August 1964 bis 31. Dezember 1967:* ***Mark der Deutschen Notenbank (MDN)*** *– vom 1. Januar 1968 bis 30. Juni 1990:* ***Mark (M) der Deutschen Demokratischen Republik*** *(auch: Mark der DDR genannt)*

Die Wende 1989/90

Im Jahr 1989 wurden die Spannungen in Gesellschaft und Wirtschaft immer offensichtlicher. Friedensgruppen und Liedermacher, umweltbewusste Personen und Gruppen sowie kirchliche Jugendgruppen brachten ihre Kritik in kleinen Kreisen zum Ausdruck, denn öffentliches Auftreten wurde von der Stasi beobachtet und verfolgt. Dazu nahmen die Anträge von Ausreisewilligen zu, die sich auf die Schlusserklärung des KSZE (Konferenz für Sicherheit und Zusammenarbeit in Europa) 1975 in Helsinki beriefen, die auch von der DDR unterzeichnet wurde und im „Korb 3“, Reise- und Bewegungsfreiheit, behandelt wurde. Nach einem Bericht der Abteilung für Inneres beim Rat des Kreises waren bis Ende 1989 schon 380 Anträge mit 823 Personen gestellt worden. Als am 10. September die ungarische Regierung ihre Grenzen zur Republik Österreich ohne Absprache mit der DDR für DDR-Touristen und Urlauber öffnet, reisen Tausende von ihnen aus.

Ein besonderes Ereignis waren die Kommunalwahlen am 7. Mai, die nicht nur wegen des „offiziellen Wahlergebnisses“ von 94,94% für den „Wahlvorschlag der Nationalen Front“ bei 99,73% Wahlbeteiligung viele Wähler verärgerten, sondern auch bald den Verdacht auf Wahlfälschungen aufkommen ließen. Denn allein bei den Briefwahlen, die bei Kritikern beliebt waren, sind schon beachtliche Zahlen von Gegenstimmen gezählt worden. Erst am 16. Februar 1990 konnte die „Thüringer Allgemeine“ sogar auf der ersten Seite unter der Überschrift „Jetzt ist es heraus!“ über damalige Wahlfälschungen berichten.

Das nächste wichtige Ereignis des Jahres war der 40. Jahrestag der Gründung der DDR am 7. Oktober. Dazu hatten die SED-Kreisleitung und der Rat des Kreises eine Broschüre „Kreis Gotha. Eine Bilanz in Bildern“ herausgegeben, welche die vielseitigen „Errungenschaften“ in Stadt und Land vorstellten. Die Lokalseite der SED-Zeitung „Das Volk“ informierte am Vortag ausführlich über die geplanten Feierlichkeiten, darunter ein Volksfest auf dem Hauptmarkt, das aber verregnet war und wohl nicht nur deshalb wenig Zuspruch fand – die große Feststimmung war ausgeblieben. Zehn Tage später berichtete Bürgermeister Taubenrauch an den Rat des Kreises über die schlechte Stimmung unter der Bevölkerung sowie über Versorgungsengpässe und Folgen schlechter Planung.

Friedensgebete und Demonstrationen

Nachdem am 1. September 1989 in der Schlosskirche ein ökumenischer Gottesdienst zur Erinnerung an den Beginn des Zweiten Weltkrieges stattgefunden hatte, zogen die Teilnehmer trotz Demonstrationsverbot zur Augustinerkirche, um für den Frieden zu beten. Hier wurden seit 1980 während der jährlichen Friedensdekaden im November im Kapitelsaal des einstigen Augustinerklosters besondere Friedensgebete abgehalten, die am 15. September wieder aufgenommen wurden. Wegen des wachsenden Zuspruchs wurden sie bald in die Augustinerkirche verlegt. Am 11. Oktober hatte das Politbüro der SED zum Dialog, das heißt zur Auseinandersetzung mit reformwilligen Kräften aufgerufen. In Gotha ging aber keine Initiative von der SED aus. Am 27. Oktober wurde beim Friedensgebet ein „Aufruf zur Gewaltlosigkeit" bei einem eventuellen Demonstrationszug verlesen und verteilt. Daraufhin formierten sich Demonstranten zu einem Zug durch die Innenstadt zum Sitz des Rat des Kreises in die 18.-März-Straße, wo sie nach langen Diskussionen erreichten, dass zwei Tage später eine Großkundgebung auf dem Hauptmarkt mit einer öffentlichen Aussprache stattfand. Zu dieser ersten freien politischen Versammlung hatten sich über 20 000 Bürger versammelt, wobei vier Stunden lang mit den leitenden Gothaer Funktionären von Partei und Staat zum Teil heftig über Demokratieverständnis, Wirtschaftsfragen, DDR-Pädagogik und Reisefreiheit diskutiert wurde. Eine zweite große Demonstration fand am 3. Dezember vor dem Gewerkschaftshaus statt. Am gleichen Tag fand im „Kreiskulturhaus" das erste von drei Montagsgesprächen als Fortsetzung der Aussprache vom 27. Oktober statt, bei denen es um Fragen der Kommunal- und Wirtschaftspolitik ging.

Am 24. November wurde das Bürgerkomitee gegründet, dem 26 Bürger aus verschiedenen Reformgruppen sowie aus neuen Parteien angehörten, die sich in letzter Zeit gebildet hatten. Mitglieder des ständigen Büros des Komitees behandelten in Sprechstunden persönliche Anliegen von Bürgern, andere arbeiteten an der Aufdeckung von Amtsmissbrauch und Korruption und leisteten Beiträge für den Runden Tisch.

Eine wichtige Aktion des Komitees war die friedliche Besetzung der Gothaer Kreisdienststelle der Staatssicherheit in der Friedrich-Engels-Straße, jetzt wieder Helenenstraße, am 4. und 5. Dezember durch Mitglieder des Bürgerkomitees, um die bereits angefangene Aktenvernichtung zu verhindern und Waffen sicher zu stellen, die einige Tage später nach Erfurt abtransportiert wurden. Am 25. Mai 1990 hat sich das Bürgerkomitee nach einem Abschlussbericht über seine Tätigkeit aufgelöst. Sieben Mitglieder des Komitees waren bei den Kommunalwahlen am 6. Mai 1990 zu Stadtverordneten und drei Mitglieder in den Kreistag gewählt worden.

Von der SED zur PDS

Inzwischen hatte sich bei der SED einiges verändert. Am 18. Oktober 1989 wurde der Staatratsvorsitzende Erich Honecker (1912–1994), der alle Reformen abgelehnt hatte, vom Zentralkomitee der SED „aus gesundheitlichen Gründen“ von allen Funktionen in Partei und Staat entbunden und am 3. Dezember aus der SED ausgeschlossen. Nachfolger wurde sein Stellvertreter (seit 1984) Egon Krenz (geb. 1937). Jener konnte die angekündigte „Wende“ nicht im Ansatz herbeiführen und trat Anfang Dezember ebenfalls von seinen Ämtern zurück. Am 7. November trat auch Willi Stoph (1914–1999) von seinen Funktionen in der SED zurück und wurde am 13. November nach Abberufung des DDR-Ministerrats als Ministerpräsident von Hans Modrow (geb. 1928) abgelöst. Am 8. November war auch das Politbüro der SED zurück getreten. Am 9. November verkündete das Mitglied des Politbüros, Günter Schabowski, überraschend die Öffnung der „Mauer“ und die volle Reisefreiheit ab 10. November für alle Bürger der DDR. Auf dem letzten Parteitag der SED am 15. und 16. Dezember 1989 änderte die Partei ihren Namen in SED-PDS, später in PDS (Partei des demokratischen Sozialismus).

Am 3. November 1989 hatte der Erste Sekretär der Gothaer SED-Kreisleitung, Horst Reuter, nach knapp einjähriger Dienstzeit im Sekretariat die Vertrauensfrage auf weitere Zusammenarbeit gestellt. Auf der nächsten Sitzung des Sekretariats am 6. November erklärte Reuter nach längerer Diskussion in Anwesenheit eines Sekretärs der Bezirksleitung Erfurt der SED, wobei ihn keiner zum weiteren Verbleib aufgefordert hatte, seinen Rücktritt. Wenige Tage später erklärte das Gothaer Sekretariat, dass Reuter bei seinem Amtsantritt noch nicht die erforderlichen Qualitäten und Erfahrungen für die Führung des Sekretariats besessen habe; er habe aber die Kollektivität der Arbeit des Sekretariats gefördert und den Meinungsstreit bei der Suche nach besten Lösungen der Aufgaben gefördert.

Danach trat am Mittag das Plenum der Kreisleitung zusammen, das mehrheitlich der Bitte Reuters auf Entlassung aus seiner Funktion des Ersten Kreissekretärs zustimmte. Als weitere Rücktritte über den Verbleib im Sekretariat der Kreisleitung von der Vorsitzenden des Kreisvorstands des FDGB und des Ersten Sekretärs der Kreisleitung der FDJ zur Diskussion gestellt wurden, rief der Zweite Sekretär der SED-Kreisleitung, Lutz Lemke, gegen derartige „Abfallserscheingen“ zur Geschlossenheit auf. Am Abend des 16. November erfolgte nach dem Eingeständnis „von tiefer Schuld“ der Kreisleitung bei der Parteiführung der geschlossene Rücktritt des Sekretariats der SED-Kreisleitung, „um dem neu zu wählenden Ersten Sekretär den Spielraum zur Neuformierung des Sekretariats einzuräumen, ...“

Danach hat die Kreisleitung den Direktor der Ingenieurschule für Bauwesen in Gotha, Wolfgang Zschoyan, zu ihrem Ersten Sekretär gewählt. Die eigentlichen Ursachen dieser Fehlentwicklung lägen aber nach der kritischen Einschätzung des Sekretariats sowohl in der Bevormundung durch übergeordnete Organe als auch im autoritären Leitungsstil besonders von Erwin Lorenz als Vorgänger Reuters.

Der Runde Tisch

Am 5. Dezember 1989 trat der Rat der Stadt Gotha und das Sekretariat der SED-Kreisleitung zurück. Die Mitglieder des Rates des Kreises gaben ihre Leitungsfunktionen in der SED-Kreisleitung auf. Deshalb berief der evangelische Superintendent in Gotha, Eckhardt Hoffmann, am 12. Dezember den Runden Tisch in die Versöhnungskirche an der Werner-Sylten-Straße zu einem ersten Gespräch mit den Vertretern der beiden Kirchen, den Spitzen des Bürgerkomitees, der neuen Parteien Demokratischer Aufbruch und Neues Forum, der SPD, der Ökologischen Bewegung, der 6 alten (Block-) Parteien sowie mit der Kreis- und Stadtverwaltung, der NVA und der Volkspolizei, insgesamt 37 Personen. Als Gründe dafür gab er an, dass die SED bisher nur theoretisch ihre führende Rolle in der Politik aufgegeben habe, ohne dass von Reformen die Rede war, in der Bevölkerung eine starke Verunsicherung herrsche und allmählich das „Chaos an der Basis“ wachse. Der Runde Tisch sollte deshalb als ein Gremium (beratender Ausschuss) der Verständigung dienen, um das kommunale Leben in der Stadt und im Kreis auf der Grundlage einer Geschäftsordnung zu sichern. Schon auf der nächsten Sitzung standen Fragen der Erneuerung der Polizei und der inneren Sicherheit, auf der 3. Sitzung am 10. Januar 1990 auch Probleme der Wirtschaft und der personellen Abwicklung des Amtes für Nationale Sicherheit (Umbenennung der Stasi im November durch die neue Regierung Modrow) zur Diskussion. Seit der 7. Sitzung am 7. Februar standen bis zur 18. Sitzung die Vorbereitungen der ersten freien Kommunalwahlen am 6. Mai 1990 als eine wichtige Aufgabe auf der Tagesordnung des Runden Tisches, der am 16. Mai auf der 19. Sitzung seine Arbeit beendete, mit der das öffentliche Leben gesichert und damit die entscheidende politische Wende in dieser Stadt ohne Blutvergießen erreicht wurde.

Die Wiedervereinigung

Nach den politischen Veränderungen im Herbst 1989 setzten der Runde Tisch und das Bürgerkomitee im neuen Jahr ihre Arbeit fort, auch die Friedensgebete fanden weiterhin wöchentlich in der Augustinerkirche statt. Am 12. Januar fand auf dem Hauptmarkt eine Großkundgebung statt, auf der sich breite Bevölkerungskreise gegen Versuche der SED/PDS wandten, obwohl sie durch Massenaustritte ihrer Mitglieder während der letzten Monate einen erheblichen Machtverlust zu verzeichnen hatte, immer noch mit ihrem Führungsanspruch an den alten Machtverhältnissen durch ihre „Seilschaften“ festzuhalten. Am 13. und 14. Januar konnten über 3000 Gothaer die Möglichkeit nutzen, die einstige Stasi-Zentrale zu besichtigen. Überraschend trat am 23. Januar Bürgermeister Harald Taubenrauch zurück, an seine Stelle trat bis zur Neuwahl Gerhard Schäfer (beide SED/PDS).

Ein besonderes Ereignis war die Großkundgebung am 27. Januar auf dem Hauptmarkt, auf welcher der Ehrenvorsitzende und Altbundeskanzler Willy Brandt (1913–1992) vor über 20 000 Zuhörern über die kommende Wiedervereinigung sprach – von Reformen der DDR war keine Rede mehr. Am Vormittag des gleichen Tages war mit ihm der Landesvorstand Thüringen der SPD im historischen Saal des „Tivoli“ gegründet worden, dabei sprach er die bekannten Worte: „Auch hier wächst zusammen, was zusammen gehört“; von Bezirken war schon nicht mehr die Rede.

Nach den Wahlen zum Bundestag am 11. März fanden eine Woche später die ersten und letzten freien Wahlen zur Volkskammer statt, die SED/PDS-Regierung wurde von der Regierung des Ministerpräsidenten Lothar de Maizière (CDU) abgelöst. In Gotha ging der Wahlkampf weiter, denn schon zwei Monate später sollten die ersten demokratischen Kommunalwahlen stattfinden. Politisch wurden sie von den Teilnehmern des Runden Tisches unter Mitarbeit des Bürgerkomitees und organisatorisch von der Kreiswahlkommission vorbereitet. Die Bürgerbewegungen wie Neues Forum, Demokratischer Aufbruch und Demokratie Jetzt wollten keine politische Partei sein, ihre Mitglieder nahmen aber an den Wahlen teil. Neu waren neben den alten Parteien die am 3. November 1989 neu gegründete SPD, die am 21. November gegründete Grüne Partei und die hier am 26. März 1990 gegründete Freie Wählergemeinschaft (FWG) mit starken Anteilen von Mitgliedern des Bürgerkomitees. Das Wahlergebnis ergab für die Stadtverordnetenversammlung 25 Sitze für die CDU, 18 Sitze für die SPD, 7 Sitze für die PDS, 5 Sitze für die FWG, 3 Sitze für die Grüne Partei und 2 Sitze für die liberale BFD (Bund Freier Demokraten).

Am 23. Mai wurde die neue Stadtverordnetenversammlung konstituiert und Werner Kukulenz (CDU) zum Bürgermeister sowie Eberhard Wolter (SPD) und Norbert Kaschek (CDU) zu hauptamtlichen Stadträten gewählt; CDU und SPD hatten sich auf eine Koalition für politische Zusammenarbeit geeinigt.
Am 1. Juli trat die Wirtschafts-, Währungs- und Sozialunion der Bundesrepublik mit der DDR in Kraft, für die am 18. Mai 1990 in Bonn der Staatsvertrag von den Finanzministern der beiden deutschen Staaten unterzeichnet worden war – das war der erste Schritt zur Wiedervereinigung. Damit wurde hier die nicht frei konvertierbare (umtauschmöglich) DDR-Mark von der Deutschen Mark abgelöst. Das Umtauschverhältnis war zwei DDR-Mark für eine DM; für erwachsene DDR-Bürger konnten 4000 Mark, für Kinder (bis 14 Jahre) 2000 Mark und für Senioren (ab 60 Jahre) bis 6000 im Verhältnis 1:1 umgetauscht werden. Der Andrang der Gothaer nach der DM war groß, zumal der erste Wechseltag auf einen Sonntag fiel. Die hiesigen Banken waren aber auf diesen Währungsumtausch und die Kontenumstellungen gut vorbereitet und konnten ihn ordnungsgemäß durchführen. Andere Änderungen des Bonner Staatsvertrages waren die Bildung des Arbeitsamtes auf Grund des Arbeitsförderungsgesetzes sowie des Sozialamtes des Landratsamtes Gotha, die beide ihren Sitz in der Maurerstraße 20 (ehemalige SED-Kreisleitung) erhielten.
Am 31. August wurde in Berlin der Einigungsvertrag der beiden deutschen Staaten über die Herstellung der Einheit Deutschlands abgeschlossen, der wichtige wirtschaftliche Fragen der sozialen Sicherung regelte. Nachdem am 2. Oktober die Volkskammer der DDR ihre letzte Sitzung abgehalten hatte, trat am 3. Oktober 1990 in Berlin der gesamtdeutsche Bundestag im Reichstag zu seiner ersten Sitzung zusammen und vollzog mit dem Beitritt der DDR zur Bundesrepublik Deutschland die Vereinigung der beiden deutschen Nachkriegsstaaten in Frieden und Freiheit. Am gleichen Tag wurde Gothas Superintendent (seit 1979) und Stadtverordneter (FWG) Eckhardt Hoffmann für seine Verdienste als Leiter des Runden Tisches für die Herbeiführung der friedlichen Wende in Gotha zum Ehrenbürger der Stadt ernannt.
Am 3. Oktober war auch an Stelle der bisherigen drei thüringischen (Verwaltungs-)Bezirke, die bis zum Jahresende aufgelöst wurden, der neue Freistaat Thüringen getreten, und am 14. Oktober fanden dazu auch wieder die ersten freien Landtagswahlen seit 1932 statt, die nach dem noch von der letzten Volkskammer erlassenen Wahlgesetz durchgeführt wurden, das eine vierjährige Wahlperiode mit einer Fünfprozent-Sperrklausel vorsah, aber auch die Möglichkeit von Listenvereinigungen bot. Bei einer Wahlbeteiligung von 71, 8% erhielt die CDU 44 Sitze, die SPD 21 Sitze, die PDS

9 Sitze, die Grünen 6 und die FDP 9 Sitze; die Grünen waren damals mit dem Neuen Forum und der Demokratie Jetzt eine Listenvereinigung eingegangen. Der erste Ministerpräsident der neuen thüringischen Landesregierung war der Gothaer Bürger Josef Duchac. Ebenfalls am 3. Oktober 1990 wurde die Nationale Volksarmee der DDR in die Bundeswehr übernommen und dann komplett aufgelöst. Das erste Gelöbnis für 67 neue Rekruten fand am 26. Oktober in der Bundeswehrkaserne an der Ohrdrufer Straße statt; Anfang Juli 1991 wurde dort das Panzeraufklärungsbataillon 70 in Dienst gestellt. Am 26. Oktober wurde im Kreuzgang der Augustinerkirche eine vielbesuchte Ausstellung „Der Herbst '89 in Gotha" mit zahlreichen Fotos und anderen Dokumenten eröffnet. Nachdem am 8. März, dem internationalen Frauentag, aktive Frauen vor dem Rathaus für ein Frauenzentrum demonstriert hatten, konnten sie es schließlich am 22. November in der Eschleber Straße 26 eröffnen. Am 2. Dezember fand die erste gesamtdeutsche Wahl zum Deutschen Bundestag statt; bei einer Wahlbeteiligung von 67,5% stimmten in Gotha mit ihrer Erststimme 40% für die CDU, 29% für die SPD, 10% für die FDP, 9% für die PDS, 8,8% für Grüne/Bündnis 90 und 1,3% für die DSU, damit waren auch hier die beiden großen Volksparteien die stärksten Parteien.
Die Städtepartnerschaft mit der Stadt Salzgitter hatte sich gleich nach der Öffnung der Grenzen aktiviert, denn schon Ende November 1989 war eine erste Delegation des Gothaer Stadtrats dorthin gereist, um Kontakte mit der Stadtverwaltung sowie mit Wirtschaft (Mittelstand) und Kultur zu beraten. Im darauf folgenden Jahr halfen die Institutionen aus Salzgitter bei ihren Besuchen in Gotha mit Rat und Tat der Stadtverwaltung, auf die jetzt viel Neues zukam. Auch der Austausch von Delegationen aus anderen öffentlichen Institutionen sowie Vereinen förderte das gegenseitige Kennenlernen und ließ die Partnerschaft lebendig und nützlich werden. Auch die fränkische Stadt Coburg erinnerte sich ihrer gemeinsamen Vergangenheit mit Gotha in der Zeit vor 1920, als es noch das Herzogtum Sachsen-Coburg und Gotha gab, und war an der Entwicklung des neuen Gotha interessiert. Dabei stellte sie sich mit Ausstellungen und Begegnungen den Gothaer Bürgern vor.

Die wirtschaftliche Wende

Der wirtschaftliche Wandel zeigte sich im Handel, im Verkehr durch das schnelle Wachstum der Motorisierung im Kfz-Verkehr, in der Rückkehr von Banken sowie in anderen Bereichen. Schon im März zeigten sich einzelne Händler aus Westdeutschland auf dem Hauptmarkt und in der Stadthalle mit ihren verschiedensten Warenangeboten. Im Sommer kamen dann schon Filialen der großen Handelsketten an der nördlichen Spohrstraße, so am 28. August die „Allkauf"-Filiale (später als „Real" an der Schubertstraße) sowie ein Drogeriemarkt und ein Baumarkt. Auch die großen Banken kamen, so die Deutsche Bank, welche die Kreisfiliale der Staatsbank der DDR am Leninplatz (heute Ekhofplatz) übernahm, und die GOTHAER Versicherungen, die ihren alten Sitz an der Bahnhofstraße wieder einnahmen, der dadurch „in letzter Minute" vor dem Abriss bewahrt und eine Bezirksfiliale wurde. Vor dem Abriss wurde damals auch das historische „Löfflerhaus" aus dem frühen 19. Jahrhundert hinter der Margarethenkirche durch den Einsatz der „Bürgerinitiative zur Altstadtrettung" gerettet, aus der schon am 20. September der „Verein für Gothaer Geschichte und Altstadterhaltung" hervorging.
Auch im Verkehrswesen ist ein großer Wandel eingetreten. Man brauchte nun nicht mehr lange auf ein Auto zu warten, sondern konnte jetzt sofort einen guten Gebraucht- oder Neuwagen kaufen, denn die bisherigen vier Kraftverkehr-PGH hatten sich schnell vom Reparaturbetrieb auf den Handel mit Fahrzeugen der großen Marken umgestellt, und neue „Autohäuser" kamen noch dazu. Das betraf nicht nur den Verkauf von PKW an Privatpersonen, sondern auch von LKW und Omnibussen an Betriebe. Die ersten GTH-Kennzeichen wurden allerdings erst Anfang Juni 1991 ausgegeben. Damit war auch der Straßenverkehr und der Bedarf an Parkmöglichkeiten in der Stadt gewachsen, und kurze Zeit gab es hier sogar mehr Tankstellen als in Erfurt.
In der Industrie vollzog sich der Wandel vom Volkseigentum zur Privatisierung in Kapitalgesellschaften meist über die Treuhandgesellschaft, die schon am 1. März 1990 gegründet und deren Tätigkeit durch ein Gesetz vom 17. Juni 1990 geregelt wurde, so der Verkauf an auswärtige oder ausländische Investoren. Die Verkaufserlöse sollten danach teils in die Betriebe investiert, teils an den Staatshaushalt abgeführt werden. Darüber wurde aber in der Öffentlichkeit kaum etwas bekannt, oder es war darüber Stillschweigen vereinbart worden. In Gotha war die Übernahme der Waggonfabrik, der „Spanplatte", des Getriebewerkes, der Großbrauerei durch Firmen in Westdeutschland zum Teil erst 1991 von bleibendem Erfolg. Damit blieb ein großer Teil des Industrieprofils der Stadt erhalten. Andere Betriebe versuchten die Weiterführung als GmbH.

Kleinere Betriebe waren weniger erfolgreich. Ihre Versuche, mit einem Franchisevertrag (Lizenz für Warenverkauf für einen Großbetrieb) scheiterten oft am zu geringen Umsatz oder Eigenkapital, andere machten sich wieder selbständig. Manche Betriebe mussten schließen, so am 17. Oktober die Gothaer Molkerei an der Uelleber Straße und am 18. Februar 1991 der hundertjährige Schlachthof Gotha. Auch die Geschäfte und Gaststätten von HO und Konsum mussten schließen, auch hier hatten sich neue Einzelhandelsgeschäfte westdeutscher Firmen etabliert. Das HO-Kaufhaus „Magnet" wurde schon am 1. Oktober von dem Kaufmann Joh als Warenkaufhaus neu eröffnet, das Kaufhaus „Konsument" (ebenfalls in der Erfurter Straße) wurde im August 1991 von dem Horten-Konzern übernommen, der es aber 1995 wieder aufgab. Der seiner Geschichte nach älteste und einst bedeutendste Gasthof bzw. Hotel „Zum Mohren" wurde schließlich im Oktober 2007 als baufällig abgerissen, weil sich jahrelang kein Investor mehr dafür interessiert hat.
Auch die Zeitungen haben sich gründlich verändert, weniger äußerlich als vielmehr im Inhalt, denn die ideologischen Schranken waren nach der Wende gefallen. Die ältere „Thüringer Allgemeine" war durch ihre Vorgänger mit der Gothaer Arbeiterpresse verbunden: Seit den 80er Jahren des 19. Jahrhunderts erschien das von Wilhelm Bock (1846–1931) gegründete „Gothaer Volksblatt" bis zum Verbot 1933 durch die thüringische NS-Regierung, seit 1945 neu als „Thüringer Volk" mit Gothaer Lokalteil, später als „Das Volk" bis 1989. Danach folgte am 16. Januar 1990 die „Thüringer Allgemeine" (TA) als neue Tageszeitung. Die liberale „Thüringer Landeszeitung" (TLZ) wurde 1945 von Weimarer Kaufleuten gegründet und stand politisch der LDP (Liberaldemokratische Partei) nahe, daher unter dem Druck des Lizenzgebers SMA Th (Sowjetische Militär-Administration Thüringen), die das Papierkontingent und die Auflagenhöhe (40 000) festlegte. Wer die TLZ abonnieren wollte, musste warten, bis einer der Abonnenten durch Wegzug oder Tod ausfiel. Trotzdem blieb die TLZ eine kritische Zeitung und pflegte auch mit ihren Beilagen „Treffpunkt" und der Heimatseite Kultur und Geschichte des Thüringer Landes. Am 6. Juni 1990 wurde dann in Weimar als Erscheinungsort bzw. Sitz der Redaktion die TLZ von der WAZ (Westdeutsche allgemeine Mediengruppe) mit den Thüringer Zeitungen TA, TLZ, OTZ (Ostthüringer Zeitung) und Freie Wort (Suhl) die Zeitungsgruppe Thüringen gegründet, bei der auch ab 1. August der „Allgemeine Anzeiger" als erster in Thüringen erscheint. Die Gothaer Lokalausgabe erschien mit der eigenen Kopfzeile „Gothaer Tagespost" und dem blauen TLZ-Logo. Die WAZ-Mediengruppe hat dann 1991–1993 in Erfurt-Bindersleben ein modernes Druck- und Verlagszentrum gebaut, mit dem die Zeitungsgruppe Thüringen auch technisch ein moderner Betrieb wurde.

Das letzte Jahrzehnt

Es ist das letzte Jahrzehnt des 20. Jahrhunderts und zugleich das letzte Jahrzehnt des zweiten Jahrtausends unserer Zeitrechnung. Nach der friedlichen Revolution im Herbst 1989 und nach dem Jahr der Wiedervereinigung der beiden deutschen Staaten erscheinen die nachfolgenden Jahre auch in Gotha als eine Zeit der Umgestaltung auf nahezu allen Gebieten des gesellschaftlichen Lebens.

Ein wichtiges Ereignis war zweifellos der Abzug der sowjetischen Besatzungstruppen, die der 8. Garde-Armee angehörten, im Herbst 1991 aus dem Kreis Gotha. Schon am 25. Januar hatte darüber ein Rundtischgespräch mit den Truppenkommandeuren aus Gotha und Ohrdruf und dem Gothaer Landrat Dr. Dieter Reinholz (1943–2008) stattgefunden. Am 15. April wurde die sowjetische Kommandantur in der Helenstraße aufgelöst, zuständig war jetzt die SMA-Kommandantur in Weimar. Am 8. Mai, dem „Tag der Befreiung" und des Endes des zweiten Weltkrieges, fand am Ehrenmal der Roten Armee auf dem Hauptfriedhof eine letzte Gedenkfeier zu Ehren der russischen Gefallenen statt, an der neben Offizieren der Sowjetarmee auch Offiziere der Bundeswehr und Gothaer Kommunalpolitiker teilnahmen. Offiziell sollte der Abzug der sowjetischen Truppen bis zum 31. Dezember erfolgen; die Soldaten der Kaserne III wurden am 20. September mit einem Konzert des Bach-Chores und des Posaunenchores der evangelischen Stadtkirchgemeinde verabschiedet. Die Bundeswehrkaserne an der Ohrdrufer Straße erhielt am 10. Oktober 1992 den Namen „Friedensteinkaserne" und brachte damit ihre Verbundenheit zum Standort Gotha zum Ausdruck.

Mit dem Thüringer Schulgesetz vom 25. März 1991 begann mit dem neuen Schuljahr auch für die Gothaer Schulen ein neuer Abschnitt. Am 2. September eröffnete das Arnoldi-Gymnasium (so jetzt die amtliche Bezeichnung) unter der Leitung ihres neuen Schulleiters Clemens Festag, der aktives Mitglied der Bürgerbewegung von 1989 war, den Schulbetrieb; es hatte seit seiner Gründung 1878 als einziges vier Regimewechsel überstanden und konnte im gleichen Jahr auf das 80jährige Bestehen seines Schulgebäudes zurückblicken. An die Stelle der POS „Albert Schweitzer-Schule" an der Bergallee trat nun wieder das traditionsreiche Gymnasium „Ernestinum", das am 1. November von der Kultusministerin Christine Lieberknecht unter seinem neuen Leiter Dr. Lutz Wagner offiziell mit seinem alten Namen restituiert wurde; am 6. September erhielt das Gymnasium eine moderne Drei-Felder-Turnhalle. Im Ortsteil Siebleben begann am 2. September ein drittes Gymnasium mit dem Leiter Bernd Schumann den Schulbetrieb, das am 17. März 1992 den Namen des einst viel gelesenen

Schriftstellers und Journalisten Gustav Freytag erhielt, der hier die Hälfte seines Lebens verbracht hatte. Neu sind seit 1995 die Kooperative Gesamtschule „Herzog Ernst“ (Reinhardsbrunner Straße) und seit 1995 das Berufliche Gymnasium im Ortsteil Sundhausen als Abteilung des Berufsschulzentrums Gotha-West. Außerdem gibt es fünf Grund- und sechs Regelschulen und das Staatliche Förderzentrum Lucas-Cranach-Schule sowie die Regenbogenschule für geistig Behinderte. Die Kreisvolkshochschule kann auf eine längere Geschichte zurückblicken. Schulnamen aus der DDR-Zeit wurden wieder auf ihre alten Namen zurückgeführt. Die Gothaer Stadtverordnetenversammlung beschloss am 22. Mai auch die Namen von 13 Straßen und Plätzen, die in der DDR-Zeit umbenannt worden waren, zu revidieren, und neun von ihnen erhielten ihre alten Namen zurück. Am 1. Dezember wurde an der Bürgeraue der erste städtische Kinderhort eröffnet. Die erste freie Grundschule „Soziales Lernen“ wurde im September 1993 eröffnet.
Am 17. April stattete Bundespräsident Richard von Weizsäcker der Stadt seinen offiziellen Besuch ab. Mit einem Festakt zum 150. Todestag von Ernst Wilhelm Arnoldi wurde am 5. Juli am östlichen Ausgang der Erfurter Straße/Arnoldiplatz mit Bundestagspräsidentin Rita Süßmuth ein neues Arnoldi-Denkmal eingeweiht. Das ursprüngliche Arnoldi-Denkmal von 1843 musste 1969 der Umgestaltung des Platzes weichen, konnte aber später aus den erhalten gebliebenen Bauteilen neben dem Postamt wieder aufgestellt werden. Mitte September fand eine Regionalkonferenz der Ministerpräsidenten der neuen Bundesländer und des Regierenden Bürgermeisters von Berlin im Festsaal des Schlosses Friedenstein statt, und schon zwei Tage später besuchten auf Einladung von Bundesaußenminister Hans-Dietrich Genscher 160 Botschafter, die in der Bundesrepublik akkredidiert (beglaubigt) waren, die Stadt, um sich hier über die neuen Verhältnisse nach der Wende zu informieren.
Am 19. April 1993 schloss der Stadtrat mit der US-amerikanischen Stadt Gastonia (North Carolina) einen Vertrag über eine Städtepartnerschaft ab, der bald zu einem regen Austausch von gegenseitigen Besuchen aus beiden Städten führte. Im März 1996 besuchte eine Gothaer Delegation unter Führung von Oberbürgermeister Doenitz Gastonia. Anfang Mai 1997 wurde ein weiterer Partnerschaftsvertrag mit der polnischen Stadt Kielce und Anfang November 1997 noch ein Partnerschaftsvertrag mit der ostslowakischen Stadt Martin dort abgeschlossen. Zu den Nationalfeiertagen der Partnerstädte, zu denen außer Salzgitter auch die französische Stadt Romily sur Seine gehört, laden sich die Stadträte zu gegenseitigen Besuchen von Delegationen ein.

Buttermarkt in Gotha.
Aus: „Straßenchronik der Stadt Gotha“ von Hans Walther

Straßenbahn in Gotha 1993. Foto: Werner Rockstuhl

Im Sommer 1993 gaben der Oberbürgermeister der Stadt Coburg, Norbert Kaschner, und der Bürgermeister der Stadt Gotha, Werner Kukulenz, gemeinsam einen umfangreichen Jubiläumsband zum 175. Geburtstag und 100. Todestag des Herzogs Ernst II. von Sachsen-Coburg und Gotha heraus, in dem in 20 Beiträgen die Bedeutung dieses Fürsten in der deutschen Geschichte sowie als Freund und Förderer der Künste eingehend gewürdigt werden.
Am 9. Januar 1994 erfolgte nach einem Bürgerentscheid die Eingemeindung der Orte Uelleben und Boilstädt als Ortsteile mit einem Ortsteilbürgermeister nach Gotha. Am 30. Juni fanden wieder Kommunalwahlen statt. Das Wahlergebnis sah so aus: SPD 30,9%, CDU 30,1%, PDS 17,5%, Bündnis 90/Grüne 7,9%, FWG (Freie Wählergemeinschaft) 7,1%, FDP 2,3%. kurioserweise war der bisherige Bürgermeister Werner Kukulenz (CDU) nur für einen Tag Oberbürgermeister, denn ihm folgte am 1. Juli nach einer Stichwahl in Direktwahl Volker Doenitz (SPD) als neuer Oberbürgermeister von Gotha. Er konnte am 6. Dezember den ehemaligen Präsidenten der Sowjetunion Michail Gorbatschow als Besucher unserer Stadt begrüßen. Ein anderes Ereignis war der Besuch des Königs der Belgier, Albert II, mit seiner Gattin Paola am 13. Juli, der wie der König von Schweden und der einstige Zar von Bulgarien, die im Jahr 2002 Gotha besuchten, Verwandte des Hauses Sachsen-Coburg und Gotha waren, dessen Oberhaupt heute Prinz Andreas von Sachsen-Coburg und Gotha ist.
Am 1. Dezember 1993 nimmt das Thüringer Finanzgericht seine Tätigkeit in Gotha auf, am 20. September 1994 zieht das Gothaer Finanzamt aus der Erfurter Straße in einen Neubau an der Reuterstraße um. Am 18. Februar 1996 wurden erstmalig in den Ortsteilen Siebleben und Sundhausen Ortsteilbürgermeister gewählt. Am 9. November 1997 wurde am Hauptbahnhof eine Gedenktafel zur Erinnerung an die Transporte jüdischer Bürger, unter anderem auch aus Gotha, in die Konzentrationslager eingeweiht. Am 12. Juli 1998 fand im Thüringer Staatsarchiv Gotha im Schloss Friedenstein der 47. Thüringer Archivtag statt, am 16. September tagte hier der Deutsche Städtetag mit dem Thema „Städtepartnerschaften (als) Bausteine auf dem Weg zur deutschen Einheit?“, Anlass dazu war die 10jährige Partnerschaft Gotha-Salzgitter.
Am 13. Juni 1999 fanden im Freistaat Thüringen wieder Kommunalwahlen statt. In Gotha erhielt bei einer Wahlbeteiligung von nur 48,6% die CDU 30,7%, die SPD 26,8% und die PDS 19,7%, die BI (Bürgerinitiativen) 11,8%, die FWG 7,55%, während die FDP (2,3%) und Bündnis 90/Grüne (1,8%) nicht mehr im Stadtparlament vertreten waren.

Wirtschaftliche Ereignisse

Die wirtschaftliche Entwicklung in den neuen Bundesländern wurde von dem Gemeinschaftswerk „Aufschwung Ost“ am 28. Februar 1991 als ein Programmpaket der Regierungschefs von Bund und Ländern und am 3. März 1991 vom Bundeskabinett beschlossen, um mit Finanzhilfen den wirtschaftlichen Aufschwung der neuen Bundesländer durch Arbeitsbeschaffungsmaßnahmen und Investitionen zu fördern. So wurde in Gotha die alte Eisenbahnbrücke „Viadukt“ von 1846/47 in der Nähe des Hauptbahnhofs 1991/92 abgebrochen und durch einen modernen Neubau ersetzt, um auch für die ICE- und Güterzüge normale Geschwindigkeiten zu gewährleisten, und die Bahnsteiggestaltung von Juni bis September 1991 modernisiert. Ab November verlief der Eisenbahnverkehr wieder normal, seit Mai 1995 erfolgte die Elektrifizierung der Bahnstrecke von Erfurt über Gotha nach Eisenach. Damals wurde auch die Bundesautobahn A 4 mit dem Ausbau einer dritten Spur sechsspurig erweitert. Später kam zu der Abfahrt Gotha (bei Schwabhausen) die Abfahrt Gotha-Boxberg hinzu.
1992 begann der Bau einer neuen Kläranlage, die Mitte März 1993 fertiggestellt wurde, am 15. April 1992 wurde dazu der Abwasserzweckverband mit Gotha und den Umlandgemeinden gegründet. Am 15. April 1996 demonstrierten auf dem Hauptmarkt ca. 6000 Bürger gegen überhöhte Wasserpreise. Im Herbst 1991 errichtete die Telekom auf dem Kamm des Großen Seeberges einen 90 m hohen Richtfunkturm.
In den neunziger Jahren wurden in der Stadt fast alle Gothaer Schulen nach und nach saniert und modernisiert. Von 1994 bis 1997 wurde auch das Rathaus grundhaft saniert; im Dezember 1997 wurde der 35 m hohe Turm erstmals für Besucher zugänglich gemacht. Auch der Ausbau und die Verbesserung des innerstädtischen Straßennetzes, unter anderem der Inselsbergstraße mit Absenkung der Straße unter der Eisenbahnbrücke (1995/96), erfolgten zügig.
Am 11. Mai 1992 wurde die Gothaer Gasversorgung auf Erdgas umgestellt und am 24. März 1994 an der Stölzelstraße ein modernes Blockheizkraftwerk für die Wärmeversorgung des Stadtviertels Gotha-West in Betrieb genommen. Seit 5. Januar 1995 fahren hier die ersten mit Erdgas betriebenen Omnibusse.
Am 14. Juni 1992 erfolgte der erste Spatenstich für das Gewerbegebiet „Am Luftschiffhafen“, welches im Juni 1994 fertiggestellt wurde. Am 5. Oktober 1994 wurde im Gewerbegebiet Gotha-Süd das Einkaufscenter „Herkules“, wo sich auch Autohäuser niedergelassen haben, und am 10. Oktober das „allkauf“-Warenhaus, jetzt „real“, an der Schubertstraße eröffnet. Im gleichen Jahr legte der Langenscheidt-Verlag in Gotha-Süd den

Grundstein für ein neues Auslieferungslager seiner Fremdsprachen-Wörterbücher, das Ende Juni in Betrieb genommen wurde. 1996 baute hier das amerikanische Unternehmen „Avery Dennison“ einen neuen Betrieb für 300 Mitarbeiter auf. Ein weiteres Gewerbegebiet entstand 1999 in Gotha-Ost an der Friemarer-/Gleichenstraße, nachdem das 1954 gegründete Fleischkombinat aufgelöst und die Schweinemästerei abgebrochen worden war. Hier entstanden Baumärkte und ein Reifencenter sowie der Verkehrshof des Omnibusbetriebes Wolfgang Steinbrück. Aus der früheren Gotha-Information wurde am 1. Januar 1995 der Gothaer Kultur- und Fremdenverkehrsbetrieb gegründet, in dem alle Aktivitäten der Stadt- und Fremdenverkehrswerbung Gotha zusammengefasst wurden.
Am 11. Dezember 1996 wurde nach einjähriger Bauzeit an der Pestalozzistraße eine neues Alten- und Pflegeheim nach dänischem Modell eröffnet. Der erste Spatenstich für das neue Wohngebiet „Hundertäcker“ am Nordwestrand der Stadt erfolgte am 28. April 1997. Am 28. Mai wurde der Polizeidirektion Gotha ein modernes Gebäude an der Schubertstraße übergeben. Am Geschwister-Scholl-Platz der Gartenstadt „Am schmalen Rain“ wurde am 7. August der erste sanierte Wohnblock übergeben. Der über 80 m hohe Schornstein des ersten Gothaer Heizkraftwerkes (Braunkohlenbetrieb) in Gotha-Ost wurde am 30. Oktober in Anwesenheit vieler Zuschauer gesprengt; Ende Oktober 1998 wurde auch der 50 m hohe Schornstein der einstigen Ziegeleifabriken R. L. Friedrichs an der Friemarer Straße 8 niedergelegt, schließlich am 23. Februar 2001 auch der Schornstein des Heizkraftwerkes Gotha-West an der Leinastraße. Im März 1999 erfolgte der erste Spatenstich für den Neubau eines Krankenhauses am Südrand des Ortsteils Sundhausen, das 2002 als Helios-Klinik eröffnet wurde. Im September wurde nach 14monatiger Bauzeit das „Volksparkstadion“ an der Pfullendorfer Straße eingeweiht. 1999/2000 wurde das Schloss Mönchshof aus der zweiten Hälfte des 18. Jahrhunderts im Ortsteil Siebleben von Grund auf saniert und für Wohnungen ausgebaut. Auch andere historische Gebäude, wie der Marstall (1848), die neue Sternwarte in der Jägerstraße (1858) oder das „Porzellanschlösschen“ (Villa der Porzellanfabrikanten Gebr. Simson, 1912) wurden in den 90er Jahren saniert. Das Schloss Friedenstein hatte in jenem Jahrzehnt eine neue, weiße „Außenhaut“ und eine neue Dachbedeckung erhalten. Auch die modernen Neubauten von anderen privaten Investoren trugen zur Verschönerung des Stadtbildes bei. Dagegen sind solche meist unansehnlichen bis baufälligen alten Häuser, deren Eigentümer bzw. Erben nicht auffindbar sind, nicht nur ein schlechtes Bild, sondern sie müssen bei Einsturzgefahr sogar abgerissen werden.

Kunst und Wissenschaft in den 90er Jahren

Die kulturellen und wissenschaftlichen Institutionen in Gotha haben sich in den 90er Jahren vielfältig weiterentwickelt. Unter ihnen nehmen die Kunst- und wissenschaftlichen Sammlungen auf Schloss Friedenstein – die Museen, die Forschungs- und Landesbibliothek und das Thüringische Staatsarchiv Gotha – eine besondere Stellung ein, deren Ruf über die Residenzstadt weit hinaus reicht. Die reichen Kunstschätze des Schlossmuseums reichen von der altägyptischen Mumiensammlung aus dem 14. Jahrhundert v. Chr. über das Mittelalter und die Cranach-Bilder der Reformationszeit sowie das Barock und das 19. Jahrhundert (u. a. Gemäldesammlung P. E. Jacobs) bis ins 20. Jahrhundert mit der Sammlung der Dada-Künstlerin Hannah Höch (1889–1979). Nicht nur repräsentative Ausstellungen zum Cranach-Jahr 1993 und zum Luther-Jahr 1996 und die altägyptische Ausstellung 1999 mit ihren Katalogen demonstrierten die hohe Qualität der Gothaer Sammlungen, zu denen auch das Münzkabinett als viertgrößtes in der Bundesrepublik gehört. Ab Juni 1997 wurde in einer Sonderausstellung auch das Doppelporträt „Gothaer Liebespaar" (Ende 15. Jahrhundert) und im Frühjahr 1998 in der Sonderausstellung „Jahreszeiten der Gefühle" erneut gezeigt. Außerdem hat sich das Schlossmuseum nicht selten mit Leihgaben auch an Ausstellungen in- und ausländischer Museen beteiligt. Es verdankt sein Entstehen sowohl dem wissenschaftlichen Interesse als auch dem kulturellen Repräsentationsbedürfnis der Gothaer Herzöge seit Ernst dem Frommen im 17. Jahrhundert. Das Museum für Regionalgeschichte und Volkskunde zeigt aus seinen Sammlungen mit einem reichen Fotoarchiv ständig Ausstellungen zur Geschichte und Volkskunde des Gothaer Landes. Aus seinen reichhaltigen und vielfältigen Beständen zeigt auch das Museum der Natur interessante Ausstellungen sowohl über einheimische als auch ausländische Lebensbereiche.

Auch die ehemals herzogliche und spätere Forschungsbibliothek ist eine Gründung Herzog Ernst des Frommen (1647) und wurde unter seinen Nachfolgern, von denen einige wertvolle Privatbibliotheken besaßen, bis ins 19. Jahrhundert gefördert und dabei von gelehrten Bibliothekaren bei der Vermehrung der wertvollen Buch- und kostbaren Handschriftenbestände sachkundig unterstützt. Im Sommer 1997 wurde das 350jährige Bestehen der Forschungs- und Landesbibliothek mit einem Festakt gefeiert, den der Verband Deutscher Bibliothekare zum Anlass nahm, seine Jahrestagung in Gotha abzuhalten. Im Mai 1999 ist die Forschungsbibliothek Gotha von der 1994 wieder gegründeten Universität Erfurt übernommen worden. Ihr gegenwärtiger Bestand umfasst 680 000 gedruckte Bücher und rund 10 000 Handschriftenbände, darunter der gesamte historische Bestand der Sammlungen des geographisch-kartographischen Gothaer Verlages von Justus Perthes (gegr. 1785), damit gehört diese Bibliothek zu den bedeutendsten historischen Bibliotheken in der Bundesrepublik Deutschland. Schon im Juni 1990 hatte hier ein Kolloquium über „Residenzstädte und ihre Bedeutung im Territorialstaat des 17. und 18. Jahrhundert“ stattgefunden, und im Juli 1992 stellte sich hier die Bonner Stiftung Mitteldeutscher Kulturrat mit einer Tagung über „Kultur in Deutschlands Mitte“ vor; beide Veranstaltungen im Spiegelsaal der Forschungsbibliothek beleuchteten mit ihren Vorträgen das reiche kulturgeschichtliche Profil Thüringens, wobei die Wahl der Residenzstadt Gotha diesen Tagungen ihr besonderes Gewicht gab.

Auch in diesem Jahrzehnt hat seit 1991 Intendant und Chefdirigent Hermann Breuer, ab 1998 künstlerischer Direktor, das Landessinfonieorchester Thüringen in Gotha mit zwei Konzertreihen und auf seinen Gastspielreisen in den alten Bundesländern und im Ausland (1992 in Spanien, 2000 in Bangkok, 2001 Spanien-Frankreich-Tournee) erfolgreich weiter geführt. Bis 1994 konnten auch Sommerkurse für Nachwuchsdirigenten durchgeführt und danach vom Orchester acht CD, darunter die Reihe „Musik am Gothaer Hof“ mit Kompositionen von G. A. Benda, L. Spohr, J. L. Böhner und Herzog Ernst I. von Sachsen-Coburg und Gotha eingespielt werden.

Schon im Mai 1991 wurde von Freunden des Orchesters die Gesellschaft der Freunde und Förderer des Orchesters gegründet, die mit ihren heute rund 200 Mitgliedern in allen Krisenzeiten zu dessen Erhalt wesentlich, wenn nicht sogar entscheidend beigetragen hat. Denn trotz aller künstlerischen Erfolge des Orchesters hatte es ständig mit seinem Erhalt zu kämpfen, weil die Zuschüsse vom Land abhängig von den Zuschüssen des Kreises und der Stadt Gotha gemacht wurden. So kam es nach längeren Verhandlungen der Beteiligten im Herbst 1998 zu einer Einigung der 1953 gegründeten Thüringen-Philharmonie Suhl (49 Musiker) mit den 39 Gothaer Musikern zur „Thüringen Philharmonie Gotha/Suhl“ , die am 1. Juli 1998 wirksam wurde. Aber als eine dauerhafte Lösung hat sich diese Orchesterfusion nicht erwiesen, trotzdem wurde auch nach dem Austritt der Stadt Suhl aus der Fusion die Thüringen Philharmonie Gotha von hier aus erhalten.

Unter den Chorvereinigungen prägte der Konzertchor (gegr. 1953) als Partner der Gothaer Philharmonie mit über 50 Sängerinnen und Sängern und seinem vielseitigen Können das hiesige Musikleben mit. Außerdem ist der Bach-Chor (1945 gegr.) und der Hans-Sachs-Chor (1953 von Handwerkern gegr.) zu nennen. Der seit 1970 von dem Gothaer Musiklehrer

Klaus Hänel aufgebaute Gothaer Kinderchor gehörte schon bald zu einem der besten Kinderchöre in der DDR und errang auch auf großen Sängerfesten verschiedene Preise. 1991 konnte der Gothaer Kinderchor als einer der erfolgreichsten deutschen Kinderchöre Auslandsreisen in die USA, Ungarn, Belgien, Frankreich und Polen unternehmen und trat u. a. auch bei den Weihnachtskonzerten in der Margarethenkirche auf. Schließlich ist noch der Handglockenchor der Augustinergemeinde (1987 gegr.) zu nennen, der ebenfalls erfolgreiche Auslandsreisen und zahlreiche andere Auftritte aufweisen kann sowie der evangelische Posaunenchor. Auch die wöchentlichen Orgelkonzerte im Sommer in der Margarethenkirche mit ihren in- und ausländischen Gastsolisten haben einen festen Platz im kirchlichen Musikleben.

Es begann im Sommer 1992, als das Landessinfonieorchester Thüringen (Sitz Gotha) gemeinsam mit den Museen der Stadt Gotha die ersten „Schlossfestspiele" veranstaltete. Höhepunkte waren damals die beiden Aufführungen von „Romeo und Julie" mit der Musik von G. A. Benda (Text: Fr. W. Gotter) im Ekhof-Theater unter dem Chefdirigent Hermann Breuer. Ab 1994 liefen diese Veranstaltungen weiter als „Gothaer Sommernachtsträume" und seit dem Sommer 1997 als „Ekhof-Festival". Seitdem hat dieses alljährliche barocke Theaterereignis mit seinen Gastspielen renommierter Bühnen und musikalischen Darbietungen einen festen und stets gut besuchten Platz in der Theaterwelt erlangt.

Am 28. April 1997 nahm das Kulturforum der Stadt „Die Loge" nach zweijähriger Pause seine Gespräche über Kulturfragen wieder auf. Das nunmehr 10. Museumsfest konnten am 8. Juni die Gothaer Museen auf Schloss Friedenstein feiern. Mit einem Tag des Jahres wurde unter dem Motto „Gotha feiert" am 21. Juni an den 150. Jahrestag der Eröffnung der Thüringer Eisenbahn erinnert, an der damals die Residenzstadt Gotha mit der Fernstrecke Halle-Weißenfels-Kassel bzw. später Frankfurt a. Main angeschlossen wurde, was für die Entwicklung zur Industriestadt wichtig wurde; auch weitere lokale Ereignisse wie 150 Jahre Arbeitsamt, offene Türen von Polizeidirektion und Baugesellschaft für die Bevölkerung waren an diesem Tage einbezogen. Neu war damals der „Tag des offenen Denkmals" am 14. September, an dem etwa 3000 Besucher die zahlreichen historischen Denkmale in der Stadt besichtigten; auch in den folgenden Jahren war an diesem Tag Mitte September das Interesse der Bürger daran groß.

Am 30. April 1998 wurde die außergewöhnliche Ausstellung des Schlossmuseums „Jahreszeiten der Gefühle". Das Gothaer Liebespaar und die Minne (Liebe) im Spätmittelalter" eröffnet, die unter der Schirmherrschaft des Bundespräsidenten Prof. Dr. Roman Herzog und des Thüringer Ministerpräsidenten Dr. Bernhard Vogel stand. Außer den Gothaer Exponaten hatten 30 Leihgeber aus Museen sowie fürstlichen und privaten Sammlungen wertvolle Exponate beigesteuert. Das „Gothaer Liebespaar“ ist das älteste deutsche Doppelbildnis, das einen Grafen von Hanau und seine illegitime Frau, eine Bürgerstochter, zeigt. Ein Werk des Meisters des Amsterdamer Kabinetts, entstanden um 1484. Die große Ausstellung wurde mit zahlreichen Vorträgen über jene Zeit begleitet. Nach seiner Restaurierung wurde es ein Jahr zuvor erstmals in einer Sonderausstellung des Gothaer Schlossmuseums vorgestellt. Mit Mitteln aus der Gothaer Kulturstiftung war auch das Denkmal Herzog Ernst des Frommen vor dem Schloss Friedenstein restauriert worden, das am 20. Oktober 1998 neu eingeweiht wurde.

An ein früheres Ereignis in Gothas astronomischer Epoche erinnerte der internationale Astronomenkongress „Sternstunden in Gotha“ vom 11. bis 15. Mai 1998, nämlich an das erste Astronomen-Treffen der Welt im August 1798 mit ausländischen Teilnehmern auf der Gothaer Sternwarte auf dem Kleinen Seeberg. Die Tagung wurde begleitet von einer Ausstellung gleichen Namens im Museum der Natur. Die astronomische Tradition führt die Gothaer URANIA mit gelegentlichen Veranstaltungen auf der Rohrbach-Sternwarte am Gahlberg weiter.

Das Jahr 1999 wurde aus Anlass des 250. Geburtstags des Dichters vielfach auch als Goethejahr gefeiert. Dazu hatte die hiesige Goethegesellschaft eine Reihe von Vorträgen geboten. Der URANIA Kultur- und Bildungsverein Gotha gab in Verbindung mit dem Quartus Verlag in Jena einen Sammelband „Die Residenzstadt Gotha in der Goethe-Zeit“ von H. Erkenbrecher und H. Roob heraus, in dem Gothaer Wissenschaftler in 15 Beiträgen ein vielseitiges Bild der damaligen Residenzstadt und Goethes Beziehungen zu ihr vermitteln. In seinen Gesprächen mit seinem Sekretär J. P. Eckermann erinnerte er sich auf einem Ausflug am 26. September 1827 u. a.: „Auch in Gotha war ich früher Zeit oft und gerne.“ Seit 1998 hatte die URANIA-Gesellschaft über 20 Hefte ihrer Schriftenreihe „Gothaer Firmengeschichte“ im 19. und 20. Jahrhundert herausgegeben, die im Jahr 2000 in 3. überarbeiteter Auflage erschienen sind. Parallel dazu und unabhängig davon unterstützte die Robert-Bosch-Stiftung in Stuttgart von 1999–2002 ein Geschichtsprojekt des Vereins für Stadtgeschichte und Altstadterhaltung Gotha über die Gothaer Industriegeschichte bis zur NS-Zeit, dessen Ergebnis zuerst in einer Ausstellung „Von der herzoglichen Residenzstadt zur Industriestadt“ in Gotha und später auch in Ohrdruf, in der Partnerstadt Salzgitter und in Coburg gezeigt wurde; außerdem hat der Projektleiter Matthias Wenzel später dazu auch ein Buch mit dem gleichen Titel publiziert.

Im Jahr 2000 erschien auch das Taschenlexikon „Gothaer Persönlichkeiten“ von H. Roob und G. Scheffler mit über 90 Kurzbiographien (2. Aufl. 2006). Neben diesen Projektarbeiten waren weitere Veröffentlichungen, u. a. über den „Adel im Gothaer Land“ und „Das literarische Gotha“ erschienen. Ein wichtiges Ereignis war auch die vielbeachtete Ausstellung „Alexander von Humboldt und Gothaer Gelehrte“ der URANIA von April bis Ende Juni 1999 im Museum für Regionalgeschichte und Volkskunde, die unter der Schirmherrschaft des Botschafters von Venezuela in Deutschland, Herrn Erik Becker stand, der auch ein Freund der Gothaer Kartographie war. Anlass dazu waren drei wichtige Lebensdaten Alexanders von Humboldt, der Ende 1826 auch Gotha besucht hat: der 230. Geburtstag (1769), der 140. Todestag (1859) und der 200. Jahrestag seiner Südamerikareise (1799). Ein Jahr später feierte die URANIA den 250. Geburtstag des Gothaer Historikers Johann Georg Galetti (1750–1828) mit einem Kolloquium und einer Ausstellung im Museum für Regionalgeschichte und Volkskunde und publizierte dazu ein Begleitheft, das die wissenschaftlichen Leistungen des sonst durch seine „Kathederblüten“ (Stilblüten, Versprechern) bekannt gewordenen Professors am hiesigen Gymnasium vorgestellt hat. Insgesamt hat er 50 Werke zur deutschen und europäischen Geschichte und Geographie hinterlassen, darunter auch seine fünfbändige „Geschichte und Beschreibung des Herzogtums Gotha“ (1779–1781, 1824), die für Ortschronisten immer noch Quellenwert besitzt.

Feiern, Feste und andere Ereignisse

Zu den ältesten Festen zählen die Frühlings- und Schützenfeste als wahre Volksfeste. Letztere lassen sich auf die Gothaer Schützenordnung von 1442 zurück datieren, die auch schriftlich überliefert ist. Seit 1707 ist das Vogelschießen in der Neuzeit überliefert. 1824 erhielt die Schützengesellschaft ein neues Schützenhaus an der Goldbacher Straße. Da seit 1945 Schießsport und Schützengesellschaft verboten waren, wurde das Gebäude in Stadthalle umbenannt. Am 8. August 1992 beging die wiedergegründete Altschützengesellschaft ihr 550jähriges Bestehen und feiert wieder alljährlich im August ihr Schützenfest, das wohl das älteste beliebte Volksfest ist. Aus neuer Zeit ist der Gothaer Karneval der 1969 gegründeten Karnevalsgesellschaft zur beliebten Tradition geworden, dem 1971 der Siebleber Karneval folgt; beliebt wurde auch der „Baufasching“, der von den Studenten der Fachschule für Bauwesen ausgerichtet wird. Außerdem haben sich andere Vereine nach der Wende neu gegründet, u. a. 1993 der URANIA

Kultur- und Bildungsverein Gotha e. V., der mit zahlreichen Vorträgen, Publikationen und Exkursionen aktiv ist. Neu sind die Fördervereine, deren Mitglieder sich für die Unterstützung kultureller Einrichtungen und Denkmalpflege engagieren.

Nachdem Anfang Mai 1995 ein St. Gothardustag begangen wurde, konnte man ein Jahr später ein zweitägiges Gothardusfest mit Festumzug, Feuerwerk über der Orangerie und historischer Zeremonie an der Wasserkunst am Schlossberg feiern, zu dem Tausende von Besuchern aus Stadt und Land gekommen waren. Das Fest hat seitdem seinen alljährlichen Platz im Jahresablauf mit einem mehrtägigen Programm und zahlreichen Veranstaltungen und ist dem Stadtheiligen, einem Abt des Reichsklosters Hersfeld und späteren Bischof von Hildesheim, gewidmet, der seit der Mitte des 13. Jahrhundert das Siegel- und Wappenbild Gothas geprägt hat. Im Juli 1996 brachte daraufhin das Thüringen-Journal des MDR mehrere vielbeachtete Beiträge aus Gotha.

Mit einem Herbstfest wurde am 26. Oktober 1996 der rekonstruierte Buttermarkt eingeweiht, daraus wurde seit 1998 ein Herbstfest der Schmiedekunst („Gotha glüht"), an dem sich später auch Kunstschmiede aus dem Ausland beteiligten.

Ein zweites großes Fest ist seit Ende August 2001 das „Barockfest" im Schloss Friedenstein mit seinem reichhaltigen Wochenend-Programm, u. a. mit Ausfahrt, Generalaudienz und Hofball des Herzogpaars sowie Feuerwerk und Barockmusik im Ekhoftheater und in der Schlosskirche. Außerdem treten auch ausgewählte Handwerker und Händler mit ihren Auslagen an ihren Ständen unter den Arkaden auf. Es hat sich bald zum viel besuchten größten Barockfest in Thüringen entwickelt.

Gothardus im Wappen der Stadt Gotha.
Aus ABDULLA SUPERB CIGARETTES 1928. Sammlung: Harald Rockstuhl
Mehr zum Gothaer Wappen siehe: „Thüringer Wappenbuch" von Hartmut Ulle

Ausblick

Bei einem so vielgestaltigen Überblick über die Geschichte einer Residenzstadt wie Gotha ist es schwer, mit dem Jahr 2000 abzuschließen. Deshalb muss hier noch auf ein Ereignis hingewiesen werden, das von großer Tragweite für unsere Stadt ist. Es handelt sich um die Neuordnung der Eigentumsverhältnisse der umfangreichen Gothaer Sammlungen von Kunst- und Kulturgütern in den Gothaer Museen. Beim Haus Sachsen-Coburg und Gotha sowie bei der Stadt Gotha und bei dem Freistaat Thüringen bestanden über die Eigentumsverhältnisse der Sammlungen und der zugehörigen Immobilien unterschiedliche Rechtsauffassungen. Darüber wurde schließlich nach Jahre langen Verhandlungen dank des verständnisvollen Entgegenkommens von Prinz Andreas von Sachsen-Coburg und Gotha eine gütliche Einigung erzielt, die er „als sein Lebenswerk" bezeichnet hat, mit dem er das testamentarische Vermächtnis seines Vorfahren Herzog Friedrich IV. von Gotha-Coburg-Altenburg erfüllt habe. So wurde die Erhaltung der Gothaer Kunst- und Kulturschätze für unsere Stadt auf Dauer gesichert. In Anerkennung dafür wurde Prinz Andreas von Sachsen-Coburg und Gotha am 12. November 2002 die Ehrenbürgerwürde der Stadt verliehen. In Vollzug dieser Einigung erhielt am 1. Januar 2004 die Stiftung Thüringer Schlösser und Gärten die Immobilien mit dem Schloss Friedenstein und den historischen Parkanlagen mit Ausnahme des Hauses des Museums der Natur, das erst am 1. Juli 2007 die Stiftung übernahm, weil bis dahin die Parkallee am Rosengarten zurück gebaut und dann ein durchgehender Grünstreifen Schloss und Museum verbinden soll. Die Kunst- und wissenschaftlichen Sammlungen wurden am 1. Januar 2004 von der neu gegründeten „Stiftung Schloss Friedenstein Gotha" übernommen; ihr gehören die Stadt Gotha und der Freistaat Thüringen an, die auch die Träger und Betreiber der drei Gothaer Museen sind.

In diesen Jahren erfolgte auch die moderne Umgestaltung des Bahnhofsvorplatzes mit den Abfahrtstellen der Gothaer Straßen- und Thüringer Waldbahn sowie einigen Buslinien des Nahverkehrs. Die Sanierung und Umgestaltung des Stadtbades – ein Gebäude im Jugendstil aus den Jahren 1905–1908 – erfolgt jetzt nach längerer Vorbereitung zu einer modernen Einrichtung. Auf Grund eines neu entwickelten Stadtentwicklungskonzepts (2002) und eines Flächennutzungsplanes (2003) wurden später Wohnungsrückbauten vorgenommen, um den ungenutzten Wohnraumbestand auf unter 10% des Bestands zu reduzieren. Eine weitere Aufgabe ist im Verkehrswesen der Stadt der Straßenbau der Osttangente für die

Gotha aus der Ju-52 – Sonderflug am 23. Mai 2009 um 17.17 Uhr.
Foto: Harald Rockstuhl

weitere Erschließung des traditionellen Industrie- und Gewerbegebietes Gotha-Ost in Verbindung mit einer Umgehungsstraße der B 247, die in Zusammenarbeit der Stadt Gotha mit der Landesentwicklungsgesellschaft Thüringen mbH erfolgt. Bleibt hier noch festzuhalten, dass die beiden ersten Oberbürgermeister im ersten Jahrzehnt nach der Wende, Werner Kukulenz und Volker Dönitz, beide einheimische Bürger, die Residenzstadt Gotha mit viel Geschick und Erfolg in eine neue geschichtliche Epoche geführt haben. Die Erfassung und Darstellung der weiteren Entwicklung unserer Stadt mit den Auswirkungen der internationalen Wirtschafts- und Finanzkrise ist freilich eine Aufgabe für künftige Historiker.

Verleger Harald Rockstuhl (l.) und Dr. Helmut Roob am 27. Juli 2011.

Autor Dr. Helmut Roob wurde am 01. August 1924 in Gotha geboren, besuchte hier die Arnoldi-Oberschule (Abitur 1943) und war nach dem Krieg Verwaltungsangestellter. Von 1952 bis 1956 studierte er an der Friedrich-Schiller-Universität Jena Geschichte und Kunstgeschichte und promovierte 1958 zum Dr. phil. mit der Dissertation über die *„Verfassungsgeschichte Gothas von den Anfängen im 13. Jh. bis ... 1920“.*
Von 1956 bis 1960 und 1969 bis 1991 war er wissenschaftlicher Mitarbeiter der Landes- (späteren Forschungs-) Bibliothek und zwischenzeitlich von 1960 bis 1969 Leiter der Geographischen Zentralbibliothek des Instituts für Länderkunde in Leipzig.
Dr. Helmut Roob publizierte in der Tagespresse zahlreiche Aufsätze zur Heimat- und Landesgeschichte und verfasste später auch u. a. Veröffentlichungen in der Schriftenreihe der Forschungsbibliothek sowie andere wissenschaftliche Arbeiten und Rezensionen. Seit 1991 ist er Rentner und freischaffend tätig.

Ich erinnere mich noch gut, als ich 1974 und auch in späteren Jahren in der Forschungsbibliothek Gotha als Schüler und später als Student forschte, bekam ich von Dr. Helmut Roob so manchen guten Hinweis. Die Kontakte blieben freundschaftlich bestehen, sodass er nach der Wende zahlreiche Verlags-Projekte durch seine Beiträge bereicherte.

Harald Rockstuhl

Publikationen

- „Erbe und Vorbild. Der frühbürgerliche Humanismus“, Berlin 1962
- Sondersammlungen in Bibliotheken der DDR, Berlin 1975, 2. erw. Aufl. Berlin 1982
- „Bibliographie zur Geographie Thüringens. Berichtszeit: 1945–1970“, Jena 1971 (Bibliographische Mitteilungen der Universitätsbibliothek Jena, Nr. 11)
- „Gotha. Ein historischer Führer“, Sigmaringen 1991
- „Gotha.“ (Thüringer Städte 1), in Zusammenarbeit mit K.-P. Herr und W. Görtler, 2. Aufl. Gotha 1992, 3. Aufl. Gotha 1996 (Stadtführer)
- „Das Gothaer Land. 7000 Jahre Geschichte der Landschaft zwischen Rennsteig und Unstrut“, Gotha 1996
- „Der Harz“, Hamm 1996
- „Utopie und Wissenschaft. Zum 150. Geburtstag von Kurd Laßwitz, hrsg. von B.-K. Liebs, Gotha 1998
- Stollbergsche Buchdruckerei und Verlagsbuchhandlung und Gothaisches Tageblatt, URANIA-Schriftreihe „Firmengeschichte der Stadt Gotha“, H. 21, in Zusammenarbeit mit E. Manger, Gotha 2001
- „Gothaer Persönlichkeiten“, Taschenlexikon, Arnstadt/Weimar 2000, in Zusammenarbeit mit G. Scheffler; 2. Auflage, Rhino Verlag 2006
- Die Residenzstadt Gotha in der Goethe-Zeit. Hsg. v. H. Erkenbebrecher u. Dr. H. Roob, Jena 1998

Karl-Heinz Vogeley (Maler); Dr. Gunter Görner (Autor Chronik Mühlhausen); Werner Rockstuhl (Autor Chronik Töngeda); Dr. Helmut Roob; Harald Rockstuhl (Verleger) und Frank Störzner (Steinkreuzforscher) zur Vorstellung der „Thüringer Chronik 1613“ des Johann Binhard in Tüngeda 1999.

Veröffentlichungen der Forschungs- und Landesbibliothek Gotha

- „Die Stadtwappen des Kreises Gotha“, mit e. Anh., 1958 (Heft 6)
- „Bibliographie zur thüringischen Siedlungskunde“, in Zusammenarbeit mit G. Wollmann, 1967 (Heft 11)
- „Kurd Laßwitz“, Handschriftlicher Nachlass und Bibliographie seiner Werke, 1981 (Heft 19)
- „Wilhelm Pertsch 1832–1899. Der wiss. Briefnachlass d. Gothaer Orientalisten“, 1984 (Heft 22), in Zusammenarbeit mit E. Rudolph
- „Adolf Schmidt 1860–1944“, Handschriftlicher Nachlass d. Geomagnetikers und Bibliographie seiner Veröffentlichungen, 1985 (Heft 24), in Zusammenarbeit mit P. Schmidt
- „Jacob und Johann Philipp Breyne, zwei Danziger Botaniker im 17. und 18. Jahrhundert“, Nachlassverzeichnis, 1988 (Heft 27)

Einführungen

- „Die Pilgerfahrt des Bruders Felix Faber ins Heilige Land Anno 1483“, Berlin 1964 (Nachwort)
- „Thüringen. Geschichte in Geschichten“, Band 1, Gotha 1990 (Vorwort)
- „Die Residenz- und Kreisstadt Gotha – Geschichte und Bedeutung“ – in: 140 Jahre Volksbank Gotha – Eisenach eG, Gotha 1997 (Einleitung)
- „Johann Binhard. Thüringische Chronica. 1613“, Verlag Rockstuhl, Bad Langensalza 1999 (Nachwort)
- „Gothaer Firmengeschichte“, Heft 1, Einführung, 3. erw. Auflage, URANIA, Gotha 2000
- „August Beck: Geschichte der Stadt Gotha“ (1870), Verlag Rockstuhl, Bad Langensalza 2001 (Nachwort)
- „J. H. Möller: Geschichte des Klosters Reinhardsbrunn“ (1843), Verlag Rockstuhl, Bad Langensalza 2002, (Vorwort)
- „H. Hess: Der Thüringer Wald in alten Zeiten“ (1898), Verlag Rockstuhl, Bad Langensalza 2002 (Nachwort)
- „A. Naué: Die Fälschungen der ältesten Reinhardsbrunner Urkunden“ (1883), Verlag Rockstuhl, Bad Langensalza 2004 (Nachwort)

Aufsätze

- in Thüringer Zeitungen, (Thüringer Landeszeitung, Thüringer Tageblatt, Weimar)
- in „Der Friedenstein“, Monatsblätter des Kulturbundes Gotha (1856–1963)
- in „Gothaer Museumshefte“, „Gothaer Wochenblatt“, „Gothaer Tagespost“
- in „Forschungen und Fortschritt“ (Berlin)
- in „Jahrbuch für Regionalgeschichte“ (Leipzig“

Beiträge in anderen Veröffentlichungen

- „Humanistenhandschriften in der Gothaer Bibliothek“, in „Renaissance und Humanismus in Mittel- und Osteuropa“, Berlin 1962

Abkürzungen

Bf.	Bischof	Kg(n).	König(in)
dt.	deutsch	Kurfst(n).	Kurfürst(in)
Gebr.	Gebrüder	Landgf.	Landgraf
Hl.	Heilige(r)	Landgfn.	Landgräfin
Hzg(n).	Herzog(in)	Markgf.	Markgraf
Joh.	Johann	u.	und
		v.	von

Personenregister

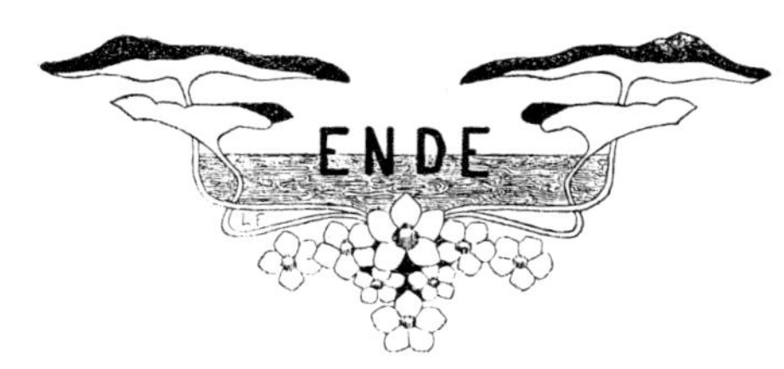
ENDE